自我与自性

[瑞士] C.G. 荣格 著　赵翔 译

世界图书出版公司
北京·广州·上海·西安

图书在版编目（CIP）数据

自我与自性 /（瑞士）C. G. 荣格著；赵翔译. —北京：世界图书出版公司北京公司，2014. 4（2022.9 重印）
ISBN 978-7-5100-7659-6

Ⅰ. ①自… Ⅱ. ①荣… ②赵… Ⅲ. ①自我②自性 Ⅳ. ①B84

中国版本图书馆CIP数据核字（2014）第 039412 号

自我与自性

著　　者：[瑞士] C. G. 荣格
译　　者：赵　翔
责任编辑：黄秀丽　于　彬
封面设计：刘　岩

出　　版：世界图书出版公司北京公司
出 版 人：张跃明
发　　行：世界图书出版公司北京公司
（地址：北京市朝内大街137号　邮编：100010　电话：010-64077922）
销　　售：各地新华书店
印　　刷：河北鑫彩博图印刷有限公司

开　　本：787 mm × 1092 mm　1/16
印　　张：17.5
字　　数：255千
版　　次：2014年4月第1版　2022年9月第6次印刷

ISBN 978-7-5100-7659-6　　**定价：**58.00元

丛书序

自从1976年中国社会逐步回归到发展的轨道上以来，心理学，或者说心理学这个三个字组成的字串，在我国得到越来越多的关注和重视。与过去将心理学贬为伪科学相比，当今社会一是几乎无人不说心理学重要：各个方面的研究人员都向心理学靠拢、从心理学中找科学问题，或者干脆宣称自己是心理学家；高校竞相创办心理学系，大举扩招硕士和博士研究生；中央和各级政府对心理学，或者说是心理方面的研究投入迅速增加；心理学研究论文在国内外的发表数量呈指数性上升。然而，所有人也都同时感觉，国人的心理状态越来越差，整个社会的心理状态越来越令人担忧，社会各界对心理学的需求却难以从这些浩如烟海的研究中得到哪怕万分之一满意的回答，由此出现了中国心理学的尴尬与困境。

实际上，在全球范围内，心理学的状态也是如此。这个状态与马斯洛在70多年前所说的非常相似："心理学今天已经被扯得四分五裂，实际上可以说已经成为三个（或更多）分离的、互不交流的科学或科学家集团：一是行为主义的、实证的、客观主义的、机械论的集团，二是起源于弗洛伊德和精神分析的一整套心理学，三是人本主义的心理学，……。"如果说还有什么不同的话，就是除了马斯洛所描述的那些以外，这场混乱中又增加了如今占据主流地位的认知心理学及其假子认知神经科学，使得整个心理学世界更加支离破碎。有识之士不得不认为，当今心理学又一次处于徘徊的路口。

心理学必须研究人的行为，否则它就没有存在的必要，如果不研究人的行为、研究社会性的人的行为，当今心理学领域的某些研究工作就完全可以归于其他学科。而当前心理学研究的一个偏向是，一味试图以微观世界的现象解释宏观的人的行为，以为越微观的知识越正确。一些研究就是看哪个脑区的活动、哪个核团的功能、哪个细胞内外离子的运动、哪个基因何时开放等，试图以机械的还原代替研究对象本身，这不仅在哲学层面难以立足，实际结果也必然走向无知论，进而变相忽略了对人的研究，继续下去势必造成心理学学科的消亡。

另一种倾向认为，只有实验室才是提供知识的唯一领地。目前这一观点在我国尤为突出。这种对人类自有文字记载以来主要的知识体系就并非来自实验室的视而不见的倾向，也泛滥于心理学界，结果是除了实验室以外的心理学的思想精华都被排斥了，更无法让这些精华在回答人类社会所面临的与心理有关的重大问题方面发挥作用。

所有的人都认可，人的行为及其心理基础是人类自身所面临的巨复杂问题，甚至有人疑窦以大脑来理解大脑是不是陷入了某种悖论，更何况人的社会行为远远比单个大脑可能拥有的功能还要复杂。这些思考难免给心理学的研究蒙上不可知论的阴影。在同意心理学要从细胞分子水平到社会水平进行多层次研究的同时，一些人仍然对于通过思辨、实践验证、再思辩、再验证、直到总结出普适理论的研究方法视为寒蝉，这使得我们对高级心理过程的认识、特别是对人的社会性和本性的认识严重滞后。众多因为人的行为而导致的社会问题陷入无从回答的窘地。今天恰逢爱因斯坦诞辰135周年，他的相对论最初也是观察、分析、思辨、推论的结果，是不可能在任何实验室中得到验证的，但最后是在宇宙活动中得到证明的，这对于如何研究和认识人类高级心理过程和行为特点应该是一个很好的启示。

有鉴于我国对高级心理过程和人的本性研究的专著稀少，而西方心理学在这方面名著颇丰，本着以它山之石可以攻玉的愿望，世界图书出版社精心挑选和组织，出版了这套“心理学大师系列”丛书，虽然并不指望它对解决社会问题起到立竿见影之效，但至少可以给正处于进退维谷的心理人又一次冷静思考“心理学向何处去”和“心理学能干什么”的机会，同时也给社会各界又一次提供了解心理学全貌的窗口，进而为看待和解决社会问题提供了的新视角。从这个意义看，本系列值得所有心理学人和愿意了解心理学、愿意重新理解社会甚至整个人类的读者参考。此刻，《人性能达到的境界》（马斯洛）、《人类的破坏性剖析》（弗洛姆），和《自我与自性》（荣格）三本书已经翻译和编排完毕，正在付梓，陆续还会有弗洛伊德、罗杰斯、埃里克森等人的一系列著作出版。这个系列的特点与其说关注的是人的心理，不如说偏重的是人本身及人性的本质。很多著作是充满人文关怀的，甚至上升到了哲学思辨的范畴。生而为人，从这个意义上讲，心理学就不仅仅是一门学科，而是关于全人类的哲学。我想，这也是这个系列对大众及社会最具意义的地方。

世界图书出版公司长期致力于服务心理学在我国的发展，是最早与中国心理学会合作并始终保持良好合作关系的出版社。应出版社的邀请，正好就此机会，我就心理学如何面对学科目标和社会现实做点思考，自然都是一孔之见，希望求教于各位方家和各界人士。

张侃

中国心理学会理事长（2001—2009）

国际心理科学联合会副主席（2008—2012）

2014. 03. 14 於时雨园

序　言

本书的主题是关于“移涌”（Aeon，希腊文Aion）这一理念的。[①] 参照了自性在基督教、诺斯替教和炼金术中的象征，我的研究试图探寻“基督移涌”中的心理变化。从一开始，基督教传统不仅充满了波斯人和犹太人关于时间的开端和结束的思想，还暗含着某种过度后的补偿（enantiodromian[②]）。这种颠覆，使基督与敌基督的困境出现了。也许，历史上大多数关于时间和时间划分的思考，都被占星术思想影响，正如启示录显示的那样。因此，我把思考重点放在了类似双鱼的符号上，就更合乎情理了——因为双鱼座移涌与基督教两千年的发展相生相伴。在此期间，人类（“人子”）之形象被渐渐地、象征性地扩大，并融入心理层面。而且，随之引起了人们态度的某种变化，即先入为主地设定了古代文本里的敌基督。因为这些文本规定敌基督在时间的尽头出现，所以我们只能用“基督移涌”之辞来自圆其说——这种说法意味着，基督复临时才能找到它的尽头。看起来，这种想法与一个占星术概念相一致：双鱼座的“柏拉图之月”。

我之所以打算谈论这些历史问题，最直接的原因是：被无意识如

---

① 在瑞士版里，这篇序言的开头是这样的：“在这一卷里（《心理论》之卷Ⅷ），我呈现了两部作品，它们虽然有着内在与外在的差异，但之所以被归到一起，是因为它们都谈及此书的主题，即移涌（希腊文Aion）的理念。合著者玛丽-路易丝•冯•弗朗兹（Marie-Louise von Franz）博士在本书中，分析了圣佩蓓图的受难，来阐述自古代到基督教的心理转变。在她的帮助下，我自己的调查寻求……”冯•弗朗茨博士的《圣佩蓓图受难记》（Die Passio Perpetuae）一文未收入此卷。——英编注。

Aeon在英文里是万古永世的意思。本书中指人类永恒不变的精神象征。——汉编注。

② enantiodromian：荣格介绍的一个心理学原则。他认为、任何力量的过分充溢，无可避免会产生相反的补偿这一理念得益于中国的道家思想。——汉编注

此频繁运用的整体性型意象，在历史上已有过先兆。在很早的时候，人们就认为基督的形象与之有关，拙作《心理学与炼金术》（*psychology and Alchemy*）[1]对此已作说明。读者们常常要求我谈一谈，传统基督形象与“整体性”（wholeness）的自然象征之间存在怎样的关系，于是，我终于决定动手解决这个问题。想到这番事业异乎寻常的艰巨，我的决定下得并不容易。因为，要想消除一切障碍和可能的错误所需的那份知识与谨慎，恰恰又是我所存匪多的。我只能适度地依靠自己对经验材料的观察，但我深知把历史证言引入我的思考范围，实属冒险之举。我将诸如基督形象以及其他象征扩展到心理学层面，甚至看似把基督象征降为“整体性”的心理意象的整个过程，仿佛在继续历史上的同化过程。不过，在做这一切的时候，我也知道自己所担当的责任。我的读者们请务必切记，我不是在作信仰声明，也不是在写一本带偏见的书册，而是在思考：某些事物怎么才能用我们现代的意识来理解。这些事物是什么呢？我断定它们有被了解的价值，而它们显然处于不被理解的危险之中，可能被遗忘吞没。最后，对它们的了解还将大大纠正那迷失了方向的哲学，有助于我们了解心灵的底色及灵魂的暗室。此书的内容经过了我多年的构建，源自与各年龄、各行业人士的不计其数的谈话，也源自与我们这个社会里困惑、迷茫、被社会弃绝的人的谈话，这些人几乎与所有的欧洲文化断链，他们陷入一种受暗示性的状态——这便是在我们这个时代里，乌托邦式群癫产生的动机及原因。

我秉持医师般的责任感，像医师一样写就此书，所写的并非皈依之言。同样，我也无法像学者那样用己所长。我固然可以躲在自己的专长背后安然无恙，而不是从我寡陋的历史知识出发，将自己置于批评之中，让学者的声誉遭人置喙。虽能力有限，年事既高，疾病困扰，但我已竭力援引，以证实己见，并尽可能言之确凿。

C·G·荣格

1950年5月

---

① 第五章，“石与基督的类比”（The Lapis-Christ paralldc）。

目 录
CONTENTS

第一章
自　我

研究无意识心理学的经历，让我开始构想某些新的概念，自性（self）就是其中之一。之所以如此称呼这个实体，并不是要取代那个被人称为自我（ego）的东西，而是要把自我包含在一个超越几何坐标（supraordinate）的概念里。我们理解的自我是个错综复杂的因素，所有的意识内容皆与之相关。它可谓意识域的中心。自我由经验造就的人格所组成，故可谓一切个人意识行动的主体。心灵内容与自我的关系，形成了自我的意识标准，因为只有被表达给主体的内容才能是有意识的。

借由这个概念，我们描述并限定了这一主体的范围。从理论上讲，意识域没有边界，因为它能够无限延展。从经验上讲，当碰到未知物时，意识域的边界就会出现。未知物包含一切未知，故与意识域的中心——自我，毫无关联。未知物可以分为两类：一者为外在对象，可供感官体验；另一者为内在对象，一经出现即被体验。前者于外在世界中构筑未知物，后者则于内部世界中进行。我们把后一个地盘叫作无意识。

自我，身为意识内容中特别的一员，并非简单或基础的因素，而是个复杂的因素，在此我难以巨细靡遗地讲清楚。经验告诉我们，它有两个看似不同的基础：一曰肉体，二曰心灵。肉体基础可综合体内知觉而推知。对于这些知觉而言，它们拥有心灵的本性，且与自我有关，故为有意识者。它们产生于体内的刺激，仅有部分超过了意识的阈限。这些刺激中，有相当比率者不知不觉地发生了，换句话说就是在阈下发生的。虽说是阈下，但这未必说明它们的状态仅是生理上的，除此之外，还应有心灵上的。有时，它们能够超过阈限，成为感知觉。可是，在这些体内刺激中，无疑还有大量未被意识到的，而且它们显然也配不上任何心灵的本性——当然，认为“众生皆属灵”另当别论。我之所以反对这个难以论证的假设，最主要的原因是：它把心灵的概念延伸得毫无界限，且生命被说得可以超乎事实依据。放诸四海皆准的概念，因为太过模棱两可，常常用处不大。因此，我建议，只有当人们确可凭借意志改变条件反射或本能作用时，才使用术语“心灵”。在这里，我得向诸君提及拙文《论心灵的本质》（*On the Nature of the Psyche*）①，在文中我用了更长的篇幅来定义“心灵”。

那么，自我的肉体基础就包含了有意识和无意识两个因素。心灵基础亦然：一方面，自我依赖于整个意识域；另一方面，它也依赖于无意识内容的总和。后者又分为三类：第一，可自发重现的暂时的阈下内容（记忆）；第二，不可自发重现的无意识内容；第三，根本无法被意识到的内容。就第二类而言，若阈下内容自发性骤增，它还可以进入意识。第三类则只是个设想，我们可从逻辑上假设它潜于第二类之下，其所包含的内容要么尚未骤增入意识，要么永远不会进入意识。

所谓自我“依赖于”整个意识域，并不是指它由整个意识域所构成，而是指它与意识域难分难辨，宛如一体。自我仅是意识域的参照点，立足并受限于上述肉体基础。

虽然自我的基础处于相对未知和无意识的状态，但自我却是一个绝佳的有意识因素。我们甚至可以从经验上发现，自我是个体后天习得的。它似乎发端于这种肉体与环境的冲突，一旦成为主体后，会与内外世界发生更多的冲突并从中获得发展。

虽说自我的基础是无限的，但和意识一样是一个整体。在理论上，

---

① 第371段及以后。

自我这个有意识的因素，可以被完整地描述。不过，各种描述就算合起来，也永远无法画出一幅有意识人格的全景。那些不为主体所知的特征将被忽略，而一幅全景必将囊括所有因素。即便在理论上，人格的全部描述也是绝对做不到的。因为，它的无意识部分是无认知能力的。经验清楚地告诉我们，这无意识的部分绝非无足轻重。相反，一个人最为关键的品质，恰恰总是无意识的，只可被他者察觉，或者借由外力被艰难地发掘。

显然，完整的人格与自我并不一致，或者说与有意识的人格并不一致。人格形成了一个有别于自我的实体。自然，厘清二者之举，仅限于承认无意识这一事实的心理学，对于这样的心理学，此种区别最为重要。即便在法理学中，某种心理活动是有意识的还是无意识的亦值得思考，比如在判处责任的问题上。

我建议把这种全部的人格称作自性，虽然现阶段对它仍不能有充分的了解。按定义，自我从属于自性，如部分之于整体的关系。人们说的自由意志，就在那意识域的内部。我这么说，并不是打算提出什么哲理，只是想说明妇孺皆知的“自由选择”或主观自由感受，究竟有怎样的心理事实。可是，正如我们的自由意志会与外界需求相冲突那样，它在主观内在的意识域之外亦会遭到限制，会与自性冲突。就像环境或“发生”在我们身上的外部事件限制了我们的自由，同样地，自性加诸自我的，更像一个“客观的发生”，自由意志根本做不了什么。诚然，自我不仅无力对抗自性，而且，在发展的历程中，偶尔还被人格中的无意识成分同化并发生很大的改变。

就性质而言，除非对自我进行正式的定义，任何笼统的描述都是不可能的。其他任何观察方式，都将考虑到个性，而个性附属于自我，是自我的主要特征。虽然，组成这一复杂因素的诸多元素，就其本身而言是相同的，但至于明晰度、情绪色彩和范围方面，它们就显得五花八门了。可想而知，它们所联合而成的自我便是个别的、独特的，并在某种程度上保持同一性。

然而，人格的深远变化时有发生，因而其稳定性也是相对的。而且，此种改变不必总是病理性的，也可以是正常范围之内的发展。

自我是意识域的参照点，也就主宰着一切成功的适应活动，因为这些活动皆由意志达成。因而，自我在心灵系统中，扮演了意义非凡的角色。正因为它如此重要，才有了自我即为人格中心的偏见，才有了意识域就是心灵本身之误解。倘若我们对莱布尼茨、康德、谢林和叔本华的某些暗示性思想不甚笃信，对卡勒斯（Carus）和冯·哈特曼（Von Hartmann）的哲学见解将信将疑，那只是因为在十九世纪末，现代心理学用归纳法发现了意识的基础，并从经验上证明了意识之外尚有心灵存在的缘故。凭着这些发现，当时还处于绝对地位的自我，变得相对化了。换言之，虽然自我居于意识域的中心，但它是否是人格的中心却是个问题。它只是人格的一部分，而非全部。如我所说，要估算它的份额有多大，或者要衡量它对“额外意识到的”心灵有多依赖，简直是不可能的。我们只能说，它的自由是有边界的，它的依赖性通常是被决定好的。我以为，自我与无意识的依存关系不可小觑。当然，对那些已然高估后者重要性的人，我无须赘言。鉴于误判所致的心理后果，我们需要一些正确测量的标准，这一点将在后文论述。

从意识心理学的角度来看，无意识的内容可分为三类。但从人格的心理学角度来看，则出现了两种“额外意识到的”心灵：一种内容是个人的，另一种内容是集体的、非个人的。前者的内涵即个体人格的完整成分，因此也能够被意识到；后者则形成了一种无处不在、始终不变、处处恒等的品质或基质，一种心灵本身的品质或基质。当然，这也仅仅只是一种假设。我们推及这个论断，借助的是经验材料的特性，而非依靠下面这个高概率事实：因所有人的心理过程都是相似的，因此必是基于普遍性的，非个人的，符合某一规律的法则的。这就好比本能在个体中所体现的，仅仅是众人皆有的本能基质之局部。

第二章
阴　影

无意识的内容由个体后天习得，而集体无意识的内容却充满了原型，这些原型自始至终亘古不变。它们同本能的关系，我已在其他地方论述过。[①]从经验的角度来看，特征最明显的原型，对自我的影响往往最为烦扰与频繁。这些原型便是阴影、阿尼玛和阿尼姆斯。[②]其中，最易理解、最易体验的一种便是阴影，因为它的特质可以在很大程度上由个人的无意识内容获知。这条规则也有一个例外：在一些罕见的案例中，人格的积极品质被压抑，自我基本上扮演的是负面的或反对的角色。

倘若缺乏相当的道德努力，人们便无法意识到阴影。所以，阴影是挑战整个自我人格的道德问题。要想意识到阴影，就要承认人格的阴暗面是真实存在的。这种做法是任何自知的必要条件，会遭遇相当的阻抗。这是一条准则。诚然，自知好似一种心理治疗措施，往往需要不少旷日持久的辛劳。

通过对阴暗特征——组成阴影的低下部分——做进一步检视，我们会发现它们拥有一种情绪化的本性，有几分自主性，也有些强迫性，或美言为占有欲。情绪不是个体的行动，而是恰巧发生在个体身上罢了。

---

① 参见《本能与无意识》（*Instinct and the Unconscious*）与《论心灵的本质》两篇。

② 这里的内容和下一章皆取自1948年在苏黎世为实用心理学学会（Swiss Society for Practical Psychology）所做的讲义。首次发表于*Wiener Zeitschrift für Neroenheilkunde und deren Grenzgebiete*, I (1948): 4.

阿尼玛，anima，拉丁文的意思为“灵魂”。在荣格心理学中，指的是男性心灵中的无意识女性人格。相应的，女性心灵中的无意识男性人格为阿尼姆斯。——汉编注通常，情绪反应发生在适应力最薄弱的地方，同时还说明了适应力薄弱的原因，即存在某种程度的自卑与较为低下的次人格。这些低下的次人格常常伴有失控或几近失控的情绪，因此此人表现得多少有些原始人的样子。这个原始人不仅是其情绪反应的被动牺牲者，而且对道德判断格外无能。

虽然凭借洞察力和良好的意愿，阴影可以在某种程度上同化为有意识的人格，而经验却提示我们阴影具有某些特质：对道德控制表现出顽固的阻抗，几乎不受任何影响。这些阻抗通常与投射紧密相连，可人们对它们的认识并非如此，人们以为它们是一种超越常规的道德成就。一些本来属于阴影的特质，会被轻而易举地当成别人的品质。在这种情况下，洞察力与良好的意愿统统无效，因为情绪似乎——甚至毫无疑问——是由他人引发的。投射的情形无论在旁观者眼中看起来有多么明显，指望主体自知自觉都是希望渺茫的。因为在你打算从投射的对象那里撤回自己情绪化的投射之前，你得确信你已抛出了一道长长的阴影。

让我们来设想这样一个人。他对自己的投射浑然不知，于是，投射因素便可以无拘无束地找到一个目标和对象——如果存在对象的话——或者造成别的符合其动力特征的情形。我们知道，进行投射的，不是意识主体而是无意识。所以只能说某人遭遇了投射并非制造出投射。投射的作用是把主体从环境中隔离出来，用幻象来替代与环境的真实关系。投射把世界变为一个复本，这个复本长着未知的面孔。最终，它们导致了一种意淫或自闭的状态，让人憧憬某个弗可达致的幻境。接踵而来的杳然感以及更坏的颓然感，也被投射解释为环境之恶，隔离状态更借此恶性循环愈演愈烈。主体与环境间介入的投射越多，自我要想看破幻象就越难。一位四十五岁的患者，自二十岁起就患上强迫性神经症，之后完全与世隔绝。他曾对我说：“说我浪费了人生中最美好的二十五载，我自己可从不承认！”

经常看到这样的悲剧：一个家伙把自己和他人的生活搞砸了，却还是无力看到整个悲剧的根源就是在他自己身上。当然，他并非有意识的。他有意识的所为，乃是忙着咒骂这个无信的世界，咒骂它与自己渐渐疏离。自然，还是某种无意识的因素编织了一个幻象，将其世界之本貌掩盖。而这个编织而成的幻象宛若蚕茧，最终将把他牢牢困住。

想要消解诸如此类的投射，简直是难于上青天，人们可能会觉得它们属于阴影的范畴，属于人格的消极面。但当越过某个门槛后，这种想法就站不住脚了。因为随后的种种象征不再是关于同性的，而是关于异性的，男人会投射女性形象，反之亦然。投射源不再是那总与主体性别相同的阴影，而是一个异性形象。在此，我们遇到了女性的阿尼姆斯及男性的阿尼玛。这两个对应的原型，其自主性与无意识显示出投射的顽固和棘手。和阿尼玛、阿尼姆斯一样，阴影也是众所周知的神话主题，但阴影首先以个人无意识的情形呈现，意识到它并不是那么困难。这样一来，阴影与阿尼玛、阿尼姆斯便截然不同了。前者可以被轻易看破，后者则离意识甚远，通常也很少能被认识到。由于阴影的本性是个人的，所以，用一点点自检，我们就能看穿它。可是，当它以原型出现时，个体就会遭遇与阿尼玛、阿尼姆斯相逢时的困难。换言之，人要想识别其本性相对罪恶之处，或许还可以做到；但要想凝睇于绝对之恶的脸，却是罕见而骇人的。

第三章

会合：阿尼玛与阿尼姆斯

那么，投射的成因是什么呢？东方人称之为“织女”[①]——用舞蹈创造的幻象“玛耶（Maya）”。算起来，我们从梦的象征中了解它还不久，而这个源自东方的密码，却让我们摸到了庙门：显然，这个紧裹的、含纳的、吞噬性的元素，正是母亲[②]，亦即儿子与生母的关系、与母亲意象的关系，还有与因他而成为母亲的女人的关系。他的厄洛斯如孩童般被动，他渴望被人捕获，被吸入，被包裹，被吞噬，他寻找着那有魔力的母亲——她保护他、滋养他，外部世界向他俯首称臣，幸福也会降临到他头上。无怪乎真实世界会从婴孩的视野里消失！

无意识常把事情戏剧化，若我们也把上述情形戏剧化，则会发现：在你眼前的心理戏台上，一个栩栩如生的退行者，正从不接纳他的冷酷世界逃之夭夭，寻找他的童年和母亲。通常，他身旁的母亲丝毫不觉得自己的乖宝宝应做一个男子汉，她孜孜不倦地奉献着，完全不顾这样做会妨碍他长大成人。看看这母子间隐秘的阴谋吧，看看他们是如何互帮互助来玩弄生活的。

过错何在？怪母亲还是怪儿子？或许都有问题。儿子对生命和世界的渴望未被满足，此事应该认真对待。他发自内心地渴望接触现实、

---

① Erwin Rousselle. “Seelische Führung im lebenden Taoismus,” P1. I, pp. 150, 170. Rousselle称织女为“阿尼玛之魂”。常言道，“纺织机，永不息”。我把阿尼玛定义为无意识的一种化身。

② 在此及下文中的“母亲”一词，不是字面上的意思，而是指具有母亲功能的一切象征。

拥抱世界、建功立业，可是，他做的不过是一连串的浅尝辄止。因为他的进取心和忍耐力，都被某个秘密的记忆削弱：世界和快乐都是母亲馈赠的。每个男人都要一次一次地遭遇那个碎片化的世界：在那里，他不能事事称心如意，也不会得到全然的满足。他会遭遇阻碍，他需要去征服。当男人整个地被推到这个世界面前，他就要有男子气，要热情澎湃，更要勇敢果断。为此，男人需要一个不忠的厄洛斯，来忘掉他的母亲，忘掉平生初次失恋的痛楚。母亲早有先见之明，小心谨慎地将忠贞、虔诚、专一的美德灌输给他，保护他远离道德败坏——这正是每一次生命挑战带来的风险。他把这些功课学得太过扎实，并对母亲忠贞不二。这自然让她产生了最为严重的焦虑（比如，当儿子蒙其大恩变成同性恋时），但也获得了一种无意识的满足，这种满足带有神话般的色彩。这一关系在远古时期最神圣的母子婚姻原型中发展至顶点，与圣婚相比，婚姻登记、薪水袋、月租……究竟这些庸常俗事有何意义？与那被龙逼迫的、头戴十二星冠冕的妇人相比，与羔羊婚娶氤氲的那份敬虔的卑微相比，后者的神秘敬畏怎会被那些庸常俗事所压倒呢？

这个谜题最能说明集体无意识的本性。在这个层面上的母亲，既衰老又年轻，既像得墨忒耳又像珀尔塞福涅；儿子也身兼配偶与睡童的身份。自然，现实生活难以适应、失望多多，其中的不足与那无法形容的完满相比，简直是天壤之别。

对儿子来说，投射的成因在于母亲意象，因此会指向真实的母亲。要想消解这个投射，唯有儿子发现：在他的心灵范围内，不仅有母亲的意象，还有女儿的、妹妹的、爱人的、天仙的，以及冥府鲍博（Baubo）的。每个母亲和每个爱人，在这无所不在、永恒的形象面前，都被迫沦为其载体与化身，此乃人类最深的实情。这个危险的女性形象属于他，她所代表的忠贞，是他为了生命的利益必须舍弃的。她是一切结局惨淡的冒险、斗争和牺牲的必要补偿；她是一切苦痛的慰藉。

同时，她还是高超的幻术师、媚娘子，用她的“玛耶”把他拖入生活的洪流中。他不仅看到生活中合理而有用的一面，也目睹了讨厌的吊诡与两难——善与恶、成与败、希望与绝望，彼此抗衡。因为她是他最大的危险，所以，她要求男人竭尽全力，他心里有什么她都能洞悉。

用施皮特勒（Spitteler）的话来说，这个形象就叫作“心上的女郎”。我建议换用术语“阿尼玛”这个更具体的说法，而不是用“心上”这种宽泛而模糊的表达。在阿尼玛概念下汇成的经验事实，为无意识形成了极其戏剧性的内容。也许，我们可以用理性的科学语言来描述此概念，但这样的话，我们又不能传达它的鲜活特征。因此，在描述心灵鲜活特性的过程中，我有意倾向于一种戏剧性的、神话的思考与表达方式。这种方式不仅更具表现力，而且比科学术语更为精确。科学术语常常自欺欺人地以为，其理论构想终有一日可分解为代数公式。

投射的成因即阿尼玛，或说由阿尼玛表现出来的无意识。无论是梦里眸里，还是幻想中，她在哪儿出现都会显出人格化的形式。由此可见，她象征的因素拥有诸般女性的显著特征。[①]她并非意识的造物，而是无意识自发的产品。当然，她也不是母亲的替代形象。那让母亲意象危险而强力的神秘品质，反倒源于阿尼玛的集体原型，她在每个男童心中不断现身。

由于阿尼玛原型寓于男性，我们可合理地推知，女性之中亦有某个类似的原型。男人由女性元素补偿，女人也当由男性元素补偿。不过，我不希望读者感到这些补偿关系是我推演出来的。把握阿尼玛与阿尼姆斯这两个原型的本性，需要很长时间，也需要积累丰富的经验。因此，对于这些原型，我们既会提及直接的证据，也有可由事实佐证的推论。

---

① 自然，她是纯文学中的一个典型形象。关于这个主题的新近文献有琳达·菲尔茨—大卫（Linda Fierz-David）的《普力菲罗之梦》（*The Dream of Poliphilo*），以及拙作《移情心理学》。最早将阿尼玛当作心理思想的，是十六世纪人文主义者理查德·维特斯（Richardus Vitus）。参看拙作《神秘结合》（*Mysterium Coniunctionis*）第91段及以后。

同时，我深知自己所谈论的乃是前所未有的。究其本质而言，此番谈论只能是暂时性的。

对儿子来说，母亲好似他投射成因的首个载体，父亲与女儿的关系也是这样。这两方面的关系的实际个案很多，基本主题相同，形式却千变万化。因此，对这些关系的描述就比较简洁，只能是图示性的。

因女人由男性元素补偿的缘故，她的无意识也仿佛有了男性的铭印。这使得男女在心理上大相径庭，因此，我把女性的投射成因叫作阿尼姆斯，该词意为心智或精神。阿尼姆斯与父性的逻各斯一致，而阿尼玛与母性的厄洛斯一致。不过，我不打算对这两个凭直觉得来的概念下任何过于具体的定义。我用厄洛斯和逻各斯①，仅仅是为了在概念上更好地描述这一事实：女人的意识更多地呈现出与厄洛斯的相关品质，而不是与识别力和认知力相关的逻各斯。对于男人，拥有关系功能的厄洛斯，常常不及逻各斯那么发达。而对于女人，厄洛斯是她们真实本性的写照，她们的逻各斯则常为可怜的附属品。在家庭和朋友之间，这种差异常常造成恼人的误会。这是因为厄洛斯由观念而非深思组成，我这里所说的观念是一种先验的假设，自诩为绝对真理的假设。众所周知，这种假设让人气恼之极。由于阿尼姆斯生性好辩，让两派人都赞同其观点，是“他”的拿手好戏。当男人被其阿尼玛劫持，就会成为自身阿尼玛的阿尼姆斯，此时，他们会像女人一样争辩。对男人来说，阿尼姆斯会让他变得虚荣和易怒（他们就像女人那样思考）；对女人来说，阿尼姆斯会让问题演变为权力、真理、正义和“主义”——因为裁缝和理发

① 厄洛斯与逻各斯：厄洛斯（Eros）是希腊神话中司性爱的原始神。诗人赫西俄德认为，厄洛斯是世界之初创造万物的基本动力，是爱欲和情欲的象征。逻各斯（Logos）是希腊哲学概念。哲学家赫拉克利特认为，逻各斯是一种隐秘的智慧，是混乱的万物之下潜藏的理性秩序、知识和精神。荣格用厄洛斯来指心理上的女性/母性法则：关联、混沌、无意识、接纳、被动等；用逻各斯指男性/父性法则：独立、辨别、意识、进攻、主动等。——汉编注

师已经“料理”好了她们的虚荣。“父亲”（传统意义上的）总在女性争辩里扮演着重要角色。不论女人的厄洛斯有多么友好、多么礼貌，当她被阿尼姆斯驾驭时，天底下就没有什么道理能撼动她。通常，男人怀有这么一种感觉——也不完全是错的：唯有诱惑或鞭笞或强奸，才能说服她。他压根没意识到，如果他退出战场或者再让一个女性加入战斗（比如他妻子，只要她不是一位悍妇），这种非常戏剧化的情况就会索然无味地结束。但他很少或从未萌生这种明智的想法，因为男人如若还没成为自身阿尼玛的受害者，哪怕同阿尼姆斯交谈五分钟都不可能！谁要是有足够的幽默感，想去客观地听听接下来发生的对话，就会为这些发现感到讶异：数量繁多的口头禅、莫名其妙的道理、报纸小说里的陈词滥调、一切布满脏话且缺乏逻辑的庸常描述。这个对话，不管和谁进行，总是无尽地重复着相同的语言，而且总是在本质上一成不变。

发生这种奇特情况的原因如下：当阿尼姆斯与阿尼玛狭路相逢，前者会拔出他的权力之矢，后者会喷出她的幻魅之毒。结局未必总是消极的，因为二者很可能坠入爱河（一见钟情就是一种特别的情况）。爱的语言惊人一致，凭着那用得烂熟的套话，借着那最大的热忱和忠实，这对原型就会在平庸的集体处境中发现他们自己。当然，这只是一种幻象，只不过他们以为是个人的自己，与另一个人产生了关系。

阿尼玛与阿尼姆斯的关系，在消极与积极两方面上，都是充满“敌意”的。也就是说，它是情绪化的，也是人类共有的。这种情绪反应会降低此关系的亲密程度，与本能基础更为接近，其间并没有任何个人因素。通常，这种关系是自然而然发生的，人们自然而然就这么做了，事后也对其浑然不知。

笼罩着男人的“敌意”，主要由感伤癖和愤恨组成；而女人的“敌意”，则是刚愎自用的看法和解释、影射、曲解等。两者都有一个目的（有时候还达到了），那就是割断两人的关系。女人像男人一样，被她的魔鬼知己缚在幻象之纱里。她就像唯父命是从的乖女儿那样（父亲总是正确的），被转到绵羊之田，她灵魂的牧羊人——阿尼姆斯——放她在那儿食草。

如同阿尼玛那样，阿尼姆斯也有积极的一面。透过父亲的形象，他传达了传统观念，也同样传达出我们所说的“精神”——这个特别的哲学或宗教概念，传达出由他们产生的态度。于是，阿尼姆斯就像送魂者普绪科蓬波斯（psychopomp[①]），就像一个意识与无意识的中介，也像一个人格。正如阿尼玛通过整合变成了有意识的厄洛斯，阿尼姆斯也变成了逻各斯；同理，阿尼玛给男性意识注入了关系和关联，阿尼姆斯则给女性意识带来了深思熟虑和自知的能力。

基本上，阿尼玛和阿尼姆斯对自我的影响是相同的。这种影响极难消除，原因是：首先，它异乎寻常的强大，即刻便可在自我人格中树立不可动摇的正当性；其次，产生影响的原因被投射在客体和客观情景中。我以为，这两类特征都可追溯至原型的特性。因为原型必然在一定程度上是先验的。这或许可以解释一些总是显得匪夷所思，却又无可辩驳的心态和观念。也许，正是由于来自原型的强大暗示力，那些企图影响它们的人才会闻风丧胆。意识为之倾倒，甘沦其俘，仿佛被催眠了。自我常常感到一阵隐约的道德挫败感，随后防御性更强，更自以为是、桀骜不驯，然后形成恶性循环，平添一种自卑感。末了，一切人际关系都会瓦解，因为——这与自大狂情况一样——自卑感让彼此认同变得不可能，而没有这个认同，关系就不存在了。

如我所说，洞察阴影比洞察阿尼玛和阿尼姆斯更简单。我们对阴影有心理准备，因为教育的缘故，我们知道“金无足赤、人无完人”的

---

①　“送魂者”（psychopomp），在古希腊神话中，他是赫尔墨斯祭祠时用的名字，他负责把死人的灵魂带到冥府。——汉译注

道理。因此每个人都能马上明白“阴影”、“自卑人格”等所谓何意，即使他忘了，那么，礼拜天的布道、他的夫人或税务员等，都能帮助他轻松地重拾记忆。不过，对于阿尼玛和阿尼姆斯，事情就绝不会这么简单了。首先，我们没有这方面的道德教育；其次，大多数人喜欢自以为是，还偏爱相互诽谤（这还不是最糟的），而不是去认识他们的投射。诚然，男人出现非理性的情绪，女人持有不合理的观念，都似乎是相当自然的状态。这种状态想必是基于本能的，而且必须保留下来，以确保这恩培多克勒式的爱恨游戏永世流传。自然的本性是“保守”的，不会轻易改变其运行方式，它以最顽固的方式，保卫着它的禁猎区。这个不可侵犯的区域正是阿尼玛和阿尼姆斯的游荡之所。因此，比起认识阴影面来，想要意识到阿尼玛/阿尼姆斯之投射更加困难。认识阴影不得不克服某种道德障碍，比如虚荣、野心、自负、愤恨等；而对于投射，仅仅是认识上的困难就会增加很多，更别说处理投射的内容了。而且，在诸问题之源头还有一个意义深远的疑惑：最好是让本能沉睡，倘若将之带到意识层面，人类会不会对大自然的事务染指过多?

在我的经验里，确实有不少人能够理解阿尼玛和阿尼姆斯的意义，这里并无特别的智力困难和道德困难。不过，我发现大部分的人，在把这些经验概念具象化时，显得异常吃力。这表明，这两个概念有点偏离普通的经验范畴。他们不受欢迎的原因，恰恰是人们不熟悉他们。结果，他们遭到偏见并被列为禁忌，形同那些意外的事物。

假如我们认为投射需要被消解——因为这样做在各方面都不无裨益，而且更有益于健康——那么，我们便步入了一片崭新的天地。迄今为止，每个人都深信这一想法：“我的父亲”、“我的母亲”等称谓，指的是真实的父母，其包含的每个细节特征都为他们所拥有。因此，当某人说“我的父亲”时，他确实指的是他实际的父亲。然而，这只是他的假定，这个身份假设决不会是真正的身份。这便是所谓蒙纱者（enkekalymmenos）的谬误[①]所在。如果一个人将父亲的图像X等同于真实的父亲，那么这个心理方程式是无解的。因为他引入了未知的量，与现实并不一致。X图像忽略了两个方面的事实。首先，他对这个人的看法也许是从真人那儿获取的不完全图像；再者，他会将主观修饰强加于这个图像上面。关于父亲的想法X，是一个复杂的量。真实的父亲只负责制造了一部分，其他不确定的部分则是他自己制造出来的。所以，他每每批评或赞扬自己父亲之时，他也会无意识地自我反驳。由此引发的心理后果会突然袭击那些平素喜好贬低或褒扬自己的人。不过，倘若认真地把他的反应与真实情况比对，他也许会注意到，长期以来，他并不了解父亲的行为，因此，他的估算出了错，他关于父亲的图像是虚妄的。然而，通常的情况是，他总是确信自己是对的，出错的永远都是别人。若此人拥有一个发展欠佳的厄洛斯，他要么对他与父亲那发展不充分的关系漠然处之，要么对父亲的出尔反尔和不可理喻大为气恼——因为父亲的行为从未真的符合他的X图像。故此，他觉得，他感到痛苦、被人误解，甚至背叛，都是天经地义的。

我们可以想见，对于这类情形，消解投射该是多么可取的一件事。不过，总有些乐观主义者认为，要开启“黄金时代”，不过就是告诉人们正确的去路。那就让乐天派去跟人们解释吧，这些人的所为，好比追着自己尾巴转圈圈的小狗。要使一个人看到其态度的短处，仅仅“述说”是远远不够的，除了常识还需要更多东西。在此人们面对的是一种宿命式的错误理解，在一般情况下，它永远不可能被觉察到。这好比让一个品行端正的公民承认自己是罪犯一样困难。

我说的这一切，只是为了阐明阿尼玛/阿尼姆斯投射所属的数量级。

① 这个谬误源自麦加拉学派的欧布里德（Eubulides）：“你能够认出你父亲吗？”能。“你能认出这个蒙纱者吗？”不能。“这个蒙纱者就是你父亲。可见，你能认出你的父亲，却又认不出他。”

而且，消解这些投射，还需要道德与智力上的努力。不过，并非所有阿尼玛和阿尼姆斯内容都会被投射，许多内容会自然而然地出现于梦境及其他地方，还有许多内容可借由积极想象而被意识到。借由这些，我们会发现思想、感情和情绪反应是活在我们之中的，对此我们从来都不以为然。当然，对那些未曾经验到“自我”的人来说，或是对那些“知道自己想什么”的“正常人”而言，这类可能性看起来完全是天方夜谭。大多数“正常人”都怀有这样的幼稚想法。可以想见，没有涉足此领域的人，根本无法了解阿尼玛和阿尼姆斯的本性。如果一个人在实际生活中已经意识到了二者的存在，他便步入了一个充满全新心理体验的世界。那些已然成功的人，几乎不会错过未知和不可知的一切。今天这个时代，人们的自我认知并没有增多，代价则是神经机能症的增加，甚或其他更坏的情形。

集体无意识的自主性，在阿尼玛和阿尼姆斯这两个形象中表露无遗。当这些人格化的内容从投射中撤回，就可被整合进意识当中。此时，两种形象都表现出某种功能：其集体无意识内容会经过滤进入意识大脑之中。不过，只有在意识与无意识分歧不大时，他们才会如此行事。二者间存在的任何张力，都会使这些先前无害的集体无意识以人格化的形式与意识大脑对峙，就像还有一个系统从人格中分裂出来，或是仿佛有另一个灵魂存在。这种对比并不妥当，因为属于自我人格的内容，并不会从中分裂出来，两种形象反倒像是一种恼人的“增生”。他们这般行事的缘由是：阿尼玛与阿尼姆斯不能靠自己来实现整合，因为他们是原型。他们是心灵结构的基石，在总体上超越了意识的范围，故也永难成为直接的认知对象。你可以意识到阿尼玛和阿尼姆斯带来的影响，但他们自身却是超越意识的，非知觉及意志所能企及。所以，尽管其内容能被整合，他们依旧具有自主性。故此，你应该时时刻刻将二者放在心上，这一点对治疗而言极为重要，因为持续不断的观察仿佛是向无意识“奏请”，多少可以保证它与有意识大脑合作。如我们所知，无意识绝不能一劳永逸地被“处理”。实际上，心灵保健的一个最重要的任务，就是持续关注无意识内容及其产生的过程。因为意识大脑总不免以偏概全、重蹈覆辙，或者困在死胡同里出不来。无意识的补偿功能，可以让这些危险——大量存在于神经机能症中——稍稍得以避免。当生命尚处于纯真的无意识状态时，才会毫不犹豫，亦无担忧地听从本能行事，唯有在这种理想的情况下，补偿功能方可全然奏效。一个人“文明化”程度越高，就越有意识，越复杂，顺从本能的程度则越低。生活的芜杂与环境的濡染，来势汹汹，会吞没人性的静谧。观念、信条、理论和集体潮流会占据意识大脑，使之产生偏差，此时，对无意识的刻意关注，可以让补偿功能正常运转。因此，有一点格外重要：不应将无意识的原型看作无常幻象，而应将其描述为恒常自治的元素。他们也确乎如是。

正如现实经验呈现的那样，两种原型遵循宿命，偶尔会制造出悲剧。他们简直是一切悲惨命运的“父母”，世人也一直认为这是理所当然的。他们皆有显贵的“双亲”[①]：一个符合逻各斯本性，具有精神与理性的特征，极具赫尔墨斯那变化多端的特点；另一个则符合其厄洛斯本性，拥有阿佛洛狄忒、海伦（塞勒涅）、珀尔塞福涅与赫卡特（Hecate）[②]的特征。他们都是无意识的力量，是真正的“神灵”，就像古代人深信无疑的那样。这样称呼他们的目的，是为了赋予其核心的心理价值，无论你是否能意识到他们，其价值都在那里。而且，他们力量增长的幅度与无意识程度成正比。那些没有看到他们的人会被其攥在手心，正如流行性斑疹伤寒在源头未明时最为猖獗一般。甚至在基督教里，神圣的会合也并未被废弃，反而以基督与基督新妇（即教会）的形式

---

① 自然，这连心理学的定义都算不上，遑论形而上学的。拙文《自我与无意识的关系》（*The Relations between the Ego and the Unconscious*）指出，此汇合含有三元素：男人固有的女性，女人固有的男性；男人拥有女人的经验，女人拥有男人的经验；男性与女性的原型意象。这第一个元素可借意识化过程统合进人格，但最后一个元素不可。

② 赫卡特（Hecate）：希腊神话中司夜和冥界的女神。——汉编注

跻身最高地位[1]。想要找到评判两种原型意义的恰当标准，使用上述类比大有裨益。要想从意识层面获悉他们的可能性简直微乎其微。只有用意识之光去探测心灵的黑暗和深邃，探索人类命运的奇特和迂折，我们才会渐渐晓得：这两种补偿了我们意识生命的元素，拥有何其强大的影响力。

总之，我要强调的是，阴影的整合，或对个体无意识的认识，乃是分析过程的第一步。没有这一步，也不可能认识阿尼玛和阿尼姆斯。了解阴影，只能通过与伙伴的关系；了解阿尼玛和阿尼姆斯，则只能通过与异性伙伴的关系。因为只有在这样的关系中，它们的投射方可奏效。对男人来说，认识到阿尼玛，会产生“三元体”，有一元具有超越性。“三元”包括男性主体、与之相对的女性主体，以及超越性的阿尼玛；对女人来说恰恰相反。使“三元体”成为“四元体”的那个遗失的第四元素，于男子而言，是“智慧老人”，在此我并未讨论；于女子而言，是“地府母亲”。四者构筑了一种半是与生俱来、半是超越性的“四元体”，一种被我叫作“四元婚姻”的原型。[2]这个原型不仅提供了个体自性的图式，也为原始社会的架构提供了蓝本，不仅姑表婚姻、婚姻级别体现了这一点，其住处也按照四个方位来排列。另一方面，自性则是上帝的意象，或至少与之混同一体。早期的基督教教义对此并非一无所知，不然亚历山大的革利免[3]也不会说：了解了自己，便了解了上帝。

---

① “因为经文说，上帝造了男人和女人；男人是基督，女人是教会。”《革利免致哥林多教会二书》（trans. by Lake,I,P.151）。在一些绘画中，教会常常以玛利亚的形象出现。

② 《移情心理学》，第425段及以后。参看后文，第358段及以后，挪阿新派（Nassenes）的四元体。

③ 亚历山大的革利免（150～约215）：基督教神学家，基督教早期教父，亚历山大学派的代表人物。为了和同名的教宗“罗马的革利免”区分，故使用此名。——汉编注

第四章
自　性[1]

自知之所以增加，是因为非个人的投射被撤回，换句话说，是由集体无意识内容的整合所致。现在，我们要面对的问题是，这种增加是否对自我人格产生了特殊的影响。当整合的内容涉及到部分的自性时，我们便可认为这一影响是相当大的。它们不仅扩张了意识域，而且增强了自我的重要性。特别是当自我缺乏通往无意识的关键途径时，就更是如此。这种情况是经常发生的。此时，自我易受压制，进而认同那同化了的内容。比如，男性意识会受到阿尼玛的影响，甚至被她占有。

无意识内容整合后，其影响更广。对此，我在其他地方[2]论述过，在此不复赘述。我只想说的是，越多、越重要的无意识内容被同化进自我，则自我与自性越接近。当然，这种接近是一个永无止境的过程。除非在自我与无意识形象之间划出明确的界限，否则，自我便免不了会膨胀起来。[3]只有为自我规定合理的边界，并承认无意识的种种形象——自性、阿尼玛、阿尼姆斯和阴影——是相对自治且实存的（在心灵本性上），这种划分才能起到实际作用。否则，要对“非存在”的实体做心理分析，不仅徒劳无功，还会让自我愈发膨胀。须知，宣称某事子虚乌

---

① 此章内容取自《论自性》一文，发表于1948年的《爱诺斯年鉴》（*Eranos-Jahrbuch*）。

② 《自我与无意识的关系》。

③ 《哥林多前书》5:2中的话表达了这个意思：“Inflati estis（πεφυσιώμενοι）et non magis luctum habuistis.”（你们还是自高自大，并不哀痛）——这涉及一桩母子乱伦案（“有人收了他的继母”）。

有，并不能处理此事。比如，产生投射的因素无疑是实际存在的，任何坚持否定投射的人，都会认同这个投射，这种暧昧的态度显然会危及个人幸福。接触过这些情形的人都知道，自我膨胀危险无比，而这仅仅是致命堕落的前奏。不仅如箴言所说："骄傲导致堕落"，还会出现令人不适的身心失调以及某种心理特质，以帮助此人减少"自高自大"。这类自我膨胀不应该被解读为意识的"自我扩张"，甚至离"自我扩张"相去甚远。大体来说，我们根本无法直接意识到这种情况，但可以由症状间接推知其存在，包括我们对当前环境的反应。膨胀，会让视野的盲区变得更大。而且，产生投射的内容把我们同化得越多，我们就越倾向于认同它。一个明显的症状就是，我们渐渐对外界的反应不感兴趣，甚至对其充耳不闻。

当自我被自性同化了，那必定是个心灵惨剧。全体的意象依然存留在无意识里，一方面有着古老的无意识本性，另一方面又在心理时空连续体中发现自己。这一时空连续体仍然具有无意识的特征。[1]故而，这些超自然的品质，对自我意识起了无限的决定性作用；自我意识从无意识中分化出来，但它本身存在于绝对时空里。这样的分化是极其必要的。想想看，要是自我被无意识控制，不论多长时间，其适应功能都会失常，也可能引发各种事故。

因此，把自我锚定在意识的世界里显得非常重要。意识只有在对环境的精确适应的情况下才能得到加强。为此，诸如专注、责任心、耐心等美德，极具道德意义。这就好像对无意识症状准确的观察以及客观的自我批评，具有智性上的意义一样。

不过，我们在强调自我人格和意识世界时，可能会轻易地误认为：我们对无意识形象做了心理分析，自性遂同化为自我。这个过程正好

① 《论心灵的本质》第414、439段及以后。

说反了，但二者会导致同样的结果，那就是“膨胀”。此时，意识世界必须降低水平以“俯就”无意识的世界。这会出现两种可能：第一种是现实世界必须防止古老的、“永恒的”、“无所不在的”梦的状态的侵入；其次，因为要为梦留出空间，意识世界不得不做出牺牲。第一种情况会激发此人的美德；若是处于第二种情况，道德挫败会削弱自我的傲慢。上面这些过程是有必要的，不然人将永远无法达到适度的谦逊，而这种谦逊又是维持心理状态平衡的基础。可能有人会觉得，这不是一个道德松弛的问题，而是朝着不同方向做道德上的努力的问题。比如说，一个责任感不强的人，不得不做道德上的努力，以求达到某一标准；而一个自立自强、脚踏实地的人，若能用他的美德来承受挫败，可谓莫大的道德成就——他得松开与世界的联系，还要降低自己的适应能力，才可实现这般成就［这一联系让人想起“弟兄克劳斯（Brother Klaus）”①，此人为了拯救其灵魂而抛下妻子，后来被封为圣徒，且儿孙满堂］。

真正的道德问题产生于刑罚失效之地，因此在这种地方要解决这种问题几乎无法依靠先例，也不能凭借戒律和诫命。真正的道德问题源于责任冲突。借助某些外在权威，一人只要足够谦逊或足够随和，总能做出决定。可是，一个既不信任别人，也不信任自己的人，是做不了任何决定的，此时，恐怕只有依靠习惯法所谓“上帝之作为”他才能行事。《牛津字典》将“上帝之作为”这一概念定义为“不可抗拒的自然力的作为”。在这种情况下，有一个无意识的权威以“既成的事实”来终结此人的疑问（总的来说，那些从更高权威处获取论断的人，同样遵循这个道理，只不过形式上更加含蓄而已）。你可以说这个权威是“上帝的旨意”，也可以说是“不可抗拒的自然力”，虽然人们对二者的思考和

① Brother Claus：中世纪的瑞士圣徒，名为尼古拉斯，以道德正直出名。——汉编注

想象大相径庭。理性主义将此内在权威解释为“自然力”或本能，这一说法虽能为现代知识分子所认同，但有其败笔。本能之说的大获成功，触犯了我们的道德自尊。于是，我们说服自己，认为事物仅由意志的理性运作决定。文明人存在类似“背叛人性之罪”的担忧，只要有可能，他就会缅怀旧事物，以掩盖道德的挫败感。人们对自我的控制能力感到自豪，为自己万能的意志感到骄傲，同时睥睨那些被区区自然打垮的人。

另一方面，如果内在权威被认为是“上帝的旨意”（这就是说“自然力”是神圣的力量），我们的自大就得到了满足。因为，这时的决定就像一种顺从之举，结果则像一种神圣的旨意。这样来看待事物，或许有几分公正性，但也存在问题：不但过于省事，而且美德的斗篷掩盖了道德的颓靡。不过，唯有当一个人，故意将其自私的观念隐藏于辞藻伪饰背后，这一问题才真正成立。可是，这绝不是普遍情况。因为在大多情况下，本能倾向于坚持自己，以支持或反对此人的主观兴趣，它并不在乎外界的权威是否许可。内在权威不需要先行奏请，似乎在各趋势激烈竞争做出决定之前，该权威就已然存在。在这场竞争里，此人从未袖手旁观，或多或少有些“自愿地”参与其中，并试图将道德自由感的砝码，置于决策天秤之上。可是，还有个疑问：看似自由的决定，其动机在何种程度上是有原因的还是无意识的？也许，“上帝的旨意”与自然界任一大灾难都很相像。我也回答不了这个问题，因为我不清楚道德自由感源于何处，况且，它们和本能一样有其存在的确然性，仿佛一种强制力。

总而言之，将“上帝的旨意”这股出现在我们身上的自然力解释为本能，不仅更有益，而且更“符合”心理学原理。这样一来，我们发现自己与祖先的心灵生活习惯相协调，也就是说，我们心理功能的运作与先人无异，也与他人无异。这种习惯的存在，本身就证明了其存续力。因为，如果习惯无法存续，那么遵循它的人，早就丧命于适应不良了。

另一方面，遵循它的人将拥有理性的生活期待。因为惯性思维会赋予人一种确定无疑的心理感觉：这是真实的，这是对的，没有人会说它是错的。“心理真实”并非形而上的见解，它是思维、情感和行为的惯性模式，被实际经验证明是适当而且有用的。

我们在自己身上发现的冲动，应该被理解为“上帝的旨意”。我之所以这么说，是为了强调这些冲动不该被视为任性的愿念，而应被视为绝对事物，那些人们必须学会如何正确处理的绝对事物。意志对这些冲动的控制是有限的，它或许可以压制它们，但并不能改变其本性。被压制的内容会转换一种形式后再度出现，不同的是，这一次它携着愤恨而来，使得其他无害的自然冲动变成我们的敌人。另外，我认为“上帝的旨意”中的“上帝”，不应该被理解为基督教的上帝，而应被理解为狄奥提玛（Diotima）[①]所说的意思。她曾说：“苏格拉底啊，厄洛斯是个强悍的邪灵（daemon）。”希腊文*daimon*和*daimonion*表示这样一种决定力：尽管道德决定由人做出，但它就像天意或命运那样，由外界加诸人身。不过，人一定知道自己在决定什么，以及自己在做什么。那么，如果他遵循了，他听从的就不仅是自己的意见；如果他拒绝了，他破坏的就不仅是自己的意图。

用纯粹的生物学或科学观点来看心理学是存在不足之处的，因为二者只注重心智头脑。采纳科学观点并无损失，因为自然科学的方法对心理学研究有着巨大的启发价值。但总的来说，心灵的现象并不能通过智力研习来理解，因为心灵含纳了“意义”和“价值”——取决于随之而来的“感觉基调”的强度。可见，要为任意一个心灵内容描绘出完整的形貌，至少需要两种“理性的”[②]功能。

① Diotima：苏格拉底的两位老师之一。狄奥提玛是女祭司，教导了苏格拉底有关爱的知识。——汉编注

② 参看《心理类型》（*Psychological Types*）中“理性的”与“非理性的”定义。

因此，如果一个人在处理心灵内容时，能兼顾知识判断与价值判断，那么，他就能看到这一心灵内容的完整图景，并能更好地理解它在心灵整体中所处的地位。就心理现象而言，情感价值是非常重要的判断准据，因为它在很大程度上，决定了内容在“心灵摄理”（Psychic enconomy）中扮演的角色。换言之，情感价值表达了思想的强烈程度，而这个强烈程度反过来又表达了思想的能量张力，即其有效潜能。譬如，阴影通常拥有负性情感价值，阿尼玛和阿尼姆斯则较为积极。阴影总有一些明确的可以描述的“感觉基调”，而阿尼玛和阿尼姆斯却难以触及。阿尼玛和阿尼姆斯神秘可畏，又令人神魂颠倒，常常笼罩在一种感伤、易怒、隐秘、痛苦而亲昵的绝对性氛围里。阿尼玛和阿尼姆斯形象的相对自主性正寓于这些品质之中。按情感等级的次序论，阿尼玛和阿尼姆斯为阴影撑腰，亦如阴影给自我意识打气一样。情感似乎总会“折磨”后者，它会尽其可能耗费相当的精力来压制阴影，至少是暂时压制。但是，无论出于何种原因，只要无意识占了上风，那么，阴影及其他形象的价值也会相应地提高，价值阶层次序会因此而逆转。离清醒的意识最远、最无意识的部分，具有某种威胁性。其情感价值也会随其无意识程度的增加而增高：从自我意识，到阴影，再到阿尼玛及自性。这种清醒意识状态的逆转，有规律地发生在由醒至睡的转变之中。入睡后出现的栩栩如生的影像，在白天是无意识的。每每心理水平降低，都能引发一场相关的价值逆转。

我在此谈及的“主观感觉基调”，多多少少有着上述的周期性变化。不过，也有基于共识的客观价值，这些共识包括道德价值、审美价值和宗教价值等，它们一般被认作“理想”，或是“集体理念的感觉基调”（列维—布留尔所说的“集体表象”）。[①]“主观感觉基调”或

① 《低级社会中的智力机能》（*Les Fonctions mentales dans les sociétés inférieures*）。

“价值量”可以很容易地通过情结[①]与失调症状[②]识别出来。集体理念常常没有主观感觉基调，但仍保有其情感价值。因此，这种价值并不从其症状中体现出来——尽管可以从附属在集体理念的属性中体现出来，从其典型的象征和暗示效应中体现出来。

这个问题有着现实的一面，因为很可能出现这样的情况：虽然一个集体理念本身是重要的，可因为缺乏主观感觉基调，就会在梦境中表现为某种次级属性，比如上帝以其兽形属性表现。相反，理念也可能出现在情感缺乏强调的意识里，它恰如其分地从属于意识，随后也必定会移回它原型的背景下——这是诗人和先知常常执行的任务。故此，荷尔德林在他的《咏自由》（*Hymn to Liberty*）中，使因经常被误用而腐朽的概念，再度呈现其原始古朴的光芒：

她脱尘的玉臂托起我的凡体，
我的心房怦怦的，静静的；
我的脸颊依然激荡着她的唇痕，
羞红了，焕亮了，皆由唇起。
她的每句妙语，似有魔力，
唤出崭新的完美造物；
谛听女神的声息，
谛听吾主，心怀吾帝！[③]

不难发现，“自由”的理念又变回其原本的戏剧性状态——变回阿尼玛的华丽形象，从尘土的负重中脱身，从感官的专横中解放，再度化

① 此处的“情结”（constellations）一词，原意为“星丛”。不能将它等视于阿德勒的“自卑情结”，也不能看作弗洛伊德的“恋母情结”。Murray Stein在《荣格心灵地图》中提过这样一个荣格的譬喻：将地球及附近的空间视为自我意识，将地球周遭布满了星星的空间看作无意识。在探索后者时，我们先要遇到一些星星和陨星，这便是荣格所指的情结，它们像“机关”一样激起人的情绪。——汉译注

② 《心能》（*On Psychic Energy*），第14、20段及以后。

③ *Sämtliche Werke*，I，p. 126.

身为引你至极乐世界的“送魂者”普绪科蓬波斯。

诚然，我们所说的第一种情况——集体理念以其自身的次等面向呈现于梦中，出现得更频繁：“女神”化身为黑猫，神（Deity）化身为庸碌的石头（*lapis exilis*）。随后的解析所要求的知识——更重要的是关于该对象的历史共识，甚于动物学和矿物学。这些“神话”意义永远存在，虽然它们有时或许是无意识的。比如，一个人在考虑到底给篱笆门刷绿漆还是白漆时，并未想到绿色是生命和希望的颜色。而此时，“绿色”的象征意义就表现为一种无意识的暗示。可见，有些东西对无意识的生命而言有着最大的意义，却身处意识价值等级中的最次地位，反之亦然。阴影的形象已然属于无形的“幽灵”领域——更别说阿尼玛和阿尼姆斯了。二者除了会投射在他人身上仿佛根本不存在。至于自性，则全然在个人范围之外，就算真的出现，也只会像一种宗教神话主题，其象征层次从最高到最低不等。一个人要是认同白天这一半的心灵生活，他便会宣称夜晚的梦百无一用——尽管昼夜等长，尽管说一切意识显然基于无意识，一切意识皆扎根于无意识，且夜夜被它吞没。另外，心理学勉强了解无意识对意识做了什么，因而在门外汉的印象里觉得无意识总是高深莫测。我们知道这样的例子，白天小小的东西在夜里会变大，反之亦然。由此可见，白天的渺小细物，到夜晚会变得庞大无朋，就连那些在白天没注意的东西也会如此。

对任何整合而言，上面的知识可谓基本前提。也就是说，某一内容要想被整合，只有在两方面都变得有意识——不仅在智性上、也在情感价值上理解它——才能做到。不过，智性与情感难以通力合作——它们在定义上就互生龃龉。谁要是认同某个智性立场，会发现它的情感不时与自己对峙，好像一个乔装成阿尼玛的敌手。相反，一个智性的阿尼姆斯又会对情感立场猛烈回击。故此，打算兼顾智性与情感价值，以实现这一卓绝的伟业，人们就必须不顾一切地应对阿尼玛或阿尼姆斯的问题，以此开辟一条通向更高的联合、通往统一的康庄大道，这是“整体性”存在的不可缺少的先决条件。

虽然，“整体性”一词乍看之下不过是个抽象的理念（如同阿尼玛和阿尼姆斯），但它是凭经验产生的，因为它借着心灵预先出现，呈现为自发或自治的象征。它们就是四元体或曼荼罗象征，这些符号是现代人闻所未闻的，它不仅出现在现代人的梦里，而且散见于各人种、各时代的历史记载中。它们有着“联合”（unity）与“总体”（totality）的象征意义，已被历史和经验心理学所证实。那看似抽象的理念，却是实际存在的，而且可以被体验到，它自发地呈现出其先验的存在。因此，“整体性”是一个独立于主体运作的客观因素，就像阿尼玛与阿尼姆斯那样。正如阿尼玛和阿尼姆斯比阴影有着更高的等级地位，“整体性”（wholeness）的地位与价值也比“会合”（syzygy）更高。看起来，“会合”是其不可缺少的一部分，“会合”的两部分实为组成“整体性”的高贵的兄妹，因此会表现出对立面的张力，而这股张力也诞生了象征着“联合”的圣子①。

在客观价值的等级上，“联合”与“总体”位居最高点，因为它们的象征与上帝的意象相差无几。因而，所有关于上帝意象的陈述，也适用于“总体“的经验象征。生活告诉我们，个体的曼荼罗乃是秩序的象征，主要表现在病人心灵迷茫或重划航向之时。曼荼罗就像魔圈，约束和抑制着那些从属于黑暗世界的“法外力量”，同时创造出秩序，将混沌转变为和谐。②曼荼罗在意识头脑中，首先表现为一个一晃而过的点，而在整个象征被全然理解之前，不仅需要做大量艰苦卓绝的工作，还需要

---

① 参看拙文《儿童原型心理学》（*Psychology of the Child Archetype*）；又见《心理学与炼金术》，索引条目“filius Philosophorum”、“child”、“hermaphrodite”。

② 参看《心理学与炼金术》，第二部分第三章。

对许多投射进行整合。纯粹智性上的领悟比较容易。因为，对于在我们之内并高于我们的上帝，对基督和“奥秘之体”（*Corpus mysticumc*），对个人与超个人的“阿特曼”(atman)[①]……全世界都有着一致的构想，因此运用哲学智慧来理解它并不那么难。一个人会觉得自己拥有了某一件事物本身，这是幻觉之源。实际上，人不过拥有万物的名字，尽管人们长期误以为名字魔法般地表征着万物，叫出名字就可以理所当然地设想其存在。几千年来，拥有理性大脑的人们一直有机会看穿这种自负，明白这种自负一无是处，但这并没有阻止人们从智性上掌握事物，仅仅接纳事物的表面价值。我们的心理经验充分表明：对心理学事实的智性“理解”，产生的不过是其概念；而一个概念无非是一个名字，一种“声息”（*flatus vocis*）。这些智性上的“计数器”，可以被轻易地四散传播。它们一传十、十传百，毫不费力，因为它们没有重量或实质。它们看起来圆满，实际上是空的；它声称指派给我们重责大任，其实将我们交付于虚无之中。毋庸置疑，智性在其自己的领域中是有用的，但当它试图操控价值时，却像个智性的诳话家和幻术师。

运用智性可以进行任何科学研究，除了心理学。因为心理学的主体——心灵——有两个以上的方面，被感知觉和思维所调节。价值的功能——情感——是我们意识定位的一个完整的部分，不应该被任何一种心理判断忽视。否则，我们试图构建的过程是不完整的。每个心灵过程都有一个价值品质依附于它，也就是它的“主观感觉基调”。“主观感觉基调”表明主体在多大程度上被过程感染，或过程对它的意义有多大（如果过程全然到达意识层面的话）。正是通过这一“情感”，主体被卷入其中，并渐渐感到现实的全部重量。智性理解和情感理解的差异大

① 印度教中的“灵魂”。——汉译注

致相当于一个查阅医典的人与一个确患此疾的人的差别。在心理上，除非人确实体验过，否则不会拥有任何东西。因此，纯粹的智性领悟是不够的，因为人知道的仅是词句，而非事物的内在实质。

害怕无意识的人多得超过人们的想象。他们甚至害怕自己的阴影。若论及阿尼玛和阿尼姆斯，这种害怕就化为恐惧。因为在精神错乱中，“会合”将涌入意识的心灵内容呈现出来（最明显的是精神分裂症的妄想形式）。[①]通常，克服这种恐惧是一份非同寻常的道德成就，但要通向自性真实体验之路，需要完成的还不止于此。

阴影、“会合”与自性，乃是心灵的元素，这些元素要构成一幅恰当的图景，唯有对它们透彻体验才行。这些概念是从实际经验中提出来的，要解释它们同样只能凭借更多的经验。哲学批判发现一切事物的内部都是自相矛盾的，除非一开始就承认它们与事实相关，而且，“概念”仅是这些事实的一种缩写或定义。于对象而言，这些批评的影响，就像动物学家批评鸭嘴兽所产生的影响一样，少得几乎没有。重要的并不是概念，概念只是语词，只是“计数器”，它具有意义并能使用，只是因为它代表了某种经验的总和。遗憾的是，我无法将这一经验传递给诸位。我曾在多本作品中，借助案例材料，尝试展现这些经验的本质以及获得它们的方法。不管我把方法用在何处，我给出的事实已然证实了其效果。在伽利略时代，即使你不会使用他的望远镜，你也可以看见木星的卫星。

只要走出心理学专业的小圈子，任何对比较神话学有所了解的人，都会理解这些形象。阴影作为阴暗世界的存在物，可以轻易被识别出来，这一形象的特征是世界性的。“会合”也能被即刻理解为神圣伴侣

① 最典型的案例是尼尔肯（Nelken）发表的*Analytische Beobachtungen über Phantasien eines Schizophrenen*。另一个是史瑞伯（Schreber）的《我的病史回忆》（*Memoirs of My Nervous Illness*）。

的心理原型[①]。最终，在经验特性描述的基础上，自性成为“联合”与“总体”那至高无上的理念之后的表象，为所有一神论及一元论体系所固有。

我认为这些类比是重要的。因为通过它们，有可能把所谓的形而上概念，即那些与自然经验根基断裂的概念，与鲜活的、普遍的心灵过程联系起来，恢复其真实本意。这样一来，自我与思想投射物恢复了联结，这个投射物如今便由形而上的理念构成。可惜，就像我们已经谈到的，形而上思想存在且为人所信，但这并不能证明相关的客体的内容就是实际存在的——在特殊的心灵状态下，即恩典的状态下，思想与现实的一致性不应被视为不可能的，即使这个主题无法凭借意志行为被带出来。一旦形而上的思想无法唤起原初经验，它不但变得毫无用处，更会成为向上发展的绊脚石。人们会执着于令自己显得富有的所有物，而当这些东西不再起作用了，就越难以理解，越没有生命力，人就越顽固地痴迷于它们（自然地，人只会执着于贫瘠的思想，因为鲜活的思想有内容且足够丰富，没必要执着）。因此，随着时间的流逝，有意义的也会变得无意义。很不幸，这就是形而上思想的宿命。

今天，真正的问题在于这些理念究竟意味着什么。我们的世界尚未完全摒弃传统，但早就不期待任何“圣言”了。当然，我们最好弄明白“圣言”所谓何意。神坛上回荡着的言语令人费解，迫切需要一番解说。如果没有人感到被救赎，基督之死又怎么给我们带来救赎呢？耶稣是如何做到神人合一的，这又是怎样的一种存在？三位一体是关于什么的？孤雌生殖是什么？吃肉身、喝血之后是不是还要吃剩下的东西？这个概念世界与日常世界之间到底有什么联系？哪个世界的物质实在与自

① 在英语中，“模范”（prototype）与“原型”（archetype）为同义词，在本书的很多情况下意义相近。虽然二者有极大相似性，但前者侧重于认知过程和创造心理方面，后者侧重于文化心理和集体无意识范畴。——汉译注

然科学上的联系最广？每天二十四小时中，我们至少有十六小时是“单独”活着的，剩下的八小时更适宜待在无意识中。在何时何地，发生了什么，唤醒了那些遥远的神话记忆？天使、圣餐、至福、死者复活……因此，我们发现，在睡眠的无意识状态下出现了所谓的“梦”。有时，梦的场景与神话主旨非常相似。神话是奇迹故事，是对待万事万物的方式，而这也常是信仰的对象。

在意识的日常世界里，这样的事物几乎不存在。直到1933年，人们发现精神病人活在神话的碎片里。此后，英雄与怪物的世界，如烈火般狂袭全球，人类虽然历经数世纪的理性与启蒙，然而神话古怪世界的存续力丝毫未减。如今，形而上思想的影响不如从前，但不是因为欧洲人的心灵不再处于原始状态，而是基督教意识经历数世纪的发展后，往昔的象征符号已无力表达从中涌现出来的无意识。最后就出现了一个“伪造的灵魂”、一种虚伪的精神：自大、歇斯底里、糊涂、无法无天且盲信教条。一个贩卖劣质灵性产品、伪艺术的商人，结结巴巴地兜售着哲学理论和乌托邦谎言，却只适合于经营今日的大众量贩店，这就是后基督教精神的景貌。

第五章

基督，自性的象征

世界的去基督化，科学与技术的路西法式发展，还有二战后物质与道德的沉沦不堪——人们不止一次地把这些情形同新约所预言的末世情形相比对。我们知道，这一切都与敌基督的来临有关：“不认父与子的，这就是敌基督。”[①]“凡灵不认耶稣……这是那敌基督的灵……你们从前听见他要来。”[②]启示录充满了这样的期待：糟糕的事情将在时间的尽头出现，接踵而来的是羔羊婚娶。这显然说明，基督的阿尼玛（灵魂）确实知道敌手的存在，也知道未来他的权力会被篡夺。

诸君一定会问，我为何在此大谈基督和他的敌手——敌基督呢？我们的话题不可避免地引向基督，因为他仍是活在我们文化中的神话。抛开他在历史上的存在不说，他是我们的文化英雄，他代表了神圣的“原初之人”，亦即那位神秘的亚当。亚当是处于基督教曼荼罗中心的人，他是“四联像”[③]的主人，四人仿佛亚当宝座上的四根宝柱。他在我们之中，我们亦在他之中。他的国是无价的珍品，田地里埋有宝藏，还有那将长成大树的芥菜种子，以及天堂似的城邦[④]。正如基督在我们之中

---

① 《约翰一书》2:22。

② 《约翰一书》4:3。教会的传统看法乃是基于《帖撒罗尼迦后书》2:3及其后的内容，这里谈及离道反教的事，谈及大罪人（ἄνθρωπος τῆς ἀνομίας），还有那预示着上帝来临的沉沦之子（υἱὸς τῆς ἀπωλείας）。这个“大罪人”抬高自己，自称是神，而终被主耶稣“用口中的气”灭绝。他将按照撒旦的方式（κατ' ἐνέργειαν τοῦ σατανᾶ）工作，行各样的异能、神迹。到头来，他将显出自己的虚谎与诡诈。《但以理书》11:36及以后的内容，被认为是一套范本。

③ 指《四福音书》的作者马太、马可、路加和约翰。——汉译注

④ 关于“城邦”，可参看《心理学与炼金术》，第104页及以后。

一样，天堂似的国度亦在我们之中。①

略略几句广为人知的引语，足以彰显基督象征的心理地位。基督是自性原型的典型。②他代表了神圣的“总体”或位居于天上的、荣耀的人、毫无罪污的圣子。他是第二亚当，在堕落之前与第一亚当一致，当后者还是一个纯粹的上帝形象（imgae of God）③时，特土良（Tertullian）说：“因此，就把这当作上帝在人身上的形象吧，人的灵拥有和上帝一样的行为和感觉，虽然与上帝拥有的方式不同。”④俄利根（Origen，公元185～254）则说得更直接：上帝的形象铭刻在灵魂里，而非身体上，⑤乃是形象之形象，“因为我的灵魂不是直接的上帝的形象，而是按照上帝的样子造出来的。”⑥另一方面，基督是上帝的真正形象⑦，拜其相似性所赐，我们有了内在的人，

---

① Ἡ βασιλεία τοῦ θεοῦ ἐντὸς ὑμῶν ἔστιν［神的国就在你们心里（“心里”或作“中间”）］。“神的国来到，不是眼所能见的。人也不得说：‘看哪！在这里；看哪！在那里’”，因为它在我们之中，遍及四处。（《路加福音》17:20）“我的国不属于这世界。”（《约翰福音》18:36）神的国与人的相似性，清晰地体现在撒种人的比喻之中（《马太福音》13:24，亦见13:45、18:23、22:2）。俄克喜林库斯的纸莎草纸残片载道：…ἡ βασ[ιλεία τῶν οὐρανῶν] ἐντὸς ὑμῶν [ἐ]στι [καὶ ὅστις ἂν ἑαυτὸν]（天堂之国在你之中，了解自己的人会找到它的。了解你自己吧。）参看James, *The Apocryphal New Testament*, p. 26及Grenfell and Hunt, *New Sayings of Jesus*, p. 15.

② 我对基督乃原型的评论，请参看《三位一体观念的心理学考察》（*A psychological Approach to the Dogma of the Trinity*），第226段及以后。

③ “image”有“意象”和“形象”之意。根据上下文，“image of God”和“image Dei”译作“上帝的形象”；“God-image”译作“上帝意象”。而“figure”统一译作“形象”。——汉编注

④ “Et haec ergo imago censenda est Dei in homine, quod eosdem motus et sensus habeat humanus animus, quos et Deus, licet non tales quales Deus” (*Adv. Marcion.*, II, xvi; in Migne, *P.L.*, vol. 2, col. 304).

⑤ *Contra Celsum*, VIII, 49 (Migne, *P.G.*, vol. 11, col. 1590): “In anima, non in corpore impressus sit imaginis conditoris character.”参看 trans. by H. Chadwick, p. 488.

⑥ *In Lucam homilia*, VIII (Migne, *P.G.*, vol. 13, col. 1820): “Si considerem Dominum Salvatorem imaginem esse invisibilis Dei, et videam animam meam factam ad imaginem conditoris, ut imago esset imaginis: neque enim anima mea specialiter imago est Dei, sed ad similitudinem imaginis prioris effecta est.”（如果我认为上帝和救主具有无形的神的形象，我发现我的灵魂后于造物主的形象造出，庶几形象之形象；因为我的灵魂不直接是上帝的形象，而是前一个形象的相似性做成的。）

⑦ *De principiis*, I. ii, 8 (Migne, *P.G.*, vol. 11, col. 156): “Salvator figura est substantiae vel subsistentiae Dei”（救主是上帝的实质或存有）。In Genesim homilia, I, 13 (Migne, P.G., vol. 12. col. 156): “Quae est ergo alia imago Dei ad cuius imaginis similitudinem factus est homo, nisi Salvator noster, qui est primogenitus omnis creaturae?”（人来自与上帝形象的相似性。除此之外，我们的救主——那万般造物的头一个也是如此吗？）Selecta in Genesim, IX, 6 (Migne, P.G., vol. 12, col. 107): “Imago autem Dei invisibilis salvator.”（但无形的上帝形象就是救主。）

无形无体、纯洁不朽[1]。上帝的形象在我们中表现自身，通过“慎重、公正、自制、刚毅、睿智及纪律”[2]。

圣奥古斯丁（公元354～430）区分了两种上帝的形象：一种是基督的形象，另一种是为形若上帝而植入人身的形象。[3]上帝之形象不在人的肉体之中，而在理性灵魂（anima rationalis）之中，这正是人与兽的区别。“上帝的形象在你之内，不在身体里……上帝的形象存在于对他的了解里，在心灵里、在寻求真相的力量中。”[4]所以，圣奥古斯丁说，我们应当告诉自己，我们是仿上帝形象所塑造的，除了对他理解别无他物：“……人类知道自己仿上帝形象而成，便知道他身上有些东西是兽类没有的。”[5]由此可见，上帝的形象与理性灵魂本无二致。理性灵魂是个更高级别的属灵者，圣保罗称之为“天上之人”（*homo coelestis*）。[6]犹如堕落前的亚当，基督也是上帝形象的化身，[7]圣奥

---

① *In Gen. hom.*, I, 13 (Migne, P.G., vol. 12, col. 155): “Is autem qui ad imaginem Dei factus est et ad similitudinem, interior homo noster est, invisibilis et incorporalis, et incorruptus atque immortalis.”（然而，内在的人仿照上帝的形象，并有着上帝的外表，无形无体、纯洁不朽。）

② *De princip.*, IV, 117 (Migne, P.G., vol. 11, col. 412).

③ *Retractationes*, I, xxvi (Migne, P.L., vol. 32, col. 626): “(Unigenitus)…tantummodo imago est, non ad imaginem”（独生子……只是形象，而不是形象以后的）。

④ *Enarrationes in Psalmos*, XLVIII, Sermo II (Migne. P.L., vol. 36, col. 564): “Imago Dei intus est, non est in corpore…ubi est intellectus, ubi est mens, ubi ratio investigandae veritatis etc. ibi habet Deus imaginem suam”, Also ibid., Psalm XLII, 6 (Migne, P.L., vol. 36, col. 480): “Ergo intelligimus habere nos aliquid ubi imago Dei est. mentem scilicet atque rationem.”（故此，我们知道，上帝的形象存在于我们的某些地方，即心智与理性。）Sermo XC, 10 (Migne, P.L., vol. 38, col. 566): “Veritas quaeritur in Dei imagine”（真理，在上帝的形象中获知），与此相对的是*Liber de vera religione*所说的：“in interiore homine habitat veritas.”（真理寓于内在的人。）由此可见，上帝的形象（imago Dei）与内在的人（interior homo）相一致。

⑤ *Enarr. in Ps.*, LIV, 3 (Migne, P.L., vol. 36, col. 629): “...ubi autem homo ad imaginem Dei factum se novit, ibi aliquid in se agnoscit amplius esse quam datum est pecoribus.”

⑥ 《哥林多前书》15:47。

⑦ In *Joannis Evangelium*, Tract. LXXVIII, 3 (Migne, P.L., vol. 35, col. 1836): “Christus est Deus, anima rationalis et caro.”（基督即上帝，一个理性的灵魂和身体。）

古斯丁曾专门强调过基督的“总体性”。他说：“全然呈现于人身之‘道’（Word），仿佛充满于人的身体和灵魂。更确切地说——即便兽类在此也有‘灵魂’与肉体——我所说的人类灵魂和人类肉体，指的是人在自身呈现的一种完全的人类灵魂。”①

人的上帝意象（God-image），并未因堕落而毁灭，只是被损害和腐蚀（“有余的”）了，这可由上帝的恩典恢复。统合之见让人想到下降冥府（*descensus ad infero*），主的救赎甚至包括亡者。在心理意义上，这就是对集体无意识的整合。集体无意识是个体化过程之基础。圣奥古斯丁说：“因此，我们最终必会变得完美，我们的完美就是基督”②，因为他是完美的上帝意象。故此，他亦被称为“君王”。他的新娘（*sponsa*）乃是人的灵魂，她“内在地居于那个隐藏着的属灵的神秘之处，与‘道’结合，致使二者合为一体”，这与基督与教会的神秘婚姻相一致。③教义中的圣婚与教会的礼拜绵绵延传之际，这些符号象征也在中世纪发展为炼金术里的对立面结合（或曰“化学婚配”）。由此产生的“哲人石”（lapis philosophorum）概念，意指“总体”，又产生了化学上的化合概念。

---

① Sermo CCXXXVII, 4 (Migne, *P.L.*, vol. 38, col. 1124): “(Verbum) suscepit totum quasi plenum hominem, animam et corpus hominis. Et si aliquid scrupulosius vis audire; quia an imam et camem habet et pecus, cum dico animam humanam et carnem humanam, totam animam humanam accepit.”

② *Enarr. in Ps.*, LIV, 1 (Migne, *P.L.*, vol. 36, col. 628).

③ *Contra Faustum*, XXII, 38 (Migne, *P.L.*, vol. 42, col. 424): “Est enim et sancta Ecclesia Domino Jesu Christo in occulto uxor. Occulte quippe atque intus in abscondito secreto spirituali anima humana inhaeret Verbo Dei, ut sint duo in carne una.” 参看圣奥古斯丁《摩尼教浮斯杜斯回复书》（*Reply to Faustus the Manichaean*, trans. by Richard Stothert, p. 433）：“神圣的教会，也在主耶稣基督之妻的秘密当中。这是因为，在灵的神秘奥妙处，人的灵魂与上帝之道结合，使二者合为一体。”在此，圣奥古斯丁参考了《以弗所书》5:31f.：“为这缘故，人将离开父母，与妻子结合，两个人就成为一体。这是极大的奥秘，但我是指着基督和教会说的。”

那被原罪损害了的上帝意象，可借上帝之援手，像《罗马书》（12：2）说的那样被“修复”[①]：“不要效法这个世界，只要心意更新而变化，你们便可察验何为神的……旨意。”无意识在个体化的过程中所制造的全部意象，都是先验的原型（曼荼罗）在做着类似的“修复”工作。[②]如我强调的那样，自性自发生成的象征或“整体性”，与上帝意象实难区分。抛开上述经文中的希腊词“转化”（μεταμορφοῦσθε）不谈，心灵的“更新”（ἀνακαίνωσις，reformatio）并不意味着实际上的意识改变，而是一种原初状态的恢复，一种复原。这与心理学的实证结果一模一样：“整体性”原型始终都是存在的，[③]但很容易从意识的范围中消失，或全然未被知觉到，直到人们在基督形象中认出它来。这种“回忆”修复了人与上帝意象合一的原初状态，并引发了某种整合，弥合了人格分裂，因本能向不同的、相互矛盾的方向的崩裂导致的人格分裂。此分裂不出现的情况唯有一种，那就是人依然像野兽一样依据本能而无意识地生活。此时的无意识具有一定的“正当性”。自然，一旦无意识不是出于本能，而是被压抑，那么个体总会受伤害，而且无法忍耐太久。

毋庸置疑，最初的基督教认为由基督呈现的“上帝的形象”，是一个含纳了整体性的概念，就连人的动物一面也包含在内。然而，在现代心理学意义上的“整体性”，却是基督象征所缺乏的。基督象征设立了一个对手路西法，从而将万物的黑暗一面排除在外。尽管，在基督教观念中，对邪恶力量排除在外是人尽皆知的事情，但俄利根首创的“善

---

① Augustine, *De Trinitate*, XIV, 22 (Migne, *P.L.*, vol. 42, col. 1053): “Reforma mini in novitate mentis vostrae, ut incipiat illa imago ab illo reformari, a quo formata est”（你们的心智被修复一新；形象的修复必始于最初造出形象的人）。

② 《有关曼荼罗象征》（*Concerning Mandala Symbolism*），第9卷第一部分。

③ 《心理学与炼金术》，第207页及以后。

之缺乏”[1]教义将恶描述为善的减少，因此恶便丧失了其实在性，而成为阴影部分。根据教会的教理，恶仅是“完美的偶然缺失”。这一假设导致了下列命题：“诸善源于神，诸恶源于人”（omne bonum a Deo, omne malum ab homine）。另一个可想而知的结果，便是某些新教徒宗派相继根除魔鬼。

多亏了“善之缺乏”的教义，“整体性”在基督的形象（figure）中才得到保证。不过，当人们在心理上经验恶时，必须把它看得更为实在。如此来看，恶就是善的对立面。古代诺斯替教徒的论点受精神体验影响颇大，针对恶的问题，其立论基础也比基督教的教父们更为宽广。譬如，他们有过这样一个教条：基督“摆脱了自己的阴影”。[2]如果我们足够重视这一观点，便能在敌基督的形象中，轻易认出那个被抹去的相似形象。敌基督从传说中发展而来，是基督生活的堕落的效仿者。他是个如假包换的“ἀντιμιμὸν πνεῦμα”，是亦步亦趋的恶灵，形影不离地跟着基督。对救赎主（Redeemer）[3]光明而片面形象的补充——我们甚至能在《新约》中找到蛛丝马迹——具有特别的意义。还好，它很早就受到了颇多关注。

若把基督的传统形象与自性的心理表现相类比，敌基督则等同于自性的阴影，也等同于人类整体中那黑暗的一面，人类对这一面的存在不

---

① 原文如此。“善之缺乏”是由奥古斯丁提出的，可追溯至柏拉图。俄利根很少谈及这一主题。——汉编注

② 爱任纽（*Irenaeus, Adversus haereses*, II. 5, I）记载了这样的诺斯替教教义：造物主逻各斯——基督，在创造其母之时，是“用‘丰盛’铸造了她，亦即，他让她与知识相分离。”那些诞生在丰盛以外的造物，则处于阴影和空虚内。据华伦提努（*Valentinus, Adv. haer.*, I. 11, 1）说，基督并非源于丰盛的移涌，而是源于移涌之外的母亲。华伦提努说，她孕育了他，“尚带着几分阴影”。而“孔武阳刚的”他，却自己摆脱了身上的阴影，回归丰盛之中（καὶ τοῦτον[Χριστὸν] μὲν ἅτε ἄρρενα ὑπάρχοντα ἀποκόψαντα ἀφ' ἑαυτοῦ τὴν σκιάν, ἀναδραμεῖν εἰς τὸ Πλήρωμα κτλ.）；而他的母亲，则“被舍弃在阴影里，属灵的实在亦被剥夺”，且正是在那儿诞生了真正“次等世界的造物主与全能者”。但是，如我们从福音中知道的那样，耽延于世的阴影成了这世界的王（*princeps huius mundi*），即魔鬼。参看《爱任纽作品集》（*The Writings of Irenaeus*, ）I，第45页及以后。

③ “Redeemer”全书统一译为“救赎主”；“Saviour”统一译为“救世主”。——汉编注

应过分乐观。以我们的经验判断，光亮和阴影均匀地分布在人性之中，因此，心灵总体的光泽怎么说也有几分晦暗。自性的心理概念部分源自全体人类的知识，其余部分是无意识的产品。无意识生成了原型式的、与内在矛盾相连的原型式的四位一体。自性的概念不能忽略阴影面，阴影本属于光明，要是没有它，光明就没有了“躯体”和“人性”。在自性经验里，光亮与阴影形成了吊诡般的统一体。但是在基督教观念中，此原型却遗憾地分裂为互不相容的两半，最终导致了一个形而上的二元论——天国与地狱的大分离。

任何对基督教怀有积极态度的人士，都会觉得敌基督问题是个烫手山芋——它丝毫不亚于魔鬼因上帝的道成肉身而进行的还击——因为魔鬼作为基督的敌手获得了真正的地位，甚至和上帝平起平坐。当然，这只是在基督教兴起之后的事，即便是在约伯记那个时候，魔鬼还属神的众子之一，且与耶和华交情甚笃。[①]这种情况在心理学意义上不难理解：正是基督形象太过教条化，太崇高无瑕，以致其他的一切都黯然无光。事实上，要恢复平衡的话，这样的片面完美亟待某种“心理补充”。这一不可避免的敌对，很早就引发了“上帝有二子”的教义，其中的长子就是撒旦。[②]敌基督的来临不只是一个先知的预言，更是一个不可辩驳的心理法则。虽然“约翰书信”的作者不清楚这个法则，但他确实知道“补充物”即将到来。所以，他行笔之间，恍然意识到内在转化的需求——当然，我们或许深信这种想法是神赐的启示。事实上，每一次基督形象的加剧分化，都带来了无意识补偿的相应增强，由此也增加了“上”与“下”之间的张力。

做这些陈述时，我们也全然处于基督教的心理与象征之中。不过，没有人预测出，基督教自身固有的倾向会不可避免地导致灵性的颠覆。这个结果不是偶然出现的，而是与心理法则相一致。灵性追求的是崇高

---

① 参看R. Schärf, “Die Gestalt des Satans im Alten Testament”.

② 《神灵墨丘利》（*The spirit Mercurius*），第271段。

的目标，注定与醉心征服物质、驾驭世界的世俗唯物论相抵触。在文艺复兴时期，这种变化显而易见。“文艺复兴”这个词意为“重生”，指的是古代精神的复苏。我们现在知道，“精神”基本上就是个托词。复兴的不是古代精神，而是中世纪基督教的“灵”（精神），这一“精神”在遭遇异教的洗礼后，将天堂的愿景转换为俗世的追求，将垂直的哥特式风格转换为水平风貌（大航海时代对世界、自然的发现和探索）。随后，又出现了启蒙运动和法国大革命，并产生了今日的全球局面。我们只能说这种局面是“敌基督的”，它让早期基督教的“末日”预言得以应验。随着基督的到来，原先潜在的对立状态好像渐渐明晰了。也好像猛烈摇摆到一端的钟摆，现在似乎正做着反向补偿运动。常言道，根扎冥府，才能长成参天大树。这一运动的双重意义，存在于钟摆的本性之中。基督毫无瑕疵，而在其生命之初却与撒旦不期而遇。在由基督降临所喻示的世界心灵中，存在着巨大的张力，这位敌手撒旦恰恰代表了反面的角色。他是“恶的奥秘”，与“公正的太阳”（sol iustitiae）如影随形，好似阴影之于光明。因此，伊便尼派[①]和优奇特派[②]均认为两兄弟忠于彼此。基督与撒旦都在为自己的国而努力奋斗：一个是为了天国，一个则是为了成为“这世界的王”（principatus huius mundi）。我们既听说过“千年国说”，也听说过“敌基督的来临”，仿佛这对王族兄弟间发生了一场世界及时代的分割。故此，基督遭遇撒旦并非是纯粹的巧合，他们存在于同一链条上。

必须记住古代神灵，以鉴别阿尼玛/阿尼姆斯原型的心理价值。同样地，基督也是与我们的自性和自性的意义最相似者。自然，这个问题

---

① 犹太基督徒构成的一个诺斯替会合论教派。

② 伊皮法纽（Epiphanius）提及的一个诺斯替教派，(*Panarium adversus octoginta haereses*, LXXX, 1-3, and in Michael Psellus, *De daemonibus* (in Marsilius Ficinus, *Auctores Platonici* [*Iambichus de mysteriis Aegyptiorum*], Venice, 1497)。

所涉及的集体价值，并不是人为制造出来的，或者被任意赋予的，而是实际存在的，由其本身体现的，无论主体是否对其有意识，它都会发生作用。虽然，基督的属性（与圣父的同质性、永恒性、孤雌生殖、受难、羔羊献祭，一分裂为多等）清楚地表明了基督乃自性之体现，但从心理学的角度看，他仅仅符合了原型的一半，另一半则表现在敌基督身上。敌基督，除了其包含的黑暗面向，也同样体现了自性。二者皆为基督教的象征，在救世主（Saviour）在两个盗贼之间被钉上十字架的意象中，具有相同的意义。这个伟大的象征告诉我们：意识的发展与分化，不仅会有具有威胁性的冲突意识出现，还包括自我的受难：矛盾的对立双方被痛苦地悬置起来。[①]自然，自我的全然消失感是毋庸置疑的。此消失感一出现，意识的焦点就消失，结果将变得彻底无意识。自我相对的消失，仅仅会影响到最终和最高的决定，这一决定让我们直面无法解决的责任冲突。换言之，这

---

① "Oportuit autem ut alter illorum extremorum isque optimus appellaretur Dei filius propter suam excellentiam; alter vero ipsi *ex diametro oppositus*, mali daemonis, Satanae diabolique filius diceretur."（可是，把两极之中最杰出的那个叫作"上帝之子"是恰当的；而把另一个与他直接敌对的叫作恶魔之子、撒旦之子、魔鬼之子，也是合适的。）（俄利根, *Contra Celsum*, VI. 45; in Migne. *P.G.*, vol. 11, col. 1367; cf. trans. by Chadwick. p. 562）两个对立面甚至相互作用："Ubi quid malum est … ibi necessario bonum esse malo contrarium …. Alterum ex altero sequitur: proinde aut utrumque tollendum est negandumque bona et mala esse; aut admisso altero maximeque malo, bonum quoque admissum oportet."（何地有恶……何地须有与恶相对的善……一个跟着另一个；因此，我们须废止二者，否定善恶的存在。若我们承认了恶，我们也得承认善。）（*Contra Celsum*, II, 51; in Migne, *P.G.*, vol. 11, col. 878; cf. trans. by Chadwick, p. 106.）与这番清楚、有逻辑的陈述不同的是，俄利根还在别处坚称："权利、宝座和公国"贱为恶灵，不纯洁的魔鬼"不会在实质上拥有这种相反的美德。"（"non substantialiter id habeant scl. virtus adversaria"）它们生来不是罪恶的，但用自己的自由意志选择了邪恶之境。（*De principiis*, I, VIII, 4; in Migne, *P.G.*, vol. 11, col. 179.）俄利根至少通过暗示，将上帝定义为至善，他在此话中的观点，与奥古斯丁教义概念"善之缺乏"非常接近："Certum namque est malum esse bono carere."（确实，恶就是善被剥夺。）但是，这句话紧接着下列句子："Recedere autem a bono, non aliud est quam effici in malo."（背离了善，无非是成为完全的恶。）（*De principiis*, II, IX, 2; in Migne, *P.G.*, vol. 11, cols. 226-27）这清晰表明了此消彼长的关系，故善恶在一个对立体中表现为相同的两半。

种情况下的自我，是个受苦的旁观者，他不能决定什么，却必须服从这些决定，必须无条件地臣服于此。人的“禀赋”——人更高、更广、边际难测的部分，有着最终的决定权。因此，虽然基督这个基督教自性的意象缺少本该有的阴影部分，但我们仍然应该仔细检视基督教传统中体现出来的个体化进程的心理面向。其为我们所做出的描述，精准无误而令人难忘。

这个原因我在上面已说过，那就是至善的教义。爱任纽在驳斥诺斯替教徒时，正确无误地说道：异常情况必须被带到“天父之光”里，因为“它不能照亮和填充那些在他之内的事物”[①]，也就是所谓的阴影和虚空。对爱任纽来说，在光的丰盛中可能有一个“黑暗和无形的虚空”的假设，似是可耻的谬论。在基督徒看来，无论上帝还是基督，都不能是一个悖谬，它们应该有独一无二的意义。时至今日，这一点仍被奉为圭臬。从古至今都无人知晓（今日有几个值得嘉许的人除外），理性的狂妄让古人胆敢在哲学上半强迫地将上帝定义为“至善”。某位新教神学家也鲁莽地断言“上帝唯善”。假如他无法看到自己的智性僭越是对上帝的自由和全能的冒犯，耶和华一定可以教他点什么。至善的强力篡夺有其缘由，源头更是源远流长（抱歉，在此无法详谈）。是“善之缺乏”废止了恶的实在性。此教义的源头可追溯到大巴西流（Basil，公元330～379）和丢尼修（Dionysius，四世纪后半叶），并被奥古斯丁充分发展。

随后的公理“诸善源于神，诸恶源于人”为众多专家所研究，他提安（Tatian，二世纪）是其中最早的权威。他提安曾言：“邪恶者，皆非上帝所造也。盖吾人自制诸恶矣。”[②]这一看法，又被提阿非罗（Theophilus，二世纪）采择于论著《致欧特里卡斯书》（*Ad Autolycum*）[③]中。

---

① *Adv. haer.*, II, 4, 3.

② *Oratio ad Graecos* (Migne, *P.G.*, vol. 6, col. 829).

③ Migne, *P.G.*, vol. 6, col. 1080.

大巴西流说：

你们不要忘记：恶的存在并非出于上帝之手，而且，恶在自身之中也没有任何实质。恶并不像活着的生命那样存在着，我们也从未看见恶的实质。恶，就是善的缺乏……因此，恶并未存在于它自己的实质中，而是源自灵魂的损毁。[1]恶既不是本来就有的，不像有些邪恶的人说的那样，与善居于同等的位置……也不是被创造出来的。假如万物都是上帝创造的，恶岂可源出于善呢？[2]

同样，另外一段也道出了这番陈述的逻辑。在《创世六日》（*Hexaemeron*）的第二段宣道中，大巴西流说：

恶源于上帝之说，同样是不虔敬的，因为对立物不能从对立物中产生。生非死之因，暗非亮之因，疾患亦非康健之因……恶既不是由上帝所造，也并非本来就存在，那么恶的本性从何而来呢？所以，说恶并未鲜活存于世间是不实的。那么，我们应该怎样去描述呢？恶不是一个栩栩如生的实体，它只有一种对立于美德的灵魂状态。轻浮之徒与善渐行渐远，恶便接踵而来……我们应该承认，你自身的邪恶，由你亲自所造。[3]

当我们说“高”时，我们立马视“矮”为理所当然。我们将二者扭曲为一种因果关系，这相当荒谬，因为我们显然知道，暗无法产生亮，亮也制造不了暗。这一切是我们自然而然察觉得到的。然而，善恶的理念，是诸般道德判断的前提。

善恶是一对逻辑上对立的等价物，是一切认知行为的基本要素。从经验的角度来看，我们能总结的也不过如此。况且，我们还可以在这

---

① 大巴西流认为，世界的黑暗来源于天堂之体所投射的阴影。*Hexaemeron*, II, 5 (Migne, *P.G.*, vol. 29, col. 40).

② *Homilia: Quod Deus non est auctor malorum* (Migne, *P.G.*, vol. 31, col 341).

③ *De spiritu sancto* (Migne, P.G., vol. 29, col. 37). *Nine Homilies of the Hexaemeron*, trans. by Blomfield Jackson, pp. 61f.

个角度上说，善恶在道德判断中共存，它们并未源于彼此，却总是相伴相生。恶同善一般，属于人类价值的一类。我们是道德价值判断的始作俑者，但仅在一个有限的程度上，我们才能作道德判断。一些人认为的善，另一些人却认为是恶。只有在死刑案中，才有共识那样的东西。如果我们赞同大巴西流，认为恶由人创造出来，那么善也应出自人的亲笔。但是，人只不过是第一个下判断的。在与那些被判断的事实关系中，人的职责并非是轻而易举地作决定。为此，我们必须为自由意志的范围划定一个清晰的界限。精神病大夫都知道，这么做有多么艰难。

由于上述种种，心理学家应从形而上学中退出来，但必须批评显而易见的"善之缺乏"的基础。大巴西流一方面坚称恶自身并无实质，说它是源自灵魂的损毁；与此同时，他又坚信恶的确存在，那么恶的相对的真实性，不就基于灵魂的"损毁"吗？而这个"损毁"，必然同样存在一个根源。如果说，灵魂原本由善所造，那么，它被某些真实的东西腐化了，或者仅仅是草率、冷漠和轻浮。我要着重强调的是：当事物追溯至一种心灵状态或一个心理事实时，它绝不会化约为零而失效，而是转移到心理事实层面——在经验上这样做更容易。比如说，教义中的魔鬼。其真实的来源是，他并不是由人所造，而是存在于人类诞生以前。如果魔鬼以其自由意志违背了上帝，那么这就表明：第一，恶在人类之前便已存在于世，所以，人便不可能独自写就恶；第二，魔鬼已然有着"损毁"的灵魂，我们为此须承担某种根源的责任。大巴西流论述的基本谬误，便是循环论证，该论证让他陷入无解的矛盾之中。从一开始，恶的独立存在就得被否定，即便有着魔鬼永生的教理。出现这种情况的历史原因，在于摩尼教二元论的威胁。在玻斯托拉的狄托斯（Titus）的论述《驳摩尼教徒》中这一点尤为清晰，[①]他这样驳斥摩尼教徒：就本

① Migne, *P.G.*, vol. 18, cols. 1132f.

质而言，并没有所谓的恶。

屈梭多模（Johh Chrysostom，约公元344～407）没有使用“缺乏”的字眼，而改用“与善相背离或偏离”的表述。他说道：“恶无非是一种与善的偏离，因此，它在与善的关系中处于次等地位。”[①]

丢尼修在《论神名》（*De divinis nominibus*）的第四章里，对恶做了一番详细的解释。他说，恶不可能源于善，因为要是它源于善，那么它就不会是恶了。可是，由于世间万物皆源于善，所以万物皆在某方面表现出善，而“恶根本就不存在”。

就恶的本性来讲，它既不是一件事物，也不会使任何事物产生出来。

恶根本不存在，它不是善，也不会创造善。

万物，如其所是的事实那般，皆为善且皆源于善。然而，因为恶是善之缺乏，它们便不是善，也不存在。

那不存在的，并非完全是恶的。因为绝对不存在的即为无物，除非我们认为它存在于超本质的善之中。所以，善既是绝对存在，又是绝对不存在，处于最前最高的位置。而恶既不在存在里，又不在非存在中。[②]

这些问题告诉我们：什么强调了恶的实在，教父们就要否定什么。如前所述，这些表述将教会对摩尼教二元论的态度联系起来，这在圣奥古斯丁的言论中显而易见。在驳斥摩尼教和马吉安派（Marcionites）的文中，他写道：

因此缘故，一切都是善的。由于一些事物好过另一些，稍差的善则交相辉映，汇成更好的善……那些被我们称作恶的东西，是善里的缺点，若没有善，就完全无法存在……然而，正是那些缺点，证明了万物

---

① *Responsiones ad orthodoxas* (Migne, *P.G.*, vol. 6, cols. 1313-14).

② Migne, *P.G.*, vol. 11, cols. 716-18. Cf. the *Works of Dionysius the Areopagite*, trans. by John Parker, I, pp. 53ff.

的本性之善。缺点与本性相对，并损毁事物的本性——唯有通过减少该事物的善才能做到。因此，恶仅仅是善之缺乏。而且，它只会存在于某些善的事物里……所以，有些善物不含任何的恶，比如上帝自己，再如天上的存有。但是，没有善的恶物却是不存在的。因为，要是恶对一切毫发无伤，那么它就不是恶；而要是它损害了什么，那么它就减损了它的善；要是它继续实施伤害，那是因为它还有一些善可被减损；而它要是被整个吞下，它的本性自然就无受损余地了。因此，当本性不复存在时，本性中可被减损的善也就消失了，任何可被损毁的恶也就不再。[①]

据《奥古斯丁语录集》载："恶并非实质[②]，因为它的创造者不是上帝，而且它也不存在；因此，堕落的缺点无非是错误意志的欲望或行

---

① "Nunc vero ideo sunt omnia bona, quia sunt aliis alia meliora, et bonitas inferiorum add it laudibus meliorum⋯. Ea vero quae dicuntur mala, aut vitia sunt rerum bonarum, quae omnino extra res bonas per se ipsa alicubi esse non possunt⋯. Sed ipsa quoque vitia testimonium perhibent bonitati naturarum. Quod enim malum est per viti urn, profecto bonum est per naturam. Vitium quippe contra naturam est, quia naturae nocet; nec noceret, nisi bonum eius minueret. *Non est ergo malum nisi privatio boni.* Ac per hoc nusquam est nisi in re aliqua bona⋯. Ac per hoc bona sine mal is esse possunt, sicut ipse Deus, et quaeque superiora coelestia; mala vero sine bonis esse non possunt. Si enim nihil nocent, mala non sunt; si autem nocent, bonum minuunt; et si amplius nocent, habent adhuc bonum quod minuant; et si to turn consumunt, nihil naturae remanebit qui noceatur; ac per hoc nec malum erit a quo noceatur, quando natura defuerit, cuius bonum nocendo minuatur." (*Contra adversarium legis et prophetarum*, I, 4f.; in Migne, *P.L.*, vol. 42, cols. 606-7.)虽然*Dialogus Quaestionum LXV*是否出自奥古斯丁之手有待商榷，但它清楚地反应了他的观点。Quaest. XVI: "Cum Deus omnia bona creaverit, nihilque sit quod non ab illo conditum sit, unde malum? Resp. Malum natura non est; sed privatio boni hoc nomen accepit. Denique bonum potest esse sine malo, sed malum non potest esse sine bono, nec potest esse malum ubi non fuerit bonum⋯. Ideoque quando didmus bonum, naturam laudamus; quando didmus malum, non naturam sed vitium, quod est bonae naturae contrarium reprehendimus",（问题XVI：既然上帝创造的万物都是善的，且万物皆由上帝所造，那么恶是由何而来？答：恶不是天生固有的东西，而是善之缺乏的名字罢了。因此，没有恶的善是存在的，但没有善的恶就不存在，只有恶而没有善的地方也是没有的……所以，当我们把某物称作善时，我们称赞的是它的固有本性。而当我们把某物称作恶时，我们责备的并非其本性，而是它与本性相对的某些缺点，它在本性上是善的。）

② "Iniquity has no substance" (CCXXVIII). "某种本性是不含恶的——确实，在其中可以没有恶。然而，本性无法脱离善而存在。" (CLX).

动。”[1]奥古斯丁深信此道，他还说：“钢铁固然不是恶，但用钢铁来犯罪的人，就是罪恶的。”[2]

这些问题清楚地证明了丢尼修和奥古斯丁的立场：恶自身并无实质或存在，因为它不过是一种善的减少，唯善有实质。恶是一种缺陷，是一种因意志的错误决定而导致的误用（邪恶的欲望等所导致的盲目）。伟大的教会理论家托马斯·阿奎那，援引了丢尼修的上述观点，说道：

正如对黑暗的了解是通过光亮那样，我们也是通过一个对立面来了解另一个的。所以说，要了解恶为何物，必须从善的本性入手。我们已经说过，善是一切可人（appetible）的事物。因此，由于每个本性都希望自己存在并力争完美，所以我们必定要说，每件造物的存在和完美在本质上是善的。因而，说恶代表着一种存在，或任何形式，或本性，都是不可能的。实情必然是，借着恶的名字，以表示善的缺乏。[3]

恶不是一种存在，而善是。[4]

每个能动者（agent）都效力于一个目的，无疑他们都遵循这一事实：每个能动者都倾向于某种明确的东西。能动者们所倾向的东西必须适合于这位能动者，因为这些东西要是没有某些适合的方面，能动者也不会倾向于它。然而，适合某一件事物，也是有利于他的。所以说，每个能动者都在为善效力。[5]

阿奎那在说某句话时，想到了亚里士多德的“越白的东西，越少为黑所染”[6]，他虽未言明，却暗示了一个相反的命题：“越黑的东西，

---

① *Augustini Opera omnia*, Maurist edn., X, Part 2, cols. 2561-2618.

② *Sermones supposititii*, Sermo I, 3, Maurist edn., V, col. 2287.

③ *Summa theologica*, I, q. 48, ad 1 (trans. by the Fathers of the English Dominican Province, II, p. 264).

④ Ibid., I, q. 48, ad 3 (trans., p. 268).

⑤ “…Quod autem conveniens est alicui est illi bonum. Ergo omne agens agit propter bonum” (*Summa contra Gentiles*, III, ch. 3, trans. by the English Dominican Fathers, vol. III, p. 7).

⑥ *Summa theologica*, I, q. 48, ad 2 (trans., II, p. 266, citing Aristotle's *Topics*, iii, 4).

越少为白所染。”此言在正确性与逻辑性上与亚氏的那句如出一辙。他还可以说，不止黑暗要通过光亮来获知，反之，光亮也要通过黑暗来获知。

只有某些事物产生的效果才是实在的，据阿奎那说，也只有善的“存在”是实在的。然而，他在论述中提出的善，无异于“方便的、充足的、恰当的、合适的”。因此，我们也应当把“omne agens agit propter bonum”翻译为“每个能动者都效力于适合他的东西”。众所周知，魔鬼也是这么做的，他也有某种“欲望”，也力求完美——不是善的完美，而是恶的完美。即便如此，我们大概也无从认定他的努力“在本质上是善的”。

恶，显然可以表现为一种善的减少，但以这种逻辑，我们同样可以说：把我们耳鼻冻僵了的北极冬日气温，相对而言，只比盛行于赤道的热度低一点点。因为在230℃和绝对零度之间，北极的温度很少降幅过大。由于想不到什么地方是绝对零度甚至接近此温度的，那么地球上的一切事物自然都是“温暖”的了。同理，一切事物不过是或多或少的“善”，就像寒冷只是温暖的减少那样，恶也不过是善的减少。无论恶被视为较少的善，或是造物的有限性所产生的影响，善之缺乏的说法仍是一种委婉的循环论证。这个错误的结论必然得自“上帝=至善”的前提，因为完美的善创造了恶，是令人难以置信的。它仅仅创造了善和欠佳的善（最后又被外行称作“恶化的”）。[①]虽有介于230°和绝对零度之间的那个温度，我们还是被可怜地冻僵了。同样，有些人和事尽管是上帝创造的，却有极少的善，最大程度的恶。

也许，正是拒绝恶为实在的倾向，让我们得到了“诸善源于神，诸

① 在拉特朗第四届大公会议教令中，我们读到：“上帝创造的魔鬼及其他恶魔本来是善的，但他们因为自己的行动而变得邪恶了。”Denzinger and Bannwart. *Enchiridion symbolorum*, p. 189.

恶源于人”这个命题。这与下述真理相矛盾：谁创造了炎热，就同样要对寒冷负责（“稍差的善”）。诚然，我们大可支持奥古斯丁，认为一切本性皆为善，可这种善还不足以让它们看起来如它们的坏处那般明显。

对发生过的事情和仍在发生的事情，我们总是三缄其口：在集中营里，独裁者大言“完美的偶然缺失”——这听起来就像是一种拙劣的模仿。

心理学并不知道善恶本身是什么，而只是把它们认作对各种关系的判断。所谓的“善”，就是看起来恰当的、满意的，或是从某个角度看来有价值的；恶则恰恰相反。如果我们称为善的东西“真的”是善，那么，一定也有“真的”是恶的东西。心理显然涉及或多或少的主观判断，换句话说，在给价值关系命名时，总会涉及心灵的对立面：“好”表示某些不坏的东西，而“坏”则是某些不好的东西。从某种意义上说，有些东西是极端邪恶的，也就是危险的。人性无所不包，那些非常危险的部分，任何人都有。掩盖邪恶毫无意义，因为这样只会自欺欺人地产生一种不实的安全感。人性具有无穷无尽的恶。而且，就人类经验而论，就心灵对善恶的判断与区别而论，恶行与善行同样真实。唯有无意识不区分善恶。老实说，在心理范围内，个体并不知道支配心理世界的是善还是恶。我们仅仅希望是善在支配——即由那些看起来适合我们的东西来支配。谁也不可能说清楚，普遍意义上的善究竟是什么。我们对自己道德判断的相对性和易错性领悟得再多，也不能让我们免除这些缺点。而且，那些自视超越善恶的人，总是人类最残忍的行刑者，因为他们在自身弊病的痛苦与畏惧中纠结。

今天，有一点显得前所未有的重要：人类不应该忽视潜藏于他们之中的恶的危险。不幸的是，这一点过于真实。所以，心理学必须坚持恶的实在性，也必须否定任何将恶视为毫无意义或实际上不存在的定义。心理学是一门经验主义的科学，处理的是实际情形。因此，身为心理学家，若要我混迹形而上学，我既没那个心，也没那个力。只有当形而上学侵犯经验并把它解析得与经验相悖时，我才不得不加以辩驳。我对善之缺乏的批判仅止于心理经验范畴。从科学角度来看善之缺乏，想必大家也不难发现，这种教理建立在一种循环论证的基础之上，其结果总是一开始就提出来的东西。这种论点缺乏说服力。然而，此论点不仅为人采纳，而且为人笃信。这可不是一桩能被轻松化解的事实。这表明，从一开始我们就给予了“善”某种优先权，而且竭力用各种手段这么做，不在乎手段合适与否。所以，只要基督教形而上学坚持善之缺乏的教理，它所表达的就是那善增恶减的永恒趋势。善之缺乏也许是形而上学的真理。对此，我不擅作判断。我仅仅坚持的是：在我们的经验领域内，黑与白、明与暗、善与恶，是始终互为基础的等价对立面。

所谓的《革利免讲道集》（*Clementine Homilies*），是一本约始于公元150年的诺斯替—基督教文书，该书颇具慧眼地提到这个基本事实。[①]此书的无名作者，将善恶视同上帝的左右手，并将整个造物视作会合，或者视为各种各样的对立体。巴德萨理（Bardesane）、马林（Marinus）的信徒们，以非常类似的方式，将善看作属于右手的“光亮”，并将恶视作属于左手的“黑暗”。[②]同时，左手还与女性一致。因此，爱任纽在书中（*Adv. haer.*, I, 30, 3）把淫荡的索菲亚称为“左魔”（Sinistra）。革利免发现，这与上帝之联合的理念相辅相成。人要是与上帝同形——而且每种与上帝意象的同形，都多少有些微妙之处——那么，革利免的看法便合情合理、不容置疑。无论如何，这个也许比上面

① 哈纳克（*Harnack, Lehrbuch der Dogmengeschichte*, p. 332）认为《革利免讲道集》是四世纪初的产物，并认为不具有“任何确实可能源于二世纪的根据”。他觉得这种神学远不及伊斯兰教。耶和华与安拉，是不加思索就生成的上帝意象；而在《革利免讲道集》中，却另有一种心理上的、思忖而来的灵。就像哈纳克想的那样，这并非导致上帝观蜕变的直接迹象。毕竟，心理上的敬畏不会持续太久。

② *Der Dialog des Adamantius*, III, 4 (ed. by van de Sande Bakhuyzen, p. 119).

引文早了约两百年的观点告诉我们：恶的实在不会必然导致摩尼教二元论，也不会危及上帝意象的统合。实际上，它确保该统合可以超越耶和华崇拜者及基督教信徒间的重要观念之别。耶和华的不公平恶名昭彰，而不公平并非善。另一方面，基督教的上帝，却是唯一的善。毋庸置疑，“革利免”的神学，用一种符合心理事实的方法，帮我们解决了这一矛盾。

因此，进一步探究革利免的思想轨迹，是有价值的。“上帝，”他说道，“安排了两个王国（βασιλείας）及两个时代（αἰῶνας），并规定现世专属恶（πονηρῷ），因为它渺小且瞬逝。不过，他许诺把来世保存为善，因为它宏大且永恒。”革利免继续说道，这样区分出来的两者，与人体构造相应：身体，来自富于感性的女人；心智，源自代表理性的男人。他把身体与心智叫作“两个三元体”。[①]

人由两种混合物（φυραμάτων，字面意为“生面团”）构成，即男和女。因此，人的面前也有两条道路——遵循法则的与违抗法则的，且两个王国已然确立——其一是上主的王国，其二是如今俗世君主的王国……二者总是兵戎相见。另外，二位统治者，宛如上帝的一双迅捷之手。

这证明了《申命记》32:39所说的：“我使人死，我使人活。”上帝用左手杀人，又用右手救人。

这两个原理，一离开上帝便失去其实在性，因为除了上帝，再无其他本原（ἀρχή）。上帝也没将二者当作动物指派下来，因为二者有着与他一般的心智（ὁμόδοξοι）……可是，上帝指派了四种太初元素——冷与热、干与湿。这样一来，上帝便是一切内容（οὐσίας）之

① 女性的或肉体的三元体，包括欲望（ἐπιθυμία）、愤怒（ὀργή）和悲伤（λύπη）；男性的三元体，则包括沉思（λογισμός）、知识（γνῶσις）和畏惧（φόβος）。参看“诸功能的三元体”，见《童话中的灵性现象》（*The Phenomenology of the Spirit in Fairy Tales*），第9卷第一部分，第425段及以后。

父；对于各元素混合而生的知识来说，它们的父则不是上帝。[1]这是因为，当这些知识于外界组合而成时，就产生了选择（προαίρεσις），如同孩子的降生。[2]

也就是说，四元素的混合所引起的变化，导致了不确定性，从而使选择的决定或行动成为必要。四元素不仅形成了身体的四重内容（τετραγενὴς τοῦ σώματος οὐσία），也形成了恶的四重内容（τοῦ πονηροῦ）。此内容是“经由仔细甄别、由上帝指派的，但当它于外界组合而成时，根据那个指派者的意志，结合的结果便是对恶的津津乐道（ἡ κακοῖς χαίρουσα προαίρεσις）”[3]。

最后一句话应该如此理解：四重内容是永恒的（οὖσα ἀεί），且是上帝之子。然而，对恶的偏好，却是因上帝的某种意志从外界掺入这个混合物的（κατὰ τὴν τοῦ θεοῦ βούλησιν ἔξω τῇ κράσει συμβέβηκεν）。故此，恶不是由上帝或其他任何人所创造的，也不是由上帝投射而出的，同样不是自行诞生的。致力于这些问题的彼得（Peter），显然不太知道是怎么回事。

乍看之下，缺少上帝的旨意（又或许缺少上帝的知悉），四元素的混合便是谬误。当然，这样的看法很难与革利免的思想——上帝那双相对的手“兵戎相见”——相一致。显然，这番讨论的先驱者彼得，发觉很难把恶的起因明确地归于造物主。

罗马的伪革利免主张，圣彼得教义的基督教无疑是一种“高教会派”，或有着浓郁的仪式性气息。这一点，再加上他的上帝二体教理，

① 拉加德（P.de Lagarde, Clementina, p. 190）在这里注意到…πάσης οὐσίας…οὔσης γνώμης。对我而言，οὐ τῆς读起来更有意思。

② Ch. III: τῆς μετὰ τὴν κρᾶσιν.

③ *The Clementine Homilies and the Apostolical Constitutions*, trans. by Thomas Smith et al., pp. 312ff.（略微改动）

让他与早期犹太—基督教教会的关系更进了一步。根据伊皮法纽的证言，我们发现当时的伊便尼派持有这样的观念：上帝有二子，长子为撒旦，次子为基督。[①]一则对话中有个叫米该亚（Michaias）的人，在谈论中同样暗示道：若善与恶以相同的方式产生，则它们必为兄弟。[②]

在（犹太—基督教的？）启示文学《以赛亚升天记》的中间部分，我们看到了以赛亚为之全神贯注的七重天异象[③]。他首先看到了狂暴的撒玛亚（Sammaël），正在苍穹里与他的对抗者展开一场“极大的战事”。随后，天使送他升到第一重天，站在一个宝座前。宝座右侧的天使，比左侧的天使更为美丽，站在右侧的“都同声赞美”，站在左边的天使也跟着附和，但声音和右边的天使不一样。第二重天的所有天使都比第一重天的更为漂亮，而且他们都一个模样，也和更高重天的天使相仿。显而易见，撒玛亚仍对第一重天有着显著的影响，因为伫立于左侧的天使不那么漂亮。同时，较高重天的荣耀比较低重天的要多，而且一重显赫过一重。魔鬼就像诺斯替教的阿其翁（archon）一样居住在苍穹里，可以推定，他与他的天使们相当于占星术上的诸神，其影响力也相一致。荣耀的渐变，从低到高不停上升，表明魔鬼的范围与三位一体的神圣范围相互贯通，后者的光依次逐渐扩散，直到最底重天。这描绘了一幅对立面互相补足、平衡的图景，犹如右手与左手。意味深长的是，此番异象，就像《革利免讲道集》那样，属于前摩尼教时期（二世纪）。那时，基督教尚不必反驳其摩尼教对手。它很可能更纯正地描述了阴阳关系，提供了一幅与善之缺乏相比，离事实真相更近的图景。此

---

① *Panarium*, ed. by Oehler, I, p. 267.

② *Clement. Hom*. XX, ch. VII. 没有迹象表明，伪革利免对摩尼教二元论持有防御性态度，而这种态度是后来的作家所特有的。因此，《革利免讲道集》有可能追溯到三世纪初，甚至更早。

③ Hennecke, *Neutestamentliche Apokryphen*, pp. 309ff.

外，它丝毫没有损害一神论，因为它将对立面联合起来，就像阴阳在道（Tao）中合一那样（耶稣会士十分合理地把“道”译为“上帝”）。看起来，摩尼教二元论第一次让教父们意识到，他们并不清楚自己一直都是笃信恶的实在性的。这个顿悟，很可能催生了他们那危险的拟人假想，即认为人无法统合的，上帝也就无法统合。多亏早期基督教徒拥有更多的无意识，不然他们也要犯下这样的错误。

或许，我们可以大胆推测：耶和华一派中上帝意象的问题，从《约伯记》开始便成为人们心中的情结；它在诺斯替教圈内继续被人谈论，通常也存在于持调和论的犹太教里；基督徒回答此问题时则更加热切——亦一致认同上帝是良善的[①]——但仍未满足因循守旧的犹太教徒。因此，有一点在此意义重大：上帝有两个敌对之子的教理，起源于住在巴勒斯坦的犹太基督教徒。在基督教内，这个教理传播到波各米尔派（Bogomil）和迦他利派（Cathari）；在犹太教里，它影响了宗教思想，并在犹太教神秘哲学的生命树之两端——名为爱（*hesed*）与正义（*din*）——找到了恒久的表达方式。韦伯洛夫斯基（Zwi Werblowsky），一位拉比学者，非常友好地为我在希伯来文学中搜集了很多篇文章，这些文章正与此问题有关。

拉比约瑟夫（Joseph）教导我们：“‘你们谁也不可出自己的房门，直至早晨？’（《出埃及记》12:22）[②]这一节是什么意思？一旦破坏者得到许可，他就不分何谓正义、何谓邪恶。诚然，他的出发点甚至是正义。”[③]《出埃及记》33:5（“我若一霎时临到你们中间，必灭绝你们”）的圣经注释写道：“耶和华的意思是，他片刻之后即会

① 参看《马太福音》19:17和《马可福音》10:18。

② 这段是关于击杀埃及长子的事。

③ *Nezikin* I, Baba Kamma 60.（in *The Babylonian Talmud*, trans. and ed. by Isidore Epstein, p. 348. 以下简称为*BT*；略作修改。）

发怒——因为至他发怒还有片刻时间，正如《以赛亚书》26:20所说：‘隐藏片刻，等到愤怒过去’——并将你灭绝。”耶和华基于他那管不住的暴脾气，给出了警告。要是在这圣怒之下，他说出了一个诅咒，那么它也一定会奏效。正因为如此，“明白至高者的意旨”[①]的巴兰，在被巴勒召去诅咒以色列民时，是个相当危险的敌人，因为他知道耶和华何时会发怒。[②]

上帝的爱与怜悯决定于他的右手，但他的正义及其施行却靠左手。因而，我们在《列王纪上》22:19处看到："我看见耶和华坐在宝座上，天上的万军侍立在他左右。"圣经注释写道："天上还有左和右吗？这就是说，仲裁者居右，而指控者居左。"[③]《出埃及记》15:6（"耶和华啊，你的右手施展能力，显出荣耀；耶和华啊，你的右手摔碎仇敌"）注解又说道："当以色列的孩子执行上帝的意志，他们就将左手变为他的右手；当他们违背他的意志，他们正好把右手变为他的左手。"[④]"上帝的左手，毁物为碎屑；上帝的右手，拯物以荣耀。"[⑤]

耶和华的正义中危险的一面体现在下文中："就连那应当称颂的圣者也说道：倘若我只在怜悯的基础上创造世界，它会罪孽深重；若只在正义的基础上，这个世界则无法存在。因此，我在正义和怜悯的基础上创造世界，这样它或许能成立！"[⑥]对《创世纪》18:23（亚伯拉罕为所多玛求情）的圣经注释写道："你若希望这个世界存留，那就不可能有绝对正义；而你若希望绝对正义，那这世界就无法存留。不过，你会兼顾两者，对世界和绝对正义都怀有希望。要是你放弃一丁点儿，世界便无法存留。"[⑦]

---

① 《民数记》24:16。

② *Zera'im* I, Berakoth 7a (*BT*, p. 31).

③ *Midrash Tanchuma Shemoth* XVII.

④ Cf. *Pentateuch with Targum Onkelos ... and Rashi's Commentary*, trans. by M. Rosenbaum and A. M. Silbermann, II, p. 76.

⑤ Midrash on Song of Sol. 2: 6.

⑥ *Bereshith Rabba* XII, 15（*Midrash Rabbah translated into English*, ed. by H. Freedman and M. Simon, I, p. 99; 略微调整。）

⑦ 同上，XXXIX, 6 (p. 315).

耶和华对悔改的罪人的偏爱要超过义人。他还出于自己的正义保护他们，或用手掩蔽他们，或把他们藏在其宝座下。[①]

在提及《哈巴谷书》2:3（“因为这默示有一定的日期……虽然迟延，还要等候”）时，拉比约拿单（Jonathan）说：“你们若说，我们等候（他的来临）而他不等待，有句话便是你等的当头棒喝（《以赛亚书》30:18）：‘耶和华必然等候，要施恩给你们’……可是，我们等候，他也等候，到底是什么耽延了他的来临呢？是神圣的正义。”[②]正是在这个意义上，我们理解了拉比约拿单的下列祈祷文：“耶和华我们的神啊，审视我们的羞耻，并注视我们的恶境，但愿这是你的意志啊。你以你的怜悯为衣，你以你的力量覆体，你以你的慈爱包裹自身，你以你的荣美检点自身，望你的良善与温和临到你跟前。”[③]上帝被恰当地劝说，以便记住自己的良善品质。甚至在一段经外传说中，上帝对自己祈祷道：“我的怜悯胜过我的愤怒，我的恻隐之心压倒我的其他品质，但愿是出于自己的意志我才这么做的。”[④]这一经外传说被下面的故事所证实：

拉比以实玛利，以利沙之子，曾说道：“一次，我到最隐秘的圣所去烧香。在那儿，我见到了阿卡多立艾尔[⑤]亚耶和华天军[⑥]坐在一个高贵的宝座上。他对我说：‘我儿以实玛利啊，为我祈福吧！’我回答他：‘你的怜悯胜过你的忿怒，你的恻隐之心压倒你的其他品质，但愿你做的这一切，都出于你的意志。这样，你可以用怜悯之心对待你的子女，并停止无边无际的绝对正义！’于是，他向我点了点头。”[⑦]

---

① *Mo'ed* IV, Pesahim 119 (*BT*, p. 613); *Nezikin* VI, Sanhedrin II, 103 (*BT*, pp. 698ff.).

② *Nezikin* VI, Sanhedrin II, 97 .（*BT*, p. 659; 有修改。）

③ *Zera'im* I, Berakoth 16b.（*BT*, p. 98: 略微调整。）

④ 同上，7a (p. 30).

⑤ “阿卡多立艾尔”（Akathriel）的构词由*ktr* = *kether*（宝座）和*el*（上帝之名）组成。

⑥ 一串神圣的上帝名称，通常被译为“万军之耶和华”。

⑦ *Zera'im* I, Berakoth 7.（*BT*, p. 30; 略微调整。）

《约伯记》里那个矛盾的上帝意象究竟有何影响，不难从上述引语中看出。它成为犹太教教内宗教思想的一个主题，并通过卡巴拉（Cabala）这个中介，明显对雅各布·伯麦（Jakob böhme）产生了影响。在伯麦的文中，我们找到了一对类似的矛盾，即上帝的爱欲与“愤怒之火”——路西法永远燃烧于此火之中。[①]

因为心理学不是形而上学，所以，心理学关于对立面等价的陈述，就不会推导出任何形而上的二元论。[②]我们知道，等价的对立面对认知行为来说，是固有的必要条件，没有它们，便不可能有任何的辨识产生。确切地说，任何在本质上与认知行为关系密切的事物，是不可能同时属于对象的。很容易设想出来，意识首要的是对万物之别进行命名与价值评估，它甚至还可能无中生有地创造了区别。

我之所以这样深入地讲述善之缺乏的教义，原因在于：对某种人性中过分乐观的构想，及对某种人类灵魂的过分悲观看法，该教义都负有责任。为了补偿这种缺憾，早期基督教以正确的逻辑，用敌基督来平衡基督。想来，如果没有“矮”，你怎么可以说“高”；如果没有“左”，你怎么能说“右”；如果没有“恶”，你怎么能说“善”？更遑论一者与另一者俱为实存。魔鬼与基督如上帝的相对物，一同进入了世界。在早期犹太基督教那儿，撒旦就像前面说的那样，被视为基督的兄长。

不过，我对善之缺乏大加批判，还有另一个原因。就像我们谈到

---

① *Aurora*, trans. by John Sparrow, p. 423.

② 维克多·怀特（Victor White）是我一位知识渊博的朋友，在其《道明研究》（*Dominican Studies*, II, p. 399）中，他认为他可以在我身上发觉一丝摩尼教的特征。我不从事形而上学研究，却无疑爱好教会哲学。因此，我必须思考：我们应该如何看待地狱、定罪以及魔鬼，如果这些都是永远存在的话？从理论上说，它们空空如也，而它们又是怎样与永远定罪之教理相一致呢？况且，它们如果包含什么东西的话，那些东西几乎不可能是善的。那么，二元论的危险何在呢？除此之外，批评我的人应该很了解，我是多么强调自性的联合，自性对我而言就是中心原型、对立复合体的绝佳范例。因此，我的倾向正与二元论相反。

的，大巴西流倾向于将恶的属性归于灵魂的性情（διάθεσις），并同时赋予它“不存在”的特质。因为大巴西流认为，恶源于人的轻浮，因此，应把恶的存在仅仅归于疏忽。也就是说，恶仅仅形同某种心理疏忽的副产品，因它无足轻重，恶也一同化为乌有。轻浮作为一种恶的起因，当然是个应受重视的因素，但这个因素却能通过态度的改变而消除。要是我们愿意的话，我们能够表现得不同。由于心理成因太过含糊，且显得不实，所以一切化约为心理因素的东西，不可避免就是无效的，或是纯粹的意外错误，因此可以忽略不计。我们现代人对心灵的低估，有多少源于这种偏见？这是一个悬而未决的问题。当人们怀疑心灵是诸恶的诞生地时，这个偏见也愈演愈烈。教父们很难料想，他们将恶归咎于灵魂产生了多么致命的影响。一个人要多么盲目，才能无视恶在世界上扮演的大量戏份？诚然，在邪恶的诅咒中有上帝的调停干涉——因为没有上帝的干涉，人就会迷失。如果恶的这一至高权力被归咎于灵魂，结果只会是负面的膨胀——无意识部分对权力有着某种恶魔般的诉求，这样恶会愈发可怕。这个不可避免的结果在敌基督徒的形象上已经有预示，于当今事件之中也有所反映。敌基督本性与基督的双鱼宫“移涌”相一致，如今正步入末路。

在基督教理念中，基督无疑表征了自性。[1]犹如对个性的尊崇一样，自性也有这样的属性：它是独一无二的，在时间中仅此一回。然而，由于心理上的自性是个超越认知的概念，表达着意识和无意识内容的总体，因而只能以反律法主义的（antinomial）术语来描

① 基督不能成为一个有效的自性象征，或者仅是一个自性的虚幻替代物，这些说法都被否决了。要让我同意这些看法，它们只限于当下。因为当下的心理学批评已经变为可能，而对于前心理学时期，它只是做出了评判的假姿态。基督不仅曾使“整体性”象征化，而且，作为一种心灵现象，他曾是“整体性”。这可由过往的象征意义和现象学证实，因此——如前所述——恶曾是善之缺乏。在任何时间里，“总体”的理念就是一个人浑似其自身的总体。谁能保证我们的“总体”概念，就不是我们对完满的需求？纯粹的“总体”概念，无论如何也回答不了这个问题。

述。[1]这就是说，如果先验的情况正确无误，那么上述属性必然要被它们的对立面补充。我们可以用最简单的对立面四元体形式，来说明这一点：

这个公式表达的，不仅是心理上的自性，而且是教义中基督的形象。基督作为历史名人是静态而独特的，但作为神却是永恒而普遍的。自性也一样：作为个体的本质，它是静态而独特的；而作为原型般的象征，它又是上帝意象，因而就是永恒而普遍的。[2]如今，如果神学仅仅把基督描述为“善的”和“属灵的”，那么，一些“恶的”和“物质的”（或是“冥府的”）东西，势必会在另一面出现，以代表敌基督。自性不能仅仅被视为“善的”和“属灵的”，因为人的阴影的颜色会更黑。藉此，对立部分在心理层面上结合成为四元体：更进一步说，就是“善的”与“属灵的”对立面无须与整体分离：

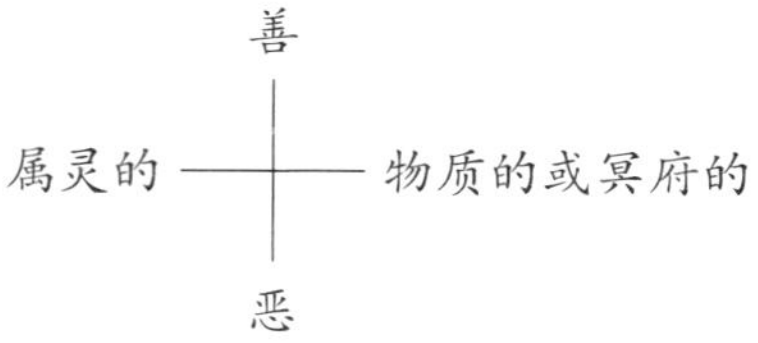

这个四元体表现了自性的心理特色。自性是一个总体，从定义上来看就必然包含了光亮与黑暗的部分。同样地，自性也包含男性与女性，

---

① 正如光的超验本性，只能通过光波和微粒的形象来表达那样。

② 参看《心理学与炼金术》，第323段及以后，及《自我与无意识的关系》，第398段及以后。

故而象征了四元婚姻。[①]这最后一点，绝不是新的发现，因为据希波吕托斯（Hippolytus）说，挪阿新派（Naassenes）明白此道。[②]因此，个体化是一个“神秘合体”，自性被体验为一种两半对立体的婚姻式联合，[③]并被描绘为曼荼罗里的某种复合整体，自然地流露于病人的笔端。

人们很久以前便已知道并写道：人形耶稣，即玛利亚之子，乃是个体化原则。因此，希波吕托斯转引了巴西利得（Basilides）[④]的话：“那么，耶稣在辨别本性（φυλοκρίνησις）中，做了首次牺牲。而且，耶稣的受难，仅仅是为了区别合成物而发生的。他说，留下一个无形状态（ἀμορφία）的‘神子的身份（sonship）’……必须被分离到其组成成分（φυλοκρινηθῆναι）之中，耶稣也以相同的方式被分离了。”[⑤]根据巴西利得那更加复杂的教理，“不存在的（non-existing）”上帝导致了三重神子的身份（υἱότης）。第一个“神子”的本性最佳、最灵巧，他与生父同处上端。第二个神子本性较为粗鄙（παχυμερέστερα），虽然地位有所下降，但还是拥有“某种柏拉图……在其《斐德罗篇》中为灵魂装备的羽翼。”[⑥]由于第三个神子的本性需要净化（ἀποκαθάρσις），他因此掉进了最深的“混沌”里。显然，第三个神子因其污点，是最劣且最重的一个。在不存在的上帝的三种流溢或表现中，我们不难看到灵性、灵魂和身体（πνευματικόν, ψυχικόν, σαρκικόν）的三分法。灵性是最佳且最高的；灵魂，仿佛身

① 参看《移情心理学》，第425段及以后。
② *Elenchos*, V, 8, 2 (trans. by F. Legge, I, p. 131).挪阿新派一词源于希伯来文*Naas*。——汉译注
③ 《心理学与炼金术》，第334段，及《移情心理学》，第457段。
④ 生活在二世纪的巴西利得。
⑤ *Elenchos*, VII, 27, 12 (cf. Legge trans., II, p. 79).
⑥ 同上，VII, 22, 10 (cf. II, pp. 69-70).

体与灵性的纽带，次于灵性，但拥有“鹰之羽翼”[①]，可以解除其沉重把它举到更高的地方。灵性与灵魂，皆有着“灵巧”的本性，都跟以太及鹰那样，处在临近光的地方；而身体则是沉重、晦暗而不纯的，纵然它缺乏光亮，但包含着第三子身份的神圣种子。当然，这颗种子尚属无意识而无形。这颗种子仿佛被耶稣唤醒，又因着耶稣受难使对立面被分离的事实（也就是耶稣被分为四个部分）[②]被净化和提升（ἀναδρομή）[③]。于是，耶稣便是把沉睡在人性黑暗中的第三个子身份唤醒的原型。他是“属灵的内在之人”[④]。他也在自身之中拥有完整的三分，因为玛利亚之子虽代表了肉体的人，但耶稣直接的前身却是第二基督，七元（hebdomad）的最高统治者之子，而他的第一预兆（prefiguration）是基督，八元（ogdoad）的最高统治者，造物主耶和华之子。[⑤]人类的形象之三分，与“不存在

---

① 同上，VII, 22, 15 (II, p. 70). 鹰在炼金术里有着同样的意义。

② 在此，我必须就爱任纽文中华伦提努教徒的何露斯教理说几句（*Adv. haer*, I, 2, 2ff）。何露斯（边界）是一种与基督同一的——或至少是来自基督的——“力量”或内在精神，他有下列同义词：ὁροθέτης（造边界者）、μεταγωγεύς（制交叉者）、καρπιστής（释放者）、λυτρώτης（救赎主）、σταυρός（交叉）。凭此能力，他成为宇宙的调节器与中流砥柱，犹如耶稣那样。当索菲亚还“无形无状、宛若胎儿时，基督怜悯她，用他的十字架将她展开，并用他的力量给她形貌”，因此，她至少得到了实体（*Adv. haer.*, I, 4）。同时，他还为她留下了一则“不朽的宣告”。从文中可见，十字架与何露斯或与基督的同一性是明显的，这种意象亦见于诺拉的保罗（Paulinus of Nola）：

“... regnare deum super omnia Christum,
qui cruce dispensa per quattuor extima ligni
quattuor adtingit dimensum partibus orbem,
ut trahat ad uitam populos ex omnibus oris.”

（基督如上帝一般，统治着万物，他在直挺挺的十字架上，通过木头的四极伸出去，伸到辽阔世界的四个部分，这样，他可以临近各地的种种人。）（*Carmina*, ed. by Wilhelm Hartel, Carm. XIX, 639ff., p. 140.）关于十字架如同上帝的“闪电”一说，参看《个体化过程研究》（A *Study in the process of Individuation*），第535段及以后。

③ 这个词也出现在左西摩斯关于双耳喷口杯的著名篇章里（Berthelot, *Alch. grecs*, III, li, 8: ἀναδραμε ἐπὶ τὸ γένος τὸ σόν）。

④ *Elenchos*, VII, 27, 5 (Legge trans., II, p. 78).

⑤ 同上，VII, 26, 5 (II, p. 75).

的上帝”的三子身份吻合，也与人性的三分吻合。因此，我们有了三种三分法：

I	II	III
第一子	八元的基督	灵性
第二子	七元的基督	灵魂
第三子	玛利亚之子耶稣	身体

正是在这晦暗、沉重的身体范围中，我们必须找寻ἀμορφία，即隐藏在第三个子身份里的“无形”。如上所述，“无形”实际上等价于“无意识”。伊皮法纽①和希波吕托斯②分别注意到“ἀγνωσία”和“ἀνόητον”的概念，二者最好译为“无意识”。这三个词统统提到万物的初始状态，提到无意识内容的潜能，被巴西利得恰当地表达为那不存在的、形态万千的、为万物赋能的天地种子（οὐκ ὂν σπέρμα τοῦ κόσμου πολύμορφον ὁμοῦ καὶ πολυούσιον）。③

第三子身份的状况，与中世纪的“哲人之子”（filius philosophorum）及“寰宇之子”（filius macrocosmi）有某些相似，后者同样象征着世界的灵魂沉睡于物质之中。④即便对巴西利得来说，身体也获得了某种特别而意外的意义，因为在身体及其物质性里，显露了三分之一的神性。

① *Panarium*, XXXI, 5 (Oehler edn., I, p. 314).

② *Elenchos*, VII, 22, 16 (Legge trans., II, p. 71). 参看本书后文，第298段及以后。

③ 同上，20, 5 (cf. II, p. 66). 奎士贝，“Note sur ‘Basilide’”。

④ 关于诺斯替教心理本性的说法，参见奎士贝“Philo und die altchristliche Häresie”，p. 432，他援引了爱任纽（*Adv. haer.*, II, 4, 2）：“Id quod extra et quod intus dicere eos secundum agnitionem et ignorantiam, sed non secundum localem sententiam.”（谈及何谓外在何谓内在，他们指的不是空间内外，而是已知和未知。）（参看Legge, I, p. 127.）因此，其紧随其后的句子，被视为一番对无意识内容的描述：“但在丰盛中，或在被包含圣父的物体中，造物主或诸天使创造的一切，都被弗可言表的伟大所包含，浑似圆心。”奎士贝对投射的看法，引起了这样的批评：投射并未废除心灵内容的实在。“不实”的事物也断然没有，因为它只能被描述为“心灵”，而心灵恰是实在的绝佳范例。

这无非说明：人们以为，物质自身拥有相当的圣秘性。而对我来说，这是“神秘主义”意义的预示，随后呈现在炼金术及后来的自然科学中。耶稣同第三子身份相一致，且是“唤醒者”的原型——这从心理学的角度来看甚为重要。因为借由耶稣的受难，对立的各方分开来，继而变得有意识；而在第三子身份那里，只要对立的各方仍然是无形且无差别的，那么就会保持为无意识。换言之，无意识的人性中，有一颗潜在的种子，与耶稣原型相一致。“人形耶稣”变得有意识，唯一的办法是通过从更高级的基督流溢而出的分离其本性的光。与此类似，无意识的人性里的种子，也由耶稣流溢而出的光唤醒，并被迫做出某个相似的对立面之区分。此番见解全然与下列心理事实吻合：自性表现出来的原型式意象，即使梦者的意识头脑里毫无相关概念，也会出现在梦境当中。①

*

我不想就此草草了结本章，因为我们论及的材料很重要，我有必要做一番小结。显然，心理学观点不易把握且常被误解，因为心理学的主体是心灵的现象学。因此，即便冒着重复的危险，我也要回到基本法则上来。这么做，只是为了预先阻止出现可能由我所述引起的某些错误印象，也为了省去读者的麻烦。

我在此引出的基督与自性的类比，不应被视作任何心理学以外的类比，它跟鱼的类比一样同属神话。毫无疑问，我不愿涉足形而上学的领域，亦即信仰的领域。人类虔诚幻想投射而出的上帝与基督的意象，不可避免地被拟人化，而且公认如此。因此，它们与任何别的象征一样，有其心理上的寓意。古人相信，鱼的象征道出了关于基督的要义；同样地，炼金师的石头类比，似乎也阐明并加深了基督意象的意义。在历史的长河里，鱼的象征意义消失殆尽，“哲人石”亦如此。然而，我

① 参看《心理学与炼金术》，第52段、122段及以后，以及《个体化过程研究》，第542、550、581段及以后。

们仍然可以在大量的报告中找到关于“哲人石”象征的特殊陈述，这些陈述如此重视石头，让人们不仅思考到底是基督被视为石头之象征．还是反之。这标志着某种发展——多亏了约翰书信和保罗书信里的某些观点——包括直接内在体验中的基督，以及他作为人类总体形象的呈现。同时，它与某种原型内容的心理证据直接相关，这些内容包含所有古代和中世纪基督意象的品质。因此，现代心理学与炼金师面对着类似的问题：自性是基督的象征呢，还是基督是自性的象征？

在本研究中，我坚持第二个选择。我已尝试着告诉大家，传统的基督意象是如何集原型特征于自身的——这种原型即为自性的原型。我的目的和方法并不是要在理论上做文章，我所做的更像一位艺术历史学家所做的：对形成基督意象的不同影响进行追根溯源。因而，我们在艺术史中寻找原型的概念，也在语言学和考证考据中寻找原型。比较起来，原型在心理上与在其他领域中只有一点不同：心理上的原型涉及一种栩栩如生、无处不在的心灵事实，自然而然地用一种非常特别的角度展现了整个状况。如此，人们会更注重原型直接而鲜活的呈现，而不是历史上的基督之理念。我已经说过，某些炼金师也倾向于以“石”（Lapis）为先、基督排后。因为我的旨趣离传教甚远，所以，我必须特意强调，我在此并未涉及信仰的忏悔，而只谈经过证实的科学事实。谁将自性的原型视作真正的中介，并因此将基督看成自性的一种象征，就要切记：完美与完整大相径庭。基督的意象是完美的（至少按道理应当如此），而原型（据目前所知）指的是完整，与完美相去甚远。这是一个悖论，是对难以言说、超乎经验之物的表述。故此，自性的实现——可经由识别自性的至高地位而在逻辑上推演出来——引发了一场基本的冲突，引发了对立面之间的真正悬置（回想一下十字架上，钉死在两个强盗之间的基督），并产生了缺乏完美的近似整体。在此意义上，在完成（teleiosis）之后，争取不仅是正当的，而且是人类与生俱来的特性，此特性是人类文明最强大的根源。这种争取竟如此之强劲，以致变成一股激情，万物皆被吸入。实际上，原型总是在寻求完美，总是在完整中实现自身，不过这是完全不同的一种完成（τελείωσις）。凡原型主宰之处，它就会按照古老本性，将完整性强加于我们身上，以对抗一切有意识的抗争。个体可以争取完美（“所以你们要完美——像你们的天父一样完美。”[①]），但由于完整性的要求，必须忍受自己意图的对立面带来的痛苦。“我发现了一个法则，就是我愿意为善的时候，便有恶与我同在。”[②]

基督意象与下列情形完全相符：基督是被十字架钉死的完美之人。就伦理努力的目标而言，人们恐怕想不出比这更为真切的画面了。无论如何，自性的超验理念作为一个心理学上的假设，永远也无法与上述画面媲美。这是因为，纵然它是一个象征，却缺少启示性历史事件的特征。形同东方的相关理念“阿特曼”和“道”那样，自性的理念至少在某种程度上是一个认知的产物，既未扎根于信仰，也未立足于形而上学思想，而是基于这样的经验：在某些条件下，无意识自发地生成了“整体性”的原型象征。我们由此可以断定，这样的原型是普遍发生的，生来就有某种圣秘性。实际上，数量庞大的历史证据以及现代的案例材料俱可证明这一点。此象征的原始自主的特性显示，人们之所以认为其至关重要，恰是因为它们代表了对立面的联合。但是，我们只能将此联合理解为一个悖论，因为对立面的联合只可被视作二者的消亡。悖论是一切先验情形的特征，因为悖论可以充分表达其不可言说的特质。

只要被自性的原型控制，心理必然就会呈现出一种冲突的状态，鲜明的例证便是耶稣被钉在十字架上的基督教象征——未得救赎的紧急

---

① 《马太福音》5:48；为使用词统一，汉译对和合本略作调整。——汉译注

② 《罗马书》7:21。

状态，以“完成”（consummatum est）二字结束。因此，承认基督为自性原型绝不会降低基督教的神秘性，反而强力地创造了一个心理上的先决条件，若无此先决条件，“救赎”就没有意义。“救赎”指的并不是从从未打算承担的人肩上卸下负担，唯有“完整的”人才知道，人是多么难以承受自己“作为人”。就我能观察到的来讲，基督教并没有反对人接受本性强加给他的个体化任务，也不排斥将认识人的整体性和完整性作为一种有约束力的个人义务。如若一个人自觉而有意识地照此行事，他就会免遭压抑个体化所致的不快。换句话说，他要是自发地实现自身之完整，就不会发现它逆着自己的意志，以一个消极的形式“发生”在自己身上。这就如同说：注定落入深坑者，最好做一些防范措施，而不是冒完全坠落下去的风险。

在基督教心理学中，对立的双方难以调和源于其对道德的强调，尽管回顾历史，这一强调承袭旧约在律法上对正义的强调。在东方，这种情形并不明显，在印度和中国的宗教哲学中均无迹可寻。在还没有谈完对立的双方冲突加剧——无异于痛苦的增加——究竟是否符合更高的真理之时，我只希望将当今世界的情形看作心理学规则的反应。今日的人性显然已分裂为矛盾的两半，这是前所未有的。心理学规则指出，当内部情境不能进入有意识的状态时，它就会在外部发生，宛如命运。这便是说，当个体仍旧处于未开化的状态，且未意识到其内部对立面时，世界必会上演冲突并被撕裂为对立的两半。

第六章

双鱼的符号

人们希望基督的形象简单而明确，但事与愿违。在此，我不想谈及“对观福音书的基督”与“使徒约翰笔下的基督”在比对中产生的巨大难题，而想谈谈下列显著的事实：在教父们追溯原始基督教的释经著作中，基督拥有许多与魔鬼一致的象征或“寓言”。我就说说它们之中的狮子、蛇（*coluber*，“毒蛇”）、鸟（魔鬼=*nocturna avis*）、乌鸦（基督=*nycticorax*，“夜鹭”）、鹰和鱼吧。同样值得一提的是，路西法，晨星，既指基督又指魔鬼。[①]如果不谈蛇，鱼就是最古老的寓言之一。如今，我们更乐于称它们为象征，因为这些象征物总是包含比寓言更多的内容，在鱼的象征中尤为明显。Ἰχθῦς不可能仅是Ἰ（[ησοῦς）Χ（ριστὸς）Θ（εοῦ）Υ（ἱὸς）Σ（ωτήρ）的藏头缩写，[②]而像是某些

---

① 在早期，这些寓言被搜集在伊皮法纽的*Ancoratus*、奥古斯丁的*Contra Faustum*中。*nycticorax*和*aquila*可见于Eucherius, *Liber formularum spiritalis intelligentiae*, cap. 5.（Migne, *P.L.*, vol. 50, col. 740）

② 奥古斯丁（《上帝之城》，J·Healey译，第二部分，第196页）讲，曾任总督的福拉基阿努斯和他一起谈论基督时，拿出一卷手稿，里面有埃里色雷亚的西彼拉（Sibyl）的诗。还指给他看了一段诗，Ἰχθῦς就是整段藏头诗的首字母，这是一段西彼拉神谕：

“Iudicii signum tellus sudore madescet, E coelo Rex adveniet per saecla futurus: Scilicet in came praesens ut iudicet orbem. Unde Deum cement incredulus atque fidelis Celsum cum Sanctis, aevi iam termino in ipso. Sicanimae cum carne aderunt quas judicat ipse…”

（审判的时候到了，大地要受到惩罚。一位国王从天而降，他要统治直到永远，他坐在审判席上，审判所有人和这个世界。不信者和忠信者将看见我们的上帝，这个时代终结时他的圣徒都要升天。裹着肉身的灵魂都要到这里来接受他的审判……）（同上，第437页）

希腊原文载于《西彼拉神谕》中，John Geffcken编，第142页。（对奥古斯丁《上帝之城》的引用，悉数参考了王晓朝译、人民出版社2006年版；故涉及该书的参考书目信息也做了相应的变更。——汉译注）

更复杂的符号总称（正如我在我的其他作品中常常提到的，我没有把象征视为一种寓言或是一个符号，而是以适当的意义，把它看作描述和阐释一种不完全可知对象的上策。正是在此意义上，信条被称为“信仰标记”）。这些词还给我们一个印象，即把它们放在一起，是为了解释某个现已存在并广为流传的词：“Ichthys”（希腊语“鱼”）。[①]在近东和中东，鱼的象征有着丰富的史前历史，包括巴比伦的鱼神俄安内（Oannes）及其身披鱼皮的祭司、为腓尼基女神德芝多—亚他吉特（Derceto-Atargatis）进行异教崇拜时的啖鱼圣宴，以及阿盘溪墓志铭古奥费解的铭文。[②]从古印度的摩奴救生鱼，到罗马帝国“色雷斯骑士”举行的圣餐鱼宴，鱼的象征俯拾皆是。[③]考虑到本文的目的，我们并没有必要对此类汗牛充栋的材料旁征博引。正如德耳格（Doelger）和其他学者发现的那样，在原初的纯粹基督教理念世界中，鱼的象征可谓数量庞大。诸君只需想想那圣水盂的重生仪式便可，受洗者在盂中如鱼儿般游动。[④]

鱼的象征分布广泛，在世界历史长河中出现在特定时间特定地点不足为奇。然而，此象征的猝然激活，还有它在早期教会中与基督的同一，都让人想到另一个源头，这个源头便是占星术。弗里德里希·慕恩得尔（Friedrich Muenter）大约是探得此道的第一人。[⑤]耶利米亚（Jeremias）持相同的看法，并提及一段写于十四世纪关于《但以理

---

① 参看Jeremias, *The Old Testament in the Light of the Ancient East*, I, p. 76, n. 2.

② 此墓志铭里，我只想援引中间的这段：“走到哪里我都有伴儿，因为保罗坐在我的车上。然而，无处不是信仰引我前往，无处不见他立在我跟前喂鱼。这条鱼来自极好极纯之地，那里还出现过一个圣洁的贞女。保罗将此鱼分与朋友吃，伴以美酒佳酿、混合饮料，还有面包。”见Ramsay, *The Cities and Bishoprics of Phrygia*, p. 424.

③ Goodenough, *Jewish Symbols in the Greco-Roman Period*, V, pp. 13ff.

④ Doelger, ΊΧΘΥΣ: *Das Fischsymbol in frühchristlicher Zeit*.

⑤ *Sinnbilder und Kunstvorstellungen der alten Christen* (1825). p. 49. 慕恩得尔在此提及阿巴伯内尔（Abrabanel）（原文如此），说他“尽一切可能地援引古老的典籍”。

书》的犹太教注释，他认为弥赛亚会随着双鱼的符号一同到来。[1]慕恩得尔在稍后的出版物[2]中，认为这段注释源自艾萨克·阿巴伯内尔，此人公元1437年生于里斯本，公元1508年卒于威尼斯。[3]据说，双鱼座（♓）的宫位也是正义而壮美的宫位（木星落入♓）。另外，在创世纪元2365年[4]时，土星和木星在双鱼座上呈现出高度合相。[5]他说，这两大行星对世界的命运的影响，特别是对犹太教徒的命运最为重要。这个相合在摩西诞生的前三年发生（当然，这是个传说）。阿巴伯内尔认为，当土星和木星在双鱼座相合时，弥赛亚就会到来。他不是第一个表达这种期望的人。我们可在四百年前找到相似的表述，比如，大约卒于1136年的拉比亚伯拉罕·本·海耶（Abraham ben Hiyya），据说他得到这样的教令：弥赛亚预期出现在公元1464年，那时的双鱼座有行星高度合相。这与所罗门·本·盖比鲁勒（Solomon ben Gabirol，公元1020~1070）的阐述相同。[6]只要我们想到土星是以色列之星，木星意为（正义）“君王”时，这些占星理念就很好理解了。在双鱼座（由木星守护）统治之下的，有美索不达米亚、巴克特里亚、红海和巴勒斯坦。[7]在《阿摩司书》5:26中，土星被称为“神星”。[8]色鲁格的詹姆斯（James, 卒于521年）说，以色列人崇拜土星。塞巴人称之为“犹

---

① Op. cit., p. 76.

② *Der Stern der Weisen* (1827). pp. 54ff.

③ Isaac Abravanel (Abarbanel) ben jehuda, *Ma'yene ha-Yeshu'ah*（“拯救之源”——关于《但以理书》的注释; 1551）。

④ 对应公元前1396年。

⑤ 实际上，这个相合发生在人马座（♐）。水象三宫组（♋, ♏, ♓）的大合（coniunctiones magnae），出现在公元前1800~前1600年及公元前1000~前800年间。

⑥ Anger, “Der Stern der Weisen und das Geburtsjahr Christi”, p. 396, 及Gerhardt, *Der Stern des Messias*, pp. 54f.

⑦ Gerhardt, p. 57. 托勒密及其后的中世纪，都把巴勒斯坦和白羊座关联在一起。

⑧ “你们抬着为自己所造之摩洛的帐幕和偶像的龛（Chiun），以及你们的神星。”圣斯德望在其辩词（《使徒行传》7:43）中引用了这一点，说道：“你们抬着摩洛的帐幕和理番神的星”中的“理番”（Ῥομφά），实为Kewan（Chiun）的传讹。

太之神”。[①]安息日是星期六，也是土星日。阿尔布马萨（Albumasar）[②]证实，土星是以色列之星。[③]在中世纪的占星术里，人们相信土星是魔鬼的住所。[④]无论是土星，还是造物神及最高领袖——伊达波思（Ialdabaoth），皆有狮子的面容。俄利根据杰尔苏（Celsus）的图示指出，造物主的大天使米迦勒“形若狮子”。[⑤]显然，他站在伊达波思之地，并如俄利根指出的，与土星是同一个。[⑥]挪阿新派的造物神是个“火象神，在数字上是第四。”[⑦]与马吉安派有关联的阿皮利（Apelles）认为，“第三个火象神曾对摩西讲过话，还有第四个神，那就是恶的始作俑者。”[⑧]挪阿新派的神与阿皮利所说的神之间，明显有着紧密的关系，似乎与旧约的造物神耶和华也有关系。

土星是颗“黑色的”星，[⑨]曾有“煞星”之名。布什—莱克莱尔克（Bouché-Leclercq）说：“龙、蛇、蝎子、毒蛇、狐狸、猫、老鼠、夜间鸟类，以及其他秘密行事的动物，都是土星的儿女。”[⑩]值得注意的是，土星的动物还包括驴。[⑪]因此缘故，驴被认为是犹太教神灵的某种

① Dozy and de Goeje, “Nouveaux documents pour l’étude de la religion des Harraniens”, p. 350.

② 阿尔布马萨，卒于公元885年。

③ Gerhardt, p. 57. 又见Pierre d’Ailly, *Concordantia astronomie cum theologia*, etc., fol. g4 (Venice, 1490):“不过，就像麦撒哈利（Messahali）说的，土星有一种意义，是关乎犹太人或他们的信仰的。”

④ Reitzenstin, *Poimandres*, p. 76.

⑤ *Contra Celsum*, VI, 30 (trans. by H. Chadwick, p. 345).

⑥ 同上，VI，31：“但他们说道，此天使好比狮子，与土星有着必然的关系。”参看*Pistis Sophia*, trans. by Mead, p. 47, and Bousset, *Hauptprobleme der Gnosis*, pp. 352ff.

⑦ Hippolytus, *Elenchos*, V, 7, 30 (Legge trans., I, p. 128).

⑧ 同上，VII，38，I（参看Legge trans., II, p. 96）。

⑨ 故而，塞巴人崇拜的土星形象，据说由石墨或玄石制成。(Chwolsohn, *Die Ssabier und der Ssabismus*, II, p. 383.)

⑩ *L'Astrologie grecque*, p. 317.（这段话的原文为Dragons, serpents, scorpions, vipères, renards, chats et souris, oiseaux nocturnes et autres engeances sournoises sont le lot de Saturne.——汉译注）

⑪ 布什—莱克莱尔克（p. 318）推测：在已知的经典“词源”上，*Kronos*（土星）里包含着*onos*（驴），是针对麦加拉学派哲人第奥杜罗（Diodoros）的玩笑话。然而，土星与驴的类比，似有更远的渊源，存在于驴自身的本性之中：它被视为一种“冷漠倔强、冥顽不灵的长寿动物。”（出自布什—莱克莱尔克所引的希腊动物寓言）在普利门（Polemon）《动物寓言集》里，我找到对野驴的下列描述：“用来飞行的坐骑，胆小怯懦、蠢笨无知、桀骜不驯、贪得无厌、心怀妒忌，好杀雌驴”（*Scriptores physiognomici graeci et latini*, I, p. 182）。

兽形表现，其图像表征，便是巴拉丁山（Palatine）上那有名的伪十字架刑罚景象[①]。在普鲁塔克[②]、第奥杜罗、约瑟夫斯（Josephus）[③]和塔西佗[④]的作品中，也能找到类似的传统。万军之主，即第七个统治者，长着驴的外形。[⑤]特土良引用这些传闻说："认为我们的上帝是个驴头，这是你的错觉，"又说，"我们仅对驴表示敬意。"[⑥]如前所述，驴对于埃及神赛特来说是神圣的。[⑦]不过，在早期文献里，驴是太阳神的标志，只是到后来才成为冥神阿贝普（Apep）和魔鬼（赛特）的象征。[⑧]

根据中世纪传统，犹太人的宗教起源于土星与木星的相合，伊斯兰教则是木星相合于金星，基督教是木星相合于水星，而敌基督是木星相合于月亮。[⑨]

---

① 这可能是模仿埃及传统中赛特神的殉道，此殉道刻于丹达拉。据传，赛特被绑在"奴隶桩"上，长着驴首，太阳神何露斯则站在他跟前，手里拿着刀子。（Mariette, Dendérah, plates vol. IV. pI. 56.）

② *Quaestiones convivales*, IV, 5.

③ *Contra Apionem*, II, 7-8 (80ff.). (Cf. trans. by H. St. J. Thackeray and R. Marcus, I, pp. 325ff.)

④ *The Histories*, trans. by W. H. Fyfe, II, pp. 204ff.

⑤ Epiphanius, *Panarium*, ed. Oehler, I. p. 184.

⑥ *Apologeticus adversus gentes*, XVI (Migne, P.L., vol. 1, cols. 364-65; cf. trans. by S. Thelwall, I. pp. 84f.).

⑦ Plutarch, *De Iside et Osiride*, in *Moralia*, trans. by Babbitt, pp. 77, 123. 在第31章，普鲁塔克说道，赛特骑驴凌空的传说，以及赛特二子耶录思（Hierosolymus）和纠答思（Judaeus）的传说，皆不属于埃及，而是源自*Ἰουδαϊκά*。

⑧ 在阿尼纸草卷（ed. E. A. W. Budge. p. 248）中，一段对拉（Ra）的赞美诗说道："愿我能在尘间大战，愿我能重伤那驴（Ass），愿我能制服那魔头（Sebau），愿我能毁灭那猖狂的阿贝普。"

⑨ Albumasar, Lib. II, *De magnis coniunctionibus*, tract. I, diff. 4, p. a8r (1489): "如果（木星）与土星相合，那就意味着市民的信仰是犹太教的……如果月亮与土星相合，则代表了怀疑、革新与改变。这是因为月亮腐化（corruption）速度快、运动迅速，以及月亮在此星座中运行的时间短促。"亦见Pierre d' Ailly, *Concordantia*, etc., fol. d8r. 约翰·海因里希·海德格（J.H.Heidegger, *Quaestiones ad textum Lucae VII*, 12-17, 1655）在第IX章说道，阿布·马瑟（即阿尔布马萨）在其*Introductio maior*第六篇论文里，将基督的生活——如同穆罕默德的生活——与众星相联系。卡当认为☿☌♃是基督教，☿☌♄是犹太教，☿☌♂是伊斯兰教，而☿☌♀则代表着偶像崇拜（"Commentarium in Ptolemaeum De astrorum Judiciis", p. 188）。

与土星不同的是，木星是一颗仁慈之星。伊朗人认为木星代表着生，而土星代表着死。[①]因而，两星相合则代表了极端对立面的联合。在公元前7年，这一著名的相合，在双鱼星座出现了不少于三次。最为接近的一次相合发生在5月29日，两星仅有0.21度的距离，比满月的宽度少了一半。[②]此相合发生在联合处的中间，“接近双鱼座轨迹的中斜线”。从占星观点来看，这一相合必然意义非凡。因为二星格外邻近，而且还格外耀眼。此外，以太阳中心说而论，此相合发生在春分点附近，正介于♈与♓之间，亦即介于火与水之间。[③]一个重要的事实更补充了此相合的意义：当时的火星处于对立面，在占星术中意味着火星这颗与本能相关的行星，站在敌对的位置。这一点颇具基督教特色。如果我们认可格哈德（Gerhard）的算法，相信此相合发生在公元前7年的5月29日，那么，基督生辰的太阳方位——对一个人的诞生尤为重要——将变成双生子的符号。[④]这自然让人想起古埃及的敌对两兄弟，何露斯和赛特，献祭者与祭品，二者从某种意义上预示了基督教神话的剧情。在埃及神

---

① Christensen, *Le Premier Homme et le premier roi dans l'histoire légendaire des Iraniens*, part 1, p. 24.

② Gerhardt, *Stern des Messias*, p. 74.

③ 此处的计算乃基于：Peters and Knobel, *Ptolemy's Catalogue of Stars*。

④ 中世纪占星师为基督绘制了许多理想化的占星图。阿尔布马萨和阿尔培多·马格那斯（Albertus Magnus）将处女座看作上升星座。另外，艾衣的伯铎（Pierre á Ailly, 1356 ~ 1420）则同卡当（Cardan）一样看待天秤座，他说道：“因为天秤座是人的符号，所以，它也就是人的解救者，是慎重、公正而属灵之人（的符号）。”（*Concordantia*, etc., cap. 2）。开普勒在其*Discurs von der grossen Conjunction*（1623; p. 701）中说道：上帝自己标记了“这些伟大的相合，既让特别而奇妙的众星现于苍穹，也呈现了其神圣天意的杰作。”开普勒继续道：“于是，上帝指派其子——我们的救主基督，刚好出生在双鱼与白羊两星座的伟大相合之时，此时正接近春秋分点。”以太阳中心说来看，此番相合恰好发生在春秋分点前，这在占星学上有着特别的意义。艾衣的伯铎（*Concordantia*, etc., fol. b^r）指出：“不过，伟大的相合是土星与木星在白羊座的开端发生的。”这些相合每20年一次，且每200年在相同的三宫组发生一次。然而，相同的方位却要800年才可复现。意义最为非凡的方位，是介于两个三宫组之间的。阿尔布马萨（*De magnis coniunc.*, tract. 3, diff. 1, fol. D 8r）说道：它们将自己表现在“党羽机构的改变中，律法的改变中……先知和预言来临之时，举国党羽机构奇迹来临之时。”

话里，邪恶者被献祭到“奴隶桩”上。[1]但哈默迪（Heru-ur，“老何露斯”）与赛特两兄弟，有时被描绘为一身二首的模样。基督教传统认为，基督教的出现源自木星与水星的相合，以这个观点来看，水星与赛特的关联就很有趣了。在新王国里（第十九代），赛特化身为失德兹（Sutech），出现在尼罗河三角洲。在拉姆西斯二世（Rameses II）建起的新首都里，其中一个地区献给了亚蒙神（Amon），其余的则给了失德兹。[2]正是在这个地方，犹太人被指派去做奴工。

在考虑基督的双重面貌时，我们也许要想到皮斯蒂斯·索非亚（Pistis Sophia，三世纪）的传说，该传说亦源自埃及。玛利亚对耶稣讲道：

当你还是个孩子的时候，在那圣灵降于你以前，你和约瑟夫在葡萄园里，圣灵从天上降临，来到我的房屋，就和你的到来一样。我并不认识他，但我觉得他是你。那圣灵对我说：“我的兄弟耶稣在哪里？我要到哪儿遇到他呢？”当他对我说完这些，我惶惑不已，认为这是一个诱惑我的幻象。因此，我抓住他，将他绑于房中的床脚。当我在地里找到你和约瑟夫的时候，你顿时理解了那番话，喜悦地说：“他在哪？我可以见见他吗？”当约瑟夫听到这些，他变得心烦意乱。我们一起回到屋里，看到那被绑在床脚的圣灵。我们看着你，又看看他，发现你很像他。当绑着他的绳索解开后，他抱着你，亲吻着你，你也亲吻着他，你们成为一体。[3]

由这段文字的背景可见：耶稣是“地上生出的真理”，而那与之相

---

① 十字架行刑曾是一种对奴隶的有名刑罚。另外，缠绕着一条蛇的十字架——不是把人钉在上面的那种——常见于中世纪的艺术作品中，也常见于对此传统丝毫不知的现代人的梦境及幻想之中。该类梦的典型情形是：梦者在剧院中观看一出受难的戏，在去各地的途中，饰演救主的演员登时化作一条蛇或一只鳄鱼。

② Erman, *Die Religion der Ägypter*, p. 137.

③ *Pistis Sophia*, Mead trans., pp. 118f., 略微调整。

仿的圣灵，则是“天上俯瞰的正义（δικαιοσύνη）”。文献记载道：“真理是当你在混沌的下层领域之中，你自己发出的力量。因此，正如大卫所说，‘真理由地上生出’，因为你当时处于混沌的地狱里。”[①]因而，人们认为耶稣拥有双重人格，一部分源自混沌或原质（hyle），另一部分则是从天而降的精气（Pneuma）。

对于诺斯替救赎主的“辨别本性”的特征，人们很难找到相关描述，这一点更多地体现在占星术以图像的方式对时间的测定上。古代的占星预言很可能指出了一点：在那个特殊时刻出生的人具有某种显著的双重性。[②]而且，人们可以了解到，对基督与敌基督的神话所做的占星解释，在诺斯督教时代似乎是可信的。有一部非常古老的典籍（约在六世纪之前）对双鱼座对立的本性有着独特的关注，这便是《塔木德》。书中讲道：

创世4291年后（公元530年），世界将变成孤儿。继而出现坦宁（tanninim，海中怪兽）之战、歌革与玛各之战[③]，随后便是弥赛亚时代。只有过了七千年，那受福佑的圣者才能建起他的新天新地。热巴

---

① 参看奥古斯丁所说的“自深处而来”的鱼。

② 在这一联系中，我们应该注意到“双生子救世主（σωτῆρες）”，该说载于 *Pistis Sophia* (Mead trans., pp. 2, 17, 及其他页)。

③ 亦见于泰伯里（Tabari）的*Chronique*（I, ch. 23, p. 67）。其中敌基督是犹太人的君王，与歌革和玛各一起出现。这里可能隐射了《启示录》20:7f：“那一千年完了，撒旦必从监牢里被释放，出来要迷惑地上四方的列国，就是歌革和玛各，叫他们聚集争战。”

瓦克巴斯（Wackerbarth, *Merkwürdige Geschichte der weltberühmten Gog und Magog*, p. 19）在提到一段英语“世界史”——1760年出现在德国——的时候，讲道：阿拉伯作家说的“Yajui”是指“比寻常体积更大”，而“Majui”则是指“不及三个跨度那么高”。且不提这个故事晦涩的源头，它指出了歌革与玛各的对立本性，二者由此与双鱼形成类比。奥古斯丁在分析“四方的列国，就是歌革和玛各”时，分别将二词解释为歌革（tectum）、“屋顶”及玛各（*de tecto*），“来自那座房屋的人”：“Ut illae sint tectum, ipse de tecto.”这就是说，列国是房屋，而魔鬼就住在屋里，并从屋里出来。奥古斯丁的话，成为《神学真理概要》（Venice, 1492）的基础，此著曾依次被认为是阿尔培多·马格那斯、斯特拉斯堡的霍思的（Hugh of strasbourg）、巴黎的约翰（John of Paris）所作。它是我们了解敌基督传说的主要资源。此书参考了奥古斯丁的话(Libell. 7, cap. 11)：歌革的意思是“occultatio”（隐匿处），玛各的意思是“detectio”（启示）。此番说法支持了歌革与玛各对立的本性，至少在中世纪是如此。它又一次证明了敌对两兄弟的主题，或证明了其副本的存在。阿尔布马萨（tract. 4. diff. 12, f. 8r）把歌革和玛各叫作第六“区”（clima）（倾向于地极），且将之与双子座和处女座相联系。

（Raba）之子拉比阿巴（Abba）说，传道有曰：过五千年。[1]

《塔木德》诠释者所罗门·本·艾萨克（Solomon ben Isaac），又名拉什（Rashi, 公元1039～1105），他指出：坦宁是鱼类。想来，这恐怕是他从故籍寻来的，因为他一贯不流露自己的观点。这一说法的重要性有两点：首先，此说将群鱼之战看作一种末世事件［就像“比蒙”（Behemoth）与“利维坦”（Leriathan）[2]的交战］；其次，这一说法也许是最古老的证言，证明了鱼的对立本性。而且，大概从这一时期开始，即十一世纪，出现了虚构的“约翰福音创世纪”。书中提及此二种鱼，而且还明显地用了占星术的形式。两篇文献都出现于关键时期，即基督纪元的第二个千禧年开启之际。关于这一点，我将择时提及。

公元531年，木星与土星在双子座形成合相。此星座代表了一对兄弟，而且二人也有某些敌对的本性。希腊人认为他们是宙斯的双生子“狄俄斯库里”（Dioscuri）[3]，由变成天鹅的丽达所生，从一个蛋中孵出，波吕克斯是不朽的，但卡斯托尔却拥有人类的命运。另一种解释则将二者视为阿波罗与何克力士（Heracles）的象征，或阿波罗与狄俄尼索斯的象征。上述两种解释都暗示了某种对立。无论如何，从天文学来说，风象星座双子座代表了一种四分位，也因此代表了公元前七年木土合相中不受欢迎的面向。也许，双子座内部的对立能让我们探明坦宁之战的预言，也就是那个拉什解析为鱼战的预言。基督诞生的时刻，太阳位于双子座。有关这对兄弟的主题与基督的联系，可在很早的文献中寻得，比如犹太基督教和伊便尼派的文献。[4]

---

① *Nezikin* VI, Sanhedrin II (*BT*, p. 658). 拉比汉纳·本·塔利伐（Hanan be Tahlifa）正是说出此预言的人，他被列于亚摩念（Amoralim, 塔木德诠释者）名单中，生活在二世纪。

② 比蒙和利维坦：都是西方的神话生物，前者形体庞大，是个巨兽；后者象征邪恶的海怪。——汉编注

③ 狄俄斯库里：波吕克斯（Polux）与卡斯托尔（castor）的合称。——汉编注

④ Epiphanius, Panarium, XXX (Oehler edn., I, pp. 240ff.).

也许，上述种种能让我们冒险地臆断：《塔木德》的预言以占星学为前提。

分点岁差为古代占星师熟知。多亏了喜帕洽斯（Hipparchus）的观察和测算，[①]俄利根才能掌握一个有力的论据，以对抗基于所谓“实际星座”（morphomata）产生的占星术。[②]这当然不适于古代占星术中实际星座与想象的黄道十二星座（ζωδι νοητά）已然划定的区别。[③]如果我们把预言中的七千年视作创世纪元7000年，那么，这一年就是公元3239年。于是，春分点将从现有位置向水瓶座——即下一个移涌，又名宝瓶座——移动18度。因为二世纪或三世纪的占星师熟悉岁差，我们便可以推测，这些日期是依据占星术推测得来的。无论如何，中世纪对高度合相（*coniunctiones maximae*）与“大合”更为熟知，这一点我们可从艾衣的伯铎及卡当处得知。[④]艾衣的伯铎认为，创世之后的第一次高度合相（木星和土星在白羊座）发生在公元前5027年，而卡当推测第十次相合将发生于公元3613年[⑤]。二人均推算出，在同一星座合相的间隔时间非常长。正确的天文学间隔时间大约为795年。因而，卡当的相合应当发生在公元3234年。从占星术的角度来看，这个日期自然有着深远的意义。

至于预言所谓的五千年，我们算下来便是公元1239年。此时代以其灵性动荡、异端造反及信仰匮乏著称。而且，其间还成立了托钵修会，

---

① 人们认为，喜帕洽斯发现了分点岁差。Cf. Boll, *Sphaera*, p. 199, n. 1.

② Origen, *Commentaria in Genesim*, tom. III, i, 14, 11（Migne, *P.G.*, vol. 12, ccl. 79）：“确实有某个理论说到，黄道带和行星，从上升开始（或译作：从西向东）就被载回，一世纪载回一度；……第十二区（壹黄道带）是心智构想而出的东西，也是感官所察觉的东西；然而，正是从这些仅由心智构想的，甚至几乎不能确然把握的东西中，显现出事物的真理。”于是，人们曾以为“柏拉图之年”有36000年。第谷·布拉赫（Tycho Brahe）测定其有24120年。春秋分运动的常数为50.3708秒，完整一周（360°）耗时25725.6年。

③ Bouché-Leclercq, p. 591, n. 2; Knapp, *Antiskia*; Boll, *Sphaera*.

④ 相合的理论记载于大约九世纪中叶的阿拉伯文献里，更确切地说，是在马撒阿拉（Messahala）的作品里。参见Strauss, *Die Astrologie des Johannes Kepler*.

⑤ 他估测两次高度合相之间相隔960年，按此算法，艾衣的伯铎也会推算出公元3613年。

为修道院制度注入了新的生命。宣称“灵性的新纪元”即将来临的人中，声音最大、影响最强的要数约雅斤（Joachim，卒于公元1202年）。他的教义在公元1215年的拉特朗第四届大公会议上，被宣告有罪。他期待着第七封印在不远的将来开启，期待着“永恒福音”、“精神领悟”统治和圣灵时代的到来。他说，第三个移涌始于圣本笃（St.Benedict），即本笃会创建者（据说，该会的第一个修道院建于公元529年之后的几年中）。约雅斤的一位追随者，圣方济会男修道士杰勒德（Gerard），在其著作《永恒福音导论》（*Introductorius in evangelium aeternum*，出现在公元1254年的巴黎）中声称，约雅斤的三篇主要论文实为永恒福音。而且，到公元1260年，这一福音将会取代耶稣基督的福音。[①]众所周知，约雅斤视修道院制度为通往圣灵的真正媒介。因此，他对新纪元秘密开端的测算，依据便是圣本笃的一生。须知，本笃会的建立复兴了西方的修道院制度。

对艾衣的伯铎来说，教皇英诺森三世（Pope Innocent III, 1198-1216）时代显得意义重大。他说，公元1189年，土星的旋转又完成了一圈。他还抱怨教皇，说他不但给约雅斤的一篇论文定罪，[②]还把阿马力之说判为异端邪说。[③]这儿说到的阿马力，就是神学哲学家阿马力（Amalric，卒于公元1204年），他曾参与了当时影响甚广的圣灵运动。他还说，多明我会和圣方济会的托钵修会渐渐立足，“此乃基督教会之幸事也”。因此，艾衣的伯铎也很看重同样的现象——这就是那个时代留给我们的印象——并进一步认为此时代已被占星术预言。

卡西诺山修道院建立的时间非常接近公元530年。按“塔木德预

① 从占星术的观点来看，公元1240年前后的特点，将是公元1246年木星与土星在天秤座中的大相合。天秤座是另一个双重星座，有着精气般的本性（风象三宫组），就像双子座一样。因此，它被艾衣的伯铎视作基督的上升星座。

② 在公元1215年的拉特朗大公会议上。Cf. Denzinger and Bannwart, *Enchiridion symbolorum*, pp. 190ff.

③ 教令称：“他的教义与其说是异端，还不如说是疯话。”

言”来说，这个年份很关键。从约雅斤的观点来看，那不仅是一个新纪元的开始，而且是新的世界“秩序”的开始，修道院制度的时代已经来临，且由圣灵所统治。新时期开始时仍旧处于神子统治之内，约雅斤的推测在心理学上有其正确性：起初，一种崭新的秩序——我们也可以说，一种新的态度——多多少少地处于潜伏状态，接踵而至的是开花结果（*fructificatio*）。在约雅斤的时代，结果尚未呈现，但诸君可以观察到，各地的人们都出现了鲜见的精神骚乱。那时，每个人都感到了普纽玛（古希腊语pneuma，指精气）的劲风。那是个史无前例的时代，迦他利派、巴塔里尼运动、孔科雷佐派（Concorricci）、瓦勒度派（Waldenses）、里昂来的穷人[①]、贝格派（Beghards）、自由灵兄弟会、“上帝的食粮”[②]，以及其他名称五花八门的运动都在发表自己的主张。这些运动显然起始于十一世纪早期。哈恩（Hahn）搜集的同时代文献，揭示出这些宗派的思想趋势：

此外，他们相信自己在本质上是上帝，毫无差别……且是不朽的……

此外，他们不需要上帝或神性。

此外，他们组成了天国。

此外，他们永远处在新的磐石之中，没有欢喜，也没有不安。

此外，他们定会遵循自己内在的本能，而非每日布道的福音书真理……他们说自己相信福音书，是为了克制那些不实的诗一样的内容。[③]

---

① 里昂来的穷人：指当时法国南部反对罗马天主教的亚勒比派，他们自行在天主教会外聚会。也称波各米尔派。——汉译注

② Hahn, *Geschichte der Ketzer im Mittelalter*, II, p. 779: “……有些假托宗教团会之名，老百姓叫它们贝格派、史怀彻派或‘上帝的食粮’；但他们却自称‘自由灵与立志穷之团会的小兄弟和小姊妹’。”

③ “Item credunt se esse Deum per naturam sine distinctione…se esse aeternos…

“Item quod nullo indigent nec Deo nec Deitate.

“Item quod sunt ipsum regnum coelorum.

“Item quod sunt etiam immutabiles in nova rupe, quod de nullo gaudent, et de nullo turbantur.

“Item quod homo magis tenetur sequi instinctum interiorem quam veritatem Evangelii quod cottidie praedicatur…dicunt, se credere ibi (in Evangelio) esse poëtica quae non sunt vera.” (Hahn, II, pp. 779f.)

这些例子也许足以说明，让上述运动活跃起来的是何种“灵”（spirit）。参加运动的是那些把自己视为（或被视为）上帝的人，是自视为超凡者的人。他们对待《福音书》的态度很具批判性，这些人跟随着“内心的人”，认为天国存于内在。故此，在一定程度上，他们在外观上很现代，却有一种宗教性夸张，这不同于今日困扰人们的理性主义的、政治上的精神错乱。虽然约雅斤在灵性运动中起到很大的作用，而且还是此运动的杰出人物，但我们也不能把这些极端思想归咎于他。人们有必要问一问，是什么心理冲动使约雅斤和他的拥护者怀有如此大胆的预想，竟用“永恒福音”来替代基督启示，或者用神性中的第三位格取代第二位格——第二位格正是要统治新纪元的人。此想法的异端性和颠覆性触目惊心，所以他从未感到自己是受人拥护的，他感到自己卷入了革命洪流中。他觉得那是圣灵的启示，而圣灵的生命及生产力，是任何教会都不可抵挡的。这番感受的圣秘性，被约雅斤所处时代——双鱼时代“敌基督的”鱼的势力范围开始之际——的巧合（“同时性”）所加强。也许有一天，我们会饶有兴致地把圣灵运动和约雅斤的核心思想视为刚刚出现的敌基督心理的直接表达。无论如何，教会对他的定罪是完全可以理解的，因为他对基督教会的态度在许多方面若不是露骨的反叛，也几近公然造反了。然而，倘若我们允许自己相信这些改革者是受了圣灵的启示，那么，另一种解析就变得大有可能了。

这就是说，正像约雅斤认为“圣灵秩序”从圣本笃那里秘密源出那样，我们也可以大胆地猜测一下，约雅斤自己暗自期望着这一秩序的发生。他——当然是有意识地——认为自己将“圣灵秩序”化为现实，与此相似，可以肯定的是，圣本笃唯一的心愿在于为教会建立一个坚实的基础，通过修道院制度来深化基督教徒的生活意义。然而，约雅斤又无意识地——或许是在心理上发生的——被灵（spirit）的原型所支配。无疑，他的行动是建立在超自然的经验之上的，而此经验有被原型支配的特征。因为别无他法，他只好在教条意义上把“灵”理解为神性的第三位格。不过，他并不是在经验上来理解此原型的。这一原型没有统一的意义，它原先是一个矛盾的二元形象，[①]这个形象在圣灵运动中呈现出最为矛盾的一面后，又在炼金术“灵”的概念中再度被打破。诺斯替教在兴盛之日，便已对此二元形象做了清楚的宣告。因此，自然而然地，在双鱼纪元之初——一个可谓被迫晦涩的时代，在基督教形式下对圣灵的拥护，有助于灵的原型突破其矛盾特性。圣灵运动在多个地方演变成革命无政府主义的骚乱，但若把约雅斤这样杰出的人士归为顽固的煽动者，是不公平的。反过来，我们必须这样认为：约雅斤不经意地成为新“秩序”的引领者，他的宗教态度填平了十一世纪形成的基督与敌基督之间的可怖深壑，为二者的沟通搭建了桥梁。敌基督纪元之所以遭人诟骂，是因为“灵”变得毫无灵气，生机勃勃的原型也渐渐退化为理性主义、知性主义和教条主义——这些直接导致了现代人的悲剧，它就像一把达摩克利斯之剑悬于我们头上。如约雅斤所知的那样，古老的三位一体程式中并无魔鬼的形象。随后，他在神学形而上学的边缘推导出某种可疑的存在，即“恶之奥秘”。我们何其有幸，因为《新约》已经预言了他可怕的到来——人们对他认识越少，他的危险就越大。在诸如公众福利、终生安全、国际和平等夸夸其谈的名词之下，谁又会怀疑他的存在呢？通常，他躲在理想主义及各种主义之下，其中最有害的又是教条主义，那是一切灵性表现中最无灵性的。当下的时代，必然要屈服于这些事实：不仅是政治权术将世界撕得支离破碎，人们心中还被安插了一种分裂。我们得用自己的方式找到活生生的原初精神，它因其双重性，以及作为对立面的中介者和统一者，[②]令炼金师痴迷了数百年。

① 《童话中的灵性现象学》，卷九第一部分。

② 《神灵墨丘利》，第284段及以后，及《三位一体观念的心理学考察》，第257段及以后。

如果双鱼移涌的主题是敌对二兄弟的原型主题，那么，通往下一个柏拉图之月——即水瓶座——的途中，对立面联合的问题将群集在一起。恶再也不会被当作善之缺乏而被否认，它的实在性将被认可。这个问题的解决之道，不是通过哲学、经济学，也不是政治学，而只能藉由个体活生生的精神体验。这一精神火种承袭自约雅斤等人并一代一代传下来，虽然总是招致误解，但还是传及后世。我们今日看到"圣母升天"的庄严宣言，正是象征穿越岁月发展下去的例证。其后的强大动力，并非源自教会权威，而是来自天主教教众。前者推延了近一百年才做出宣告，足见其犹豫；[①]后者则强烈地坚持发展这一信理。实际上，他们的坚持是原型在催迫他们了解自己。[②]

在其后的岁月中，圣灵运动的影响四散传播，濡染了对后世影响甚大的四个人，他们是：阿尔培多·马格那斯（公元1193 ~ 1280）及其弟子托马斯·阿奎那，二人既是教会哲学家，又深谙炼金术；罗吉尔·培根（1214 ~ 1294），英国归纳法的先驱；还有埃克哈特大师（Eckhart, 1260 ~ 1327），一位独立的宗教思想家，其思想默默无闻了六百年，今日终得发扬。有人把圣灵运动看作宗教改革的先驱，这是颇有见地的。我们发现，拉丁炼金术兴起于大约十二十三世纪，其哲学和灵性内容，我已在拙作《心理学与炼金术》中阐明。上面提到的意象"他们永远处在新的磐石之中"，与炼金术哲学的核心思想"哲人石"惊人地类似。"哲人石"被等同于基督、"磐石"、"石头"、"基石"。普里西利安（Priscilian, 四世纪）说："我们视基督为磐石，耶稣为基石。"[③]

---

① 虽然玛利亚的无罪成胎论，于1854年被教宗庇护九世——借着通谕《莫可名言之天主》（*Ineffabilis Deus*）——宣布为可信的（*de fide*），但圣母升天却直到1950年才被定义为神启的一部分。——汉编注

② 参看《心理学与宗教》，第122段及以后，及《答约伯》（*Answer to Job*），第748段及以后。

③ *Opera*, ed. G. Schepps, p. 24.

一段炼金术文献说道："用摩西的棍棒击打磐石三下，水便会自如地流淌。"[①] *Lapic*（拉丁语"石"）被称作"神圣磐石"，有四个部分。[②]圣安博（St.Ambrose）说，水从磐石里来，是基督肋下淌血的预示。[③]另一篇炼金术文献写道，从磐石来的水相当于万能溶剂：永恒的水。[④]昆特拉（Khunrath）也用他略为华丽的语言提到了"智者石油"（Petroleum sapientum）。[⑤]挪阿新派更把亚当称为"磐石"和"基石"。[⑥]这些与基督有关的比喻，在伊皮法纽的著作和菲尔米库斯·特努斯（Firmicus Materns）的言论中都可看到。[⑦]这种意象常见于教会语言和炼金术语言中，皆可追溯到《哥林多前书》10:4及《彼得前书》2:4。

这样一来，新的磐石取代了基督，就好比永恒的福音注定要取代基督启示一般。圣灵下降并居于人的内在，神子的身份（υἱότης）被注入每个个体之中。因此，每个拥有圣灵的人，将成为一块新的磐石，就像《彼得前书》2:5说的那样："你们来到主面前，也就像活石。"[⑧]这是关于圣灵和父子关系教义的一种合乎逻辑的发展，就如《路加福音》6:35所说的"你们也

---

① 参看*Aurora consurges*（ed.Von Franz）第127页："伟大宽阔的海洋重击了磐石，金属般的水就淌出来了。"

② *Musaeum hermeticum*（1678），p. 212："我们的石头被叫作神圣磐石，得从四个方面来理解和表示。"参看《以弗所书》3:18。佩比一世（Pepi; I）的金字塔文献中，记载了一位复活的神长着四张脸："我敬爱的神啊，你有四张面容……你是灵魂的恩赐，你（宛似太阳）从小舟升起……戴上佩比吧，把他带进你的船舱里，这佩比乃是圣甲虫之子啊。"（Budge, *Gods of the Egyptians*, I, p. 85.）

③ *Explanationes in Psalmos*, XXXVIII："在阴影中，水从磐石流出，就像基督的血水。"

④ Mylius, *Philosophia reformata* (1622), p. 112："由此，哲人从磐石中得到水，从硬石中得到了油。"

⑤ *Von hylealischen Chaos* (1597). p. 272.

⑥ Hippolytus, *Elenchos*, V, 7, 34f. (Legge trans., I, p. 129). 此处也参借了"非人手凿出来的一块石头从山而出"（《但以理书》2:45），一种炼金师使用的隐喻。

⑦ *De errore profanarum religionum*, 20, 1.

⑧ 参看以赫尔马斯（Hermas）"牧人"的"活石"建造没有接缝的塔（教堂）。

必做至高者的儿子”，亦如《约翰福音》10:34所说的“你们的律法上岂不是写着‘我曾说你们是神’吗？”如我们所知，挪阿新派已经利用这些提示预见了整个历史发展的脉络：经由修道院制度发展为圣灵运动，经由德意志神学发展为马丁·路德的宗教改革，经由从炼金术发展至现代科学。

言归正传，我们还是来谈谈基督的鱼的象征。据德耳格说，基督的鱼的象征出现在公元200年左右的亚历山大港。[①]相似的是，在很早的时候，浸洗盆就被喻为鱼池（piscina）。这便意味着信徒是鱼，事实上，福音书已经暗示了这一点（比如《马太福音》4:19）。在此篇中，基督要让彼得和安德烈“得人如得鱼一样”，而且，“令人惊讶的那一网所打的鱼”（《路加福音》5:10），是基督自己用来示范告诉彼得如何进行传教的。

基督的诞生在占星学上的直接体现，可见于《马太福音》2:1。里面说到的“东方三博士”是三名占星术士，他们看见了非凡的星象，便猜想有一位非凡的人即将出生。这则轶事表明，即使在使徒时代，人们仍以占星术的眼光来审视基督，至少让其蒙上占星神话的气息。只要我们想到圣约翰的启示性言语，便会充分体认这种气息。这个极端复杂的问题已经被那些比我更具资历的人探讨过，因此，我们可以确信这样一个事实：对占星

---

① Doelger, ΙΧΘΥΣ: *Das Fischsymbol*, I, p. 18. 虽然阿盘溪（Abercius）墓志铭源于三世纪之初（公元216年以后），与此有着重要关系，但它是否源于基督教却有待推敲。Dieterich（*Die Grabschrift des Aberkios*）在才华横溢的论述当中指出，铭文中的“神圣牧人”就是阿蒂斯（Attis），神圣白羊座之主，闪耀星辰的千眼牧人。他的一种特殊形式便是艾美拉的埃利奥巴勒（Elogabalof Emera），黑利阿加巴卢斯王（Heliogabalus）的神，他与迦太基的尤蕾妮亚（Uaania of Carthage，又名Virgo coelestis），一起庆祝他的神的圣婚。黑利阿加巴卢斯王是大母神的祭司（gallus），大母神的鱼只有祭司才可以食用。捕来的鱼必须是处子之身。据推测，阿盘溪写就此铭文，是为了纪念他去罗马参加圣婚之旅，此事发生在大约公元216年后。同样因为这些原因，坐落在欧坦（Autun）的班多廉（Pectorios）墓志铭所含的基督教教义也遭质疑。

神话的观察，也许是从救赎主在世生命和来世生命的传说中得来的。[①]

最重要的是，基督与双鱼座时代的关联为鱼的象征意义所验证，既被同时代的福音本身（“得人如得鱼一样”、首批门徒是渔夫、五个饼与两条鱼的奇事）所验证，又被紧接着的后福音时代所验证。象征意义告诉我们：基督和信奉他的人都是鱼，友爱餐会的食物是鱼，[②]洗礼亦如浸泡在鱼池里一般……乍看之下，这一切都指明了同一个事实，鱼的象征和相关的神话题材一直存在着，此时吸收了救赎主的形象；换言之，这意味着基督被当时所盛行的思想同化了。不过，若把基督视为新的移涌，任何了解占星术的人都将清楚地知晓：他是双鱼座时代出生的第一条鱼，注定在衰落的白羊座时代，以最后一只公羊[③]（ἀϱνίον，羔羊）的身份死去。[④]《马太福音》27:15及其后的内容，以对季节神灵的古老献祭形式记载了这一神话主题。颇有意味的是，耶稣在此仪式中的同伴叫作巴拉巴（Barabbas），亦即“父亲的儿子”。将早期基督教心

---

① 我特别参考了Boll, *Aus der Offenbarung Johannis*。阿瑟·德鲁斯（Arthur Drews）对待占星术的类比（我们大可以说）是刚愎自用的（monomaniacal thoroughness），并未全然看到这一想法的益处。见*Der Sternenhimmel in der Dichtung und Religion der allen Völker und des Christentums*。

② 据特土良说（*Adversus Marcionem*, I, cap. XIV; Migne, *P.L.*, vol. 2, col. 262），鱼代表了“更神圣的食物”。亦见Goodenough, *Jewish Symbols*, V, pp. 41ff。

③ 俄利根, *In Genesim hom*. VIII, 9 (Migne, *P.G.*, vol. 12, col. 208): “我们说……以撒生而具有基督的形式，但公羊似乎也有着基督的形式。”奥古斯丁（《上帝之城》，第十六卷，第32章，第740页）问道：“谁是被当作祭品宰杀、洒血为证，以完成燔祭的公羊呢？……因此，这只公羊象征的不就是……耶稣吗？”关于启示文学中，羔羊是白羊座的讨论，见Boll, *Aus der Offenbarung Johannis*。

④ Eisler, *Orpheus—The Fisher*, pp. 51ff. 在艾斯勒（Eisler）的论文《鱼，一种性欲的象征》（*Der Fisch als Sexualsymbol*）中也有大量资料。文中内容很少能用来解析鱼的象征，因为问题被论述得本末倒置。人们很久前便知道，一切心灵的本能驱力都包含在象征意象的构成之中，性欲亦然。性，并未在这些意象中象征化，而是跳过视觉，就如艾斯勒的材料清楚显示的那样。无论关涉到谁，人的性欲都会出现。圣彼得由石头、木头和心灵组成之说无比正确，但我们却难以理解。同样地，人们虽不断地惊讶于鱼的象征意象——如同别的所有意象那样，里面有明显的性欲成分，可还是难究其理。关于术语，我们应当注意：有些已知的事情，绝不会被“象征化”，而仅能通过寓言或符号表达出来。

理学中对立双方的张力，比作黄道十二宫双鱼座符号（♓）中两条相背而行的鱼，可能有些合理之处。不过，只有证明这一矛盾运动源于前基督教时代，或至少与基督同时代，这个类比才合理。遗憾的是，我不知道此时期有什么图像表征能提供任何双鱼方位的信息。在雅典小邦教堂里那精美的黄道十二星座浅浮雕中，并没有双鱼座和水瓶座。在我们所处纪元的开端出现的双鱼表征，一定与基督教无关。在那不勒斯的擎天神阿特拉斯（Farnese Atlas）的天宫世界中，第一条鱼在赤道以北，处于垂直方向，鱼头指向天极；第二条鱼在赤道以南，处于水平方向，鱼头指向西方。因为遵循了天文学上的结构，因此画面具有自然主义色彩。[①]丹达拉的哈索尔神庙（公元前一世纪）的黄道十二宫图上描绘了双鱼，但它们都朝着同一个方向。在喜帕恰斯提及的提漠卡雷斯（Timochares）星座图上，[②]双鱼座只有一条鱼。在君主时代的钱币和宝石上，还有在密特拉教的纪念碑[③]上，双鱼的形象不是朝向一致的，就是相背而行的。[④]后来双鱼表现出来的两极对立，也许要归功于天文学的星象发现：第一条鱼（北部的）是垂直的，而第二条鱼（南部的）是水平的。基本上，两条鱼按照某一角度朝着彼此运动，从而形成了一个十字架。这一反向运动是大多数最早文献未载的，在基督教时代则被大为强调，让人不禁怀疑这里面可能有什么倾向性。[⑤]

---

① Thiele, *Antike Himmelsbilder*, p. 29.

② Boll, *Sphaera*, PI. I, and Eisler, *The Royal Art of Astrology*, P1. 5, following p. 164.

③ Gaedechens, *Der Marmome Himmelsglobus.*

④ Cumont, *Textes et monuments*, II.

⑤ 参见兰姆斯布林（Lambspringk）的两个双鱼符号（*Mus. herm.*, p. 343），它们同时呈现出对立面联合的状态。阿拉托斯（*Aratus*, *Phaenomena*, Mair trans., p. 401）只提及北部鱼比南部鱼方位更高，未曾说到二者的二元性或对立性。不过，它们的双重特征在现代占星术思想中得到强调（E. M. Smith, *The Zodia*, p. 279）。瑟娜德（*Senard, Le Zodiaque*, p. 446）说道："鱼……从上游到下，象征着从精神在物质中的退化运动；……从下游到上，则是灵性—物质合成物的进化运动，回到其不二状态。"

虽然，基督的形象与双鱼时代的发端之间的联系并没有被证实，但是，救赎主鱼的象征意义与新移涌的占星符号同时出现，足以引起我的重视。如果我们沿着这一类比的复杂的神话学支系探索下去，就可能会探明这一原型的多重面向：它既表现为个体人格，同时这一形象在基督诞生前就已经事先被决定了。确实是这样的，在基督诞生的很久之前，原型就已经由投射“写”在天空中。而后，“当时间够了”，就会在新纪元产生与之相符的符号。鱼，恰恰属于冬天的雨季，犹如水瓶座和摩羯座（αἰγόκερως，羊鱼）[①]一样。因此，摩羯座并非黄道带中最不起眼的一个星座。在春秋分的运动中，当春分点移入此星座，一个新时代开启之时，摩羯座就会显出惊人的重要性。在这个新时代里，“鱼”被当作上帝的名字，而上帝变成了人。他生而为鱼，又被当作公羊献祭；他让渔夫做门徒并让他们得人如得鱼；他让鱼奇迹般剧增，给许多人充饥；他吃的鱼——那“更圣洁的食物”——正是自己。而且，他的跟随者都是小鱼（所谓的“pisciculi”）。假如你愿意，你可以用广泛存在于某些诺斯替—基督教派中的占星术知识来解释这一象征意义。[②]不过，当讲到“对观福音书”中的事件，这些解释就统统失效了。没有证据表明上述解释的实在性。我们也没有任何理由猜测那些故事是改装了的占星神话。反之，我们又总觉得：鱼的种种掌故完全是自然而然的事件，背后再也找不到什么更深的道理了。它们的故事“不过如此”，非常简单、非常自然，人们不禁怀疑：整个基督教鱼的象征意义，可能不

---

① 摩羯座，♑或♑。

② 对占星术的明显引用，可见于《皮斯蒂斯·索非亚》（*Pistis Sophia*）。其中，耶稣同“生育天师（ordainers of the nativity）”谈到：“但耶稣回答玛利亚说：如果生育天师发现黑暗神黑马门尼（Heimarmene）和司芙（Sphere）向左转，与二者起初的流向一致，那么，天师说的就是真话，他们说的也定要实现。但如果他们发现黑马门尼或司芙向右转，那么，他们就不会说半句实话，因为我已经把他们的影响力、四分相、三分相和八分相改变了。”（参看Mead trans., p. 29.）

是偶然出现的，并非没有任何预先安排。你也可以说，鱼的象征意义和新移涌的名字仿佛是巧合，在东方文化中，也没有出现清晰的双鱼时代的印迹。我不太确定这种观点是否正确，因为我对印度和中国的占星术知之甚少。与此观点相对的是，传统的鱼的象征意义，使某种预测被证实了，这一点在《新约》中已经实现。这个事实或多或少让人难以接受。

北部或东部的鱼——春分点大约在我们现在的纪元开始时进入[①]——与南部或西部的鱼结合，这就是所谓的连合。它由一组微弱星辰组成，它们构成了星丛的中间部分，而春分点逐渐沿着它的南部边缘移动。两条鱼中间的黄道线与子午线大约在十六世纪相交。而那个时代正是革新时代，且如我们所知，是对西方符号史格外重要的时代。从那时起，春分点就已经沿着第二条鱼的南部边缘移动，并将在第三个千禧年中进入水瓶座。[②]以占星术解释，基督被指派为双鱼之一，确定为第一条鱼，垂直的鱼；而敌基督紧随其后，在时间结束时出现。从逻辑上说，过度后的补偿将在双鱼运行的中途开始。我们已经看到了，文艺复兴于第二条鱼附近开始，随之而来的是“灵”。如今这一补偿已达致高潮。[③]

---

① 在公元11世纪时，“O”星的子午线穿过春分点，而“a 113”星则是在公元前146年进行的。这些测算基于Peters and Knobel, *Ptolemy's Catalogue of Stars*。

② 由于对星群的定义多少有些专断，所以这个日期是非常不确定的。它涉及实际的恒星星群，而非以30° 在黄道带上所做的划分。根据你所选的起点，下一个移涌在占星术上的开端在公元2000年到公元2200年间。从“O”星和假设的长达2143年的柏拉图之月来算，我们可以算出，公元2154年是水瓶座年代的开始；而如果你从“a 113”星算起，就是公元1997年。这后一个日期与托勒密《天文集》（Almagest）中的星辰经度一致。

③ 现代占星思想同样把双鱼座同基督相关联：“鱼……住在水中，恰好象征了那些把他们的生活与基督一起藏在上帝中的人。他们源自于未被毁坏的审判之水（暗示双鱼座并未被大洪水吞没！——荣格注），他们要寻找真正的领土，那里生机盎然、死气全无：永远环绕着活水，人们饮用泉水，他们‘不致灭亡，反得永生’……谁若永远住在活水中，就与神活着的儿子耶稣基督同在。”（Smith, *The Zodia*, pp. 280f.）

第七章
诺查丹玛斯预言

人类的宗教史历程，以及人类心灵发展的基本要素，多少可通过双鱼座星群的春秋分岁差来预知其时间和内容。如上所述，十六世纪的教会分立与预言相符。之后出现了某种过度后的补偿运动。与“哥特式”对向上的追求相对，我们且把这种行事之道称为一种向外的水平运动，亦即航海发现和自然征服。垂直者被水平者切断，而人类的灵性和道德朝着某个方向发展，愈发明显地敌基督化。结果，我们今日遭遇了西方文明的危机，其后果阴晴莫测。

在此背景下，我将论及诺查丹玛斯的炼金术预言。这些预言，写于公元1558年1月27日致法王亨利二世的书信中。[①]在描述了某个以♃☌☿（木星合相水星）和♂□☿（火星与水星四分相）[②]——当然还有别的事物——为特征的年份后，他说道：

那一年伊始，我们会看到基督教会遭受更大的迫害，比非洲那次[③]还要严重，这件事发生在公元1792年。届时，每个人都以为那是革新之

---

① 印刷在阿姆斯特丹版的*Vrayes Centuries et Prophéties de Maistre Michel Nostredame* (1667), 第96页及以后。

② 依据古代传统，此处所提的木星与水星的相合，正是基督教的特征。水星和火星的四分相位，以“战争的”暴力，“伤害”了水星。据卡当说，☿☌♂代表了“穆罕默德之法”（Comment. *in Ptol.*, p. 188）。因此，这一相位象征着伊斯兰教发起的一场攻击。阿尔布马萨也这样看待☿☌♂的意义：“若火星与它（木星）相合，象征着火象的文明和异教的信仰”（*De magn. coniunct.*, tract. I. diff. 4. p. a8^{r}）。根据历史类推，恶事的到来，被认为是新月所致。不过，人们从未想到，基督教的敌手就住在欧洲的无意识中。历史重复着自己。

③ 在此，罗马的基督教世界屈服于伊斯兰教。

年……届时，诸国之中，地狱的力量将凌驾于耶稣基督的教会之上。此乃第二敌基督，他将借着俗世君王之力，迫害上述教会及其真正的郊区牧师。这些无知的俗世君王，被巧言令色引诱，那些骗人的话比疯子手中的剑还要锋利……对牧师的迫害，始于北方君王，东方君王也紧随其后。那场迫害将延绵十一年，或许会稍短一些。结束之日，北方君王的首领将衰落。①

不过，诺查丹玛斯认为“南方联合国王”要比北方的君王多存在三年。他看见了异教信仰的回归（“被异教徒毁灭的庇护所”）、圣经被焚，以及一场浩大的屠杀：“从基督教教会创立以来，从未有过如此深重的苦难。”这将殃及一切拉丁国家。

诺查丹玛斯把1792年定义为新移涌的开始，也许是受到了决定论的影响。例如，红衣主教艾衣的伯铎在阿尔布马萨的基础上，在其著《词汇簿》（*Concordantia*）②中提及第八次高度合相（木星在白羊座合相土星），经测算，这一高度合相发生在公元1693年：

1789年，在所谓的合相发生之后，土星将在大约97年里，完成又一个周期的第十次回归③……这样的情况——我们假设世界还将持存到那时——唯有上帝明白其中之奥妙。其后，世上将出现许多惊人的巨变，尤其是在法律制定和宗教派系方面。因为所谓的合相及土星的回归，将与上层天体（即第八层天体）的回转或反转相一致。而通过种种前提，我们便可推知宗教派系会发生变化……由此，很有可能的是，敌基督及其律法、邪恶的派系将一并到来，它们全然与基督的律法相敌对、相抵触；关于敌基督何时到来，我们人类是说不准的……尽管我们不确定

① *The Complete Prophecies of Nostradamus*, trans. and ed. by H. C. Roberts. pp. 231ff.

② D 7^{v} to 8^{r}, div. 2, cap. 60 and 61. 亦见Thorndike, *A History of Magic and Experimental Science*, IV, p. 102.

③ 在占星学上，土星需要花29年多才能运行至同一位置，这叫作“土星的回归”。根据后文，土星的周期在公元前11年结束，一个“土星周期”是土星四十次回归的时间，那么公元1789年就是第六个“土星周期”之末。——汉编注

他将何时到来，但可以依据天文迹象做出可能的假设和可信的推测。因而，如果天文学家说派系变化在那时发生，那么，一位大能者（Mighty One）将跟着穆罕默德而来，并建立一套邪恶而不可思议的律法。因此，我们合理地推测如是：在穆罕默德的派系之后，没有别人会到来，只有那敌基督者的律法。[①]

在测算公元1693年的时候，艾衣的伯铎援引了阿尔布马萨的说法：土星与木星的首次高度合相，发生在创世纪元3200年。在此，阿尔布马萨加了960年，结果就是公元1693年，即第八个高度合相发生的年份。[②]在艾衣的伯铎此书的第三部分第十七章里，他批评了这一观点，并称这是一个“错误的推演”。在其公元1410年的一份反对“迷信占星家”的论文中，他主张基督教信仰不应被占星术法则羁绊。他特别隐射了罗吉尔·培根，基督教受水星影响之说全由此人得以复兴。艾衣的伯铎提出，唯有迷信与异端思想才会被占星术影响，特别是敌基督到来之说。[③]

推测诺查丹玛斯了解上述那些测算，也许不无道理。他用公元1792年来修正公元1789年的说法。两个日期都有隐意，而随后发生的事件也

---

① “Et post illam erit complementum 10 revolutionum saturnalium anno Christi 1789 et hoc erit post dictam coniunctionem per annos 97 vel prope…His itaque praesuppositis dicimus quod si mundus usque ad illa tempora duraverit, quod solus deus novit, multae tunc et magnae et mirabiles alterationes mundi et mutationes futurae sunt, et maxime circa leges et sectas, nam cum praedicta coniunctione et illis revolutionibus Saturni ad hoc concurret revolutio seu reversio superioris orbis, id est, octavae sphaerae per quam et per alia praemissa cognoscitur sectarum mutatio…Unde ex his probabiliter concluditur quod forte circa ilia tempora veniet Antichristus cum lege sua vel secta damnabili, quae maxime adversa erit et contraria legi Christi; nam licet de adventu sui determinato tempore vel momenta haberi non possit humanitus certitudo…Tamen indeterminate loquendo quod circa ilia tempora venturus sit potest haberi probabilis coniectura et verisimilis suspicio per astronomica iudicia. Cum enim dictum sit secundum astronomos circa illa tempora fieri mutationem sectarum et secundum eos post machometum erit aliquis potens, qui legem foedam et magicam constituet. Ideo verisimili probahilitate credi potest, quod post sectam machometi nulla secta veniet, nisi lex antichristi.”

② *Concordantia*, etc., fol. b 5.

③ 参看Thorndike, IV, p. 103.

证实，今时今日的各种情况，已在那段时间发生的事件中初见端倪。实际上，“理性女神”的即位，已预见了反对基督教的潮流是从那时而来的。

“革新之年”也许意味着一个新的移涌，而且它以一种特别的方式，与新系统的年代相契合。这种新系统始于公元1792年9月22日的革命历法，有着明显的敌基督特征。[①]一些事情很久前便在酝酿，后来渐渐演化为一场事件。人们在法国大革命中曾目睹了这种过度后的补偿。这一补偿始于文艺复兴，且与占星上的鱼的象征并行。出于各种各样的原因，这一时间似乎有着重大的占星学意义。首先，它是分时岁差移到第二条鱼之尾的时间。[②]到了公元1791年，土星曾处在♈，一个火象星座。此外，传统占星术利用“高度合相”的理论[③]，将第八次高度合相之年（公元1693年）视作测算未来的起点。[④]这个关键的年份还与另一个传统有关系，此传统基于土星十次回归的周期，每个周期耗时三百年。艾衣的伯铎引用了阿尔布马萨在《大合相》（*Magnae coniunctiones*）中的话：“他们

① 在古典词汇使用上，*renovatio*具有现代词“revolution”（革新）的意思，但甚至在后期拉丁语中，*revolutio*都还保留着“revolving”（回转）的最初词意。由文献可见，诺查丹玛斯认为在这一时刻（公元1791年），教会长期存在的迫害情形达到极点。这不由让人想起伏尔泰的“踩死败类（écrasez l’infâme）！”

② 没有任何预言是基于对此种运动的有意识思考得来的。

③ 白羊座中的相合是被如此看待的，至少通常如此。0° 白羊座是春分点。

④ 我无法说自己能够理解艾衣的伯铎的一番言论，此番言论是（Second treatise, ch. 60, “De octava coniunctione maxima”）：“Et post illam erit complementum 10 revolutionum saturnalium anno Christi 1789 et hoc erit post dictam coniunctionem per annos 97 vel prope et inter dictam coniunctionem et illud complementum dictarum 10 revolutionum erit status octavae sphaerae circiter per annos 25 quod sic patet: quia status octavae sphaerae erit anno 444 post situm augmentationum（意义不明）, quae secundum tabulas astronomicas sunt adaequatae ad annum Christi 1320 perfectum, et ideo anno Christi 1764, quibus annis si addas 25, sunt anni 1789 quos praediximus. Unde iterum patet quod ab hoc anno Christi 1414 usque ad statum octavae sphaerae erunt anni 253 perfecti.”（那之后，土星将在1789年完成十次回归，这一回归是在那个所谓的合相97年之后。在合相与十次回归完成之间，将会出现第八层天体的停滞，时长25年。证据如下：第八层天体的停滞，将出现在位置增大后的第444年，根据天文学图表，当时为公元1320年之末，加上444年，就是公元1764年。如果你在此年份上加25年的话，你就会算出前述的公元1789年。这再一次说明，从基督1414年到第八层天体的停滞，其间将有整整253年。）

说，当土星的十次回归完成时，变化就会出现。而且，土星的序列特别适于基本星座”（白羊座，巨蟹座，天秤座，摩羯座）。[①]根据艾衣的伯铎的说法，土星的周期在公元前11年结束，他认为与基督的出现有关。另一个周期结束于公元289年，与摩尼教的出现有关。公元589年预示着伊斯兰教的兴起，而公元1189年则是教皇英诺森三世的重要任期。公元1489年教会宣告大分裂，顺势推理即知，公元1789年标志着敌基督的到来。再想一想就可以接着推理：原型的力量早已蓄势待发，只候相时而动。[②]只要想到敌基督是地狱之物，是魔鬼或魔鬼之子，也就是住在北方火象居所的提丰（Typhon）或赛特，就能很好地理解来自北方的篡夺者会夺取权力。提丰的权力是个三元体，他还有两个同盟，一者居东，一者居南。这种权力与“低级三元体”相一致。[③]

北方是魔鬼、无信仰者及一切恶物的地盘。博学的诺查丹玛斯兼为医师与炼金师，自然非常了解这一点。正像圣里乌斯（St. Eucheius of Lyons, 卒于公元450年）所述，[④]这个说法可追溯到《耶利米书》1:14：“必有灾祸从北方发出，临到这地的一切居民。”[⑤]其他经文也有类似的叙述，诸如《以赛亚书》14:12及其后的内容：

明亮之星，早晨之子啊，你何竟从天坠落？你这攻败列国的，何竟被砍倒在地上？你心里曾说：我要升到天上，我要高举我的宝座在神众星以上，我要坐在聚会的山上，在北方的极处。[⑥]

本笃会僧侣拉巴努·毛如斯（Rhahanus Maurus, 卒于公元856年）

---

① Fol. d 6.

② 文中并未明确指出“迫害”是同一次还是另一次。可能是后一种情况。

③ 参看《童话中的灵性现象学》，第九卷第一部分。

④ Migne, *P. L.*, vol. 50, col. 740.

⑤ “Ab aquilone pandetur malum super omnes habitatores terrae”.

⑥ “Quomodo cecidisti de coelo, Lucifer, qui mane oriebaris? corruisti in terram qui vulnerabas gentes? Qui dicebas in corde tuo: in caelum conscendam, super astra Dei exaltabo solium meum, sedebo in monte testamenti, in lateribus Aquilonis”.

曾说："北方的风尖利刺骨会迫害人"，还长着"老对手的样子"[1]。他接着说，北方的风象征着魔鬼，证实了《约伯记》26:7所说的："神将北极铺在空中，将大地悬在虚空。"[2]拉巴努认为这里的意思是"那些缺乏上帝恩典的人，上帝批准魔鬼去统治他们的思想"[3]，圣奥古斯丁也说过"除了他，还有哪个北风？他会说：我要将我的座位置于北方，我要像那至高者一样。魔鬼统治着诸般恶事，还掌控着列国"云云。[4]

维克托里（Victoine）的僧侣迦略纽斯（Garnerius）把"恶灵"叫作阿库伊罗（Aquilo），亦即北风。其严寒指的是"罪人的冷漠"[5]。亚当·斯高特设想，北方有一个可怕的龙首，它是诸恶之源。有着三重属性的烟[6]，从它的口鼻里冒出来，"这三重无知指的是：善与恶的无知、真与假的无知，还有适宜与不适的无知。"[7]"那种烟，"亚当·斯高特说道，"是以西结先知，在他那上帝的异象中，看见自北方刮来的"[8]，亦即《以赛亚书》提及的"烟"[9]。这位虔诚的作者从未停止思考以下情景的非凡之处：先知见到那上帝的异象，乘着北方的翅膀吹来，携裹在三重无知的烟里。有烟之处必有火。因此，"有一朵包括闪烁火的大云，周围有光辉，从其中的火内发出好像光耀的精金"[10]。北风来自火的

---

① Migne, *P. L.*, vol. 112, col. 860.

② 这显然是用了盘旋于渊面之上的精气做比喻。

③ "... quod illorum mentibus, qui gratia sua vacui, diabolum Deus dominari permittit."

④ *Enar. in Ps.* XLVII, 3; Migne, P. L., vol. 36, col. 534.

⑤ *Sancti Victoris Parisiensis Gregorianum; Migne, P.L.*, vol. 193, cols. 59f.

⑥ 暗指低级三元体。

⑦ *De tripartito tabernaculo*, III, c. 9; Migne, *P.L.*, vol. 198, col. 761. 亚当·斯高特提及"从北而来的烟的黑暗"。伪革利免（*Homilies*, XIX, 22）强调了"无意识之罪"（*agnoia*）。洪诺留（*Honorius*, *Speculum de mysteriis ecclesiae*; Migne, *P.L.*, vol. 172, col. 833）指出："马太借着那太阳躲在地下的北方，说了那躲在肉体之下的基督神性。"这证实了此三元体的地狱本性。

⑧ 《以西结书》1:4："我观看，狂风从北方刮来，随着……大云……"

⑨ 《以赛亚书》14:31："门哪，应当哀号！城啊，应当呼喊！非利士全地啊，你都消化了！因为有烟从北方出来，他行伍中必无乱队的。"

⑩ 《以西结书》1:4。

疆域，那里尽管严寒，却如大贵格利（Gregore）参考《约伯记》27:21说的那样，[①]是“燃烧的风”（ventus urens）。此风乃是恶灵，“唤起了内心的色欲火焰”，照亮了每个活物的罪恶。“他用邪恶的气息煽动俗世享乐，让邪恶者内心燃烧。”就如《耶利米书》1:13所说：“我看见一个烧开的锅，从北而倾。”从大贵格利的这些引语中，我们看到了对北方之火的古老思想的微弱回应。到了以西结那儿，这种回应依旧存在，他说的那朵来自北方的火状的云，即“必有灾祸从北方发出，临到这地的一切居民”[②]。

在这般情况下，无怪乎诺查丹玛斯要在预言敌基督到来之时，警示会有来自北方的篡夺者到来。甚至在宗教改革之前，敌基督在民间还是普遍存在的形象，比如十五世纪后半叶出现的数量繁多的“反基督者”（Entkrist）[③]版本[④]。这样来看，那件即将到来的灵性事件——自宗教改革开始——便极易理解了。路德很快就被拥戴为敌基督，很可能就是诺查丹玛斯所称的在公元1792年出现的“第二个敌基督”，因为第一个已经以德国改革者的形象现身，或在更早年代与尼禄或穆罕默德一同出现过[⑤]。我们不该忽视这样一个重要的关联：纳粹党所践行的思想，正是希特勒对路德只完成了一半的改革工作的继续和完成。

从现存占星材料以及对这些材料进行的解释出发，诺查丹玛斯不难预见基督移涌的“过度后的补偿”即将到来。当然，通过这一预言，他将自己稳稳地安置在敌基督的位子上，并充当其喉舌。

话不絮烦，让我们回到鱼的象征意义上吧。

---

① “一朵燃烧的云将把他抬起并运走，且如旋风那样，将他从他的地盘抓走”（*In Expositionem beati Job Moralia*; Migne, *P.L.*, vol. 76, cols. 54, 55）。

② 《耶利米书》1:13f。

③ 参看《转换的象征》，第565段。

④ 据说，不同抄本的文献追溯到霍尔（十三世纪）的《神学真理概要》。参看Kelchner, *Der Enndkrist*, p. 7.

⑤ 亦见于吉欧瓦尼·纳尼（Giovanni Nanni，公元1432～1502）时代。参看Thorndike, IV, pp. 263ff.

第八章
鱼在历史上的意义

除了“基督与鱼的联系”，我们所熟知的“牧人与羔羊”在基督教寓言中有着更重要的位置。同时，赫尔墨斯·克里奥佛洛斯（Hermes Kriophoros,“羊倌”）成了“良善牧人”的模范，亦为羊群的守护神。另一个牧人模范则是俄耳甫斯。[①]“Poimen”面向使神秘宗教中产生了与此名字类似的形象，此形象因《黑马牧人书》[②]（二世纪）而广为流传。就像阿盘溪墓志铭中提到的“巨鱼”那样，牧人或许也同阿蒂斯有些关系，两者都是暂时地在某些地方出现。莱岑施泰因（Reitzenstein）甚至推测，《黑马牧人书》源于著作*Poimandres*[③]，其完全起源于异教信仰。牧人、公羊和羔羊的象征意义，与日渐失效的白羊座移涌相一致。在我辈时代的第一个世纪里，两个移涌相互交迭，同时，此间最重要的两位神，阿蒂斯和基督，都以牧人、公羊及鱼为特征。莱岑施泰因的妙笔淋漓尽述了牧人的象征意义，我再难写出更好的了。牧人与鱼的象征不尽相同，不单因为鱼的象征有着更为繁多的资料，还因为象征的本性——尤其是它的二重性——会让人在心理上产生了一定疑惑。下面我将就这一点展开谈论。

和每个英雄一样，基督也在童年时受到恫吓（目睹无辜者被屠杀，逃亡埃及）。对此的占星术“解释”可见于《启示录》12:1：“有一个

---

① Eisler, *Orpheus—The Fisher*, pp. 51ff.

② 《黑马牧人书》（*The Shepherd of Hermas*），是二世纪时基督教使徒教父著作中最长的一卷。黑马是在第一世纪末第二世纪初在罗马教会中的先知。——汉编注

③ *Poimandres*, pp. 32ff.是《秘义集成》（*Corpus Hermetium*）中的一章，出自希腊，“Poimandres“的意思为”牧羊人“。——汉编注

妇人身披日头，脚踏月亮，头戴十二星的冠冕”，她因生产而感到剧痛，可还被一条龙追赶。这妇人要生的一个男孩，“是将来要用铁杖辖管万国的”。这个故事与东西方大量类似的主题相呼应，比如勒托（Leto）和皮同（Python）[①]的故事，再如阿佛洛狄忒及其子的故事[②]（在怪物紧逼时，这对母子化身为鱼，遁入幼发拉底河中），还有埃及的伊希斯与何露斯的故事。在叙利亚的希腊人，把德芝多—亚他吉特及其子伊克塞斯（Ichthys）[③]认作双鱼座的星群。[④]

母神及启示录中那头戴星冠的妇人同为一人，且常被认为是一位处女（παϱθένος,virgo）。圣诞之音——童贞女已经生了，那道光在变大（Ἡπαϱθένοςτέτοκεν, αὐξεῖΦῶς）——是异教之说。伊皮法纽在提及亚历山大港所谓的克瑞翁（Korion）时指出，[⑤]在主显节（1月5/6日）之夜，异教徒举行了一场盛大庆典：

他们彻夜不眠，纵笛放歌，为神像进献。待夜间狂欢作罢，破晓之时，他们举着火把，走进地下的圣所，把一尊赤身躺在杂物堆中的木刻像，取了出来。木像的额头上，有着金制的十字符。双手和双膝上，也有着相同的符号。五个符号皆为金制的。他们携着木像，演奏着笛声鼓乐，唱着圣歌之音，在寺区的中央绕了七次。随后，他们又将它带回地窖里。不过，你若问他们：这神秘一幕所谓何意？他们便会说：今时今日，克瑞（Kore），也就是处女，生出了移涌。

---

① 勒托与皮同。勒托为古希腊神话中的女神，天神乌拉努斯与大地女神盖亚的孙女，与宙斯结合生下阿波罗和阿尔特弥斯。勒托怀着阿波罗时，嫉妒的赫拉派大蛇皮同追杀她，勒托逃脱。后阿波罗杀死了皮同。——汉编注

② Eisler, *The Royal Art of Astrology*, p. 107.

③ 伊克塞斯：见第十二章“基督教炼金术象征意义的心理学基础”等174页注①

④ Bouché-Leclercq, *L'Astrologie grecque*, p. 147.欲了解妇人（*gyne*）与黄道带处女座的关系，请参阅Boll,*Aus der Offenbarung Johannis*, p. 122。

⑤ *Panarium*, LI, 22, Oehler edn., Part 3, pp. 632f. 这一段未录于旧版*Panarium*之中，因为是最近在一份威尼斯手稿中发现的。

伊皮法纽明确表示，他讲到的此事，并不出自基督教派系，而出自偶像崇拜者。而且，讲这桩事意在说明：即便是异教徒，也无意中为基督教的真理提供了证明。

黄道十二宫中的处女座不是拿着一束麦穗，就是带着一个孩子。有些专家把她与《启示录》中的“妇人”联系起来。[①]无论如何，此妇人与弥赛亚末世诞生的预言有关。由于《启示录》的作者被认为是基督徒，那么问题就来了：那个被解释为弥赛亚之母或基督之母的妇人是谁？妇人之子，那个“用铁杖牧（ποιμαίνειν）异教徒的”人又是谁？

因为这段篇章既暗指了《以赛亚书》66:7中的弥赛亚预言[②]，又暗指了耶和华的忿怒（《诗篇》2:9[③]），所以，它在某种程度上似乎影射了弥赛亚未来的重生。可是，这样的思想绝不可能存在于基督教之中。保尔（Boll）[④]在解释《启示录》5:6及其后内容中的“羔羊”时指出：“这一非常诡异的形象，长着七角七眼，不可能用基督教术语来解释。”同时，这只“羔羊”还演变出一些匪夷所思的特性：他是一只好战的羔羊，一个征服者（《启示录》17:14）；地上的众君王都要躲避他的愤怒（《启示录》6:15及以后）；他与“犹大支派中的狮子”有关联（《启示录》5:5）。这只羊，不由让人想起《诗篇》2:9（“你必用铁杖打破他们，你必将他们如同窑匠的瓦器摔碎”），这是一只恶魔般的公羊[⑤]，让人产生不祥之感，绝不是一只在霍霍磨刀前逆来顺受的小羔羊。无疑，《启示录》中的羔羊属于这些预言中提到的七角怪兽。因此，人们必会猜测，《启示录》的作者是

---

① Boll, pp. 121ff.

② “锡安未曾绞痛就生产，疼痛来临到她就生出男孩。”

③ “你必用铁杖打破他们，你必将他们如同窑匠的瓦器摔碎。”

④ Boll, p. 44.

⑤ 他的眼代表了“神的七灵”（《启示录》5:6），或说“这七眼乃是耶和华的眼睛”（《撒迦利亚书》4:10）。羔羊与七天使站在上帝的宝座前，就如撒旦与上帝的众子那样（《约伯记》1:6），因此，按以西结的看法，并用耶和华崇拜者的术语来说，上帝被描述为一个“umbra in lege”（律法的阴影）！

不是受了某些敌基督思想的濡染，也可能他在心理上被一个阴影形象——耶稣的阴影——影响了。这一阴影将在末世经由重生与胜利的基督联合为一体。这样假设，就可以解释重生的神话，也可以解释《启示录》中的一个奇怪现象了：敌基督的到来是一个很重要的末世期待，书中对此却着墨甚少。七角公羊恰恰是耶稣不会呈现的样子。[①]他的确是个阴影形象，但又不能说是敌基督——撒旦的造物。这是因为，在某种意义上，尽管这只怪物般的好战羔羊是那只被献祭的羔羊的阴影形象，但他与基督的关系，并非基督与敌基督那般水火不容。故此，基督形象的复本，不可追溯到基督与敌基督者的分裂，而应源于犹太基督教徒对罗马的怨恨，前者信奉的是复仇之神及其好战的弥赛亚。《启示录》的作者或许了解犹太人的揣测，而我们对这些思想的获悉，则是通过稍晚的传说。我们在摩西·哈达什（Moses ha-Darshan）的《拜瑞什特·拉巴》（*Bethleshith Rabbati*）里看到：以利亚在伯利恒发现，一个少妇坐在她家门前，地上还躺着一个身上有血迹的新生儿。她解释说，她的儿子出生在一个凶时，恰是寺宇被毁之时。以利亚劝她照看那孩子。五周后，当他回来时，他问及妇人的儿子。妇人说："他不能走路，不能看，不能说也不能听，像块石头那样躺在那里。"忽然，一阵风从地的四角刮来，将孩子移走，又投入海中。以利亚悲惋地说，现在以色列的救恩到头了。但一个声音（*bath kol*）对他说：

> 不然，不然。他将在汪洋里待四百年，在可拉之子的袅袅香烟里待八十年，[②]在罗马的大门之下待八十年。而余下的日子，他将在大城邦中徘徊，直到日子的尽头。[③]

这则故事描写的弥赛亚虽生在伯利恒，却被神力吹到彼方（海=无

① 此说法的成立，需要我们忽略《马太福音》21:19、22:7和《路加福音》19:27。
② 参看《民数记》16。——英编注
③ Wünsche, *Die Leiden des Messias*, p. 91.

意识）。在童年时代，他就受到威胁，让他几乎无法生存。此传说显示出，弥赛亚元素在犹太教中非常微弱，而且有一定的危险性。这些可以用来解释弥赛亚的延迟复临。他潜伏了560年，之后才开始传教工作。这个间隔时间与《塔木德》预言提及的530年相去不远。如果我们认为这段传说讲的是基督，可以比较一下两个时间。在犹太思想中，弥赛亚与无边大海的相互接触，很可能早已存在。因而，死亡威胁着弥赛亚，他将死于暴力，这一主题在其他故事中也一再出现。之后，主要是卡巴拉传统谈及两个弥赛亚：弥赛亚约瑟之子（或弥赛亚以法莲之子）和弥赛亚大卫之子。两人被比作摩西和亚伦，还被比作小鹿，后一种比喻还是典出《雅歌》4:5："你的两乳好像百合花中吃草的一对小鹿，就是母鹿双生的。"[①]据《申命记》33:17说，弥赛亚约瑟之子是"牛群中头生的"，而弥赛亚大卫之子骑在一头驴上。[②]弥赛亚约瑟之子居首，弥赛亚大卫之子居次。[③]弥赛亚约瑟之子必死，"用他的血为耶和华之子赎罪"。[④]他将同歌革与玛各交战，而阿米勒斯会将他杀死。阿米勒斯是"敌弥赛亚者"，撒旦把他生在一块大理石上。[⑤]而阿米勒斯接着又会被弥赛亚大卫之子杀死。然后，弥赛亚大卫之子将把新耶路撒冷从天上带下来，让弥赛亚约瑟之子重生。[⑥]弥赛亚约瑟之子在后来的传统中扮演了一个怪异的角色。古兰经诠释者泰伯里指出，敌基督将为犹太人

---

① Targum on Canticles 4: 5 in *The Targum to The Song of Songs*, p. 50. Wünsche, p. 111. 在《光辉之书》中，弥赛亚被称为"母亲"。Schoettgen, *Horae Hebraicae et Talmudicae*, II, p. 10。又见《皮斯蒂斯·索非亚》中的"双生子救世主"。

② *Zohar*, trans. by H. Sperling and M. Simon, II, p. 358："故此，他（弥赛亚）写道，他将'谦谦和和地骑着驴'（《撒迦利亚书》9:9）。"亦见Wünsche, p. 100。

③ 同上，第114页。

④ 同上，第115页。

⑤ 阿米勒斯（Armilus或Armillus）=Ῥωμύλος，敌基督。默多狄（Methodius）说："罗穆卢斯（Romulus），也是阿米勒斯。"

⑥ Wünsche, p. 120.

的王[①]；而在阿巴伯内尔的《拯救诏书》（*Mashmi'a Yeshu'ah*）里，弥赛亚约瑟之子实为敌基督。因此，他不仅被描绘为与胜利弥赛亚相对的受苦弥撒亚，还被设想为胜利弥赛亚的敌手。[②]

正如这些传说显示的那样，上述弥赛亚元素的虚弱性包含着一种分裂，此分裂最后变成彻底的两极对立。在波斯的宗教文学中，在前基督教伟大时期的"过度后的补偿"思想中，以及在善的堕落中，都预示了这一发展。《东方圣书》（*Bahman Yast*）把第四铁器时代描述为"蓬头怒魔的邪恶统治"。[③]另一方面，弥赛亚一分为二，道出了耶和华内在的不安特征。从《约伯记》开始，[④]耶和华的不公正与不可靠，使每一个愿意思考的信徒感到惊愕。约伯的提问含糊其辞，基督教的答案也模棱两可。而犹太神秘主义则自有深刻的解释，基督教思想家做了最大努力去掩盖这一点。我不打算在此详述该主题，仅举伊本·埃兹拉（Ibn Ezra）的一则故事来说一说。他说，西班牙有一位杰出的智者，据说他无法诵读《诗篇》的第八十九篇，因为读这一章节会让他黯然神伤。经文如下：

我必不将我的慈爱全然收回，

也必不叫我的信实废弃。

我必不背弃我的约，

也不改变我口中所出的。

一次为了众人我指着自己的圣洁起誓：

我决不向大卫说谎。

他的后裔要存到永远，

他的宝座在我面前如日永恒，

---

① Tabri，*Chronique*，I, ch. 23，p. 67.

② Bousset, *The Antichrist Legend*, p. 111.

③ *Pahlavi Text*, trans. by E. W. West, p. 193.

④ 参看前述上帝本性中怜悯与公正的对立。亦见《答约伯》。

如月亮永远坚立。

如天上确实的见证。（细拉）

但你恼怒你的受膏者，

就丢掉弃绝他。

你厌恶了与仆人所立的约，

将他的冠冕践踏于地。[①]

《约伯记》也有相同的问题。上帝的意象在心理层级中有最高的价值和至高的支配地位，和自性相关，或者就等同于自性；而且，上帝意象生成后，就会影响到生成者。任何不确定的上帝意象，都将导致自性里的强烈不安。故而，因为此番痛苦，该问题基本被忽略了。不过，这并非意味着无意识对该问题置之不理。它由唯物论、无神论及类似的代替品来回答，并如流行病一般蔓延。无论何时何地，只要谁徒然等待合理的答案，它们就会冒出来。这些仿制品将真正的问题压抑到无意识中，破坏了历史传统的连续性，而后者正是人类文明的特征。这会导致迷惘而困惑。基督教坚持着上帝的善，将之比作慈爱之父，也竭力抢夺实存的恶。早期基督教关于敌基督的预言以及晚期犹太神学的某些思想提示我们：基督教对约伯的答复省略了一个推论，忽略了危险的真实情况。如今，这一危险已显现在我们面前，世界已然分裂，随着上帝意象的毁灭，人类的人格也不复存在。唯物无神论以及它的乌托邦幻想形成了一个所有理性主义运动的宗教，这一宗教代表着大众的人格自由，却因此消灭了人格。基督教的拥护者仅把他们的精力浪费在保护那些传给他们的东西上，而不去考虑把自己的房屋建得更宽敞。从长远来说，事态的停滞很可能导致一切彻底结束。

布塞特（Bousset）的说法似乎有些道理：《启示录》的基督二元

① 《诗篇》89:33及以后。

性，乃是犹太—诺斯替思想的产物——我们已在上述传说中听到了对这种思想的回应。比起教父们对恶的断然废止，诺斯替教对恶有意识的关注，显得格外引人注目。这同时也说明恶的问题在三世纪之初已成焦点。我们可以回忆一下华伦提努[1]的表述，他说基督的出生“并非没有几分阴影”，而且基督后来“摆脱了自己的阴影”[2]。华伦提努生活在二世纪上半叶，而《启示录》大约写于公元90年，即图密善（Domitian）统治时期。与别的诺斯替教徒相仿，华伦提努的思想使《福音书》有了阶段性发展。因此，依我看来，他将“阴影”理解为耶和华崇拜者的律法——基督按此法诞生——不无可能。《启示录》及《新约》中的其他经文很可能让他萌生了这样的观点。而这种观点多少远离了当时的造物主理念，以及那包含着光亮与阴影的至好八元的思想。[3]俄利根是不是第一个怀疑恶之终极命运的人[4]，我不太确定。但无论如何，此说证明，在很久以前，魔鬼与上帝的再结合很可能是可以被讨论的。况且，如果基督教哲学未在二元论中结束，这一话题也不得不被讨论。我们不该忘记，善之缺乏的学说未能将永恒地狱及诅咒的教理妥当处理。上帝的人性同样是一种二元论的表述，正如早期教会中，基督一性论者与基督二性论者的论战所显示的那样。支持两种本性完整结合有其宗教意义。除此之外，我再顺带谈谈基督一性论在心理学意义上值得注意的方面。它告诉我们（用心理学的口吻），基督作为人时与自我相一致，作

---

① 他似乎是个牧师，据说他曾申请过罗马主教之职。

② Irenaeus, *Adv. haer.*, I, 11, 1 (Roberts/Rambaut trans., I, p. 46).

③ Valentinian Secundus的教义（同上，I, p. 46）。

④ *De oratione*, 27: “……因此，与圣灵敌对的最高罪人和亵渎者，其罪恶可以在当下的年代被阻止。从此以后，在即临的年代里，我全然不知应如何被对待”（…ita ut summus ille peccator et in Spiritum sanctum blasphemus per totum hoc praesens saeculum a peccato detineatur, et post haec in futuro ab initio ad finem sit nescio quomodo tractandus），由此得出“即便魔鬼也有得救之日”的观点。（参看alternative trans. by J. E. L. Oulton and H. Chadwick, p. 304.）

为神时又与自性相一致，所以基督同时是自我和自性，兼具部分与整体。从经验上来说，意识永远不能领会整体，而整体则可能在自我中无意识地出现。这相当于完整或完美（τελείωσις）可能的最高状态。

我在基督形象的二元表现上着墨稍多，这是因为基督通过鱼的象征意义融入了一个看似远离福音书的理念世界里——亦即某个异教起源的世界，其中充盈着繁多的占星术信念，多到令人难以置信的程度。基督诞生于双鱼座移涌之初。我们决不能排除这个可能：有学识的基督教徒知晓公元前7年木星与土星在双鱼座相会。《福音书》也记载了占星术士确实找到了基督的出生之地。然而，双鱼座是个双重的星座。

在圣诞前夕的午夜时分，（按旧时时间算法）当太阳进入摩羯座，处女座则伫立在东方的地平线，紧随其后的是蛇夫座的蛇。占星术上的巧合引起了我的注意，认为“双鱼指的是母子”的观点同样让我着迷。后一种观点有着特别的意义，因为此种关系暗示了双鱼本为一体。实际上，巴比伦和印度占星术只晓得单鱼[①]。随后，这个母亲显然生了一个儿子，像她一样，也是条鱼。相同的事情在腓尼基人德芝多—亚他吉特那里也发生过，她半人半鱼，还有个名叫伊克塞斯（Ichthys）的儿子。也许，“先知约拿的神迹”[②]可追溯到一个更老的传说。这个故事与一位英雄的海上旅程及征服死神有关，在那个夜晚，英雄被一条鱼（“鲸龙”）给吞了，之后又重生。[③]救赎之名约书亚[④]（Yehoshua, Yeshua, 希腊文Iesous）与鱼有关联：约书亚是“嫩”（Nun）的儿子，而“嫩”的意思就是“鱼”。黑德尔（Khidr）的传说中，约书亚，即嫩之子，同

① 即Piscis Austrinus，“南方的鱼”，它与双鱼座相融合，其主星是北落师门。

② 《马太福音》12:39，16:4；《路加福音》11:29f。

③ 参看Frobenius, *Das Zeitalter des Sonnengottes*, 及拙作《转换的象征》，第308段及以后。

④ “耶和华是拯救。”

一条鱼有来往，这条鱼注定被食，但又因生命之泉的一滴水得以重生。[①]

通常，神话里的大母神对她们的儿子是一种威胁。耶利米谈到，在早期基督教中，鱼的象征意义被理解为彼此吞食。[②]南鱼座星群中最大的一颗星名为北落师门，即“鱼嘴”，这个名字也许可在此意义上理解。似乎在鱼的象征意义里，任何可以想到的吞噬性肉欲，都要归因于鱼族。据说，双鱼被描述为“野心勃勃、贪婪好色”，简而言之，它是尘世间虚荣的符号，是俗世愉悦的标记（“凡间享乐”，voluptas terrena）。[③]双鱼的种种劣性源于与母神及爱神——伊师塔（Ishtar）、阿施塔特（Astarte）、亚他吉特（Atargatis）或阿佛洛狄忒——的关系。在黄道十二星座中，维纳斯（金星）非常“强势”。因而，在占星传统和符号历史中，双鱼的这些粗鄙特质总与它们形影不离。[④]但另一方面，人们又认为这里面有一种特别的以及更高的意义。这种提法至少在占星术上基于以下事实：人们认为，出生在双鱼座的人将变成渔夫或水手，且具有捕鱼或驭海的能力。显然，这是猎人与猎物之间原始图腾同一性的再现。巴比伦文化中的英雄俄安内，自己就是一条鱼，而基督教的伊克塞斯则是渔夫的典范。从象征学来说，他实为上帝鱼竿上的钩或饵，上帝用这支杆捕获了利维坦——死神或魔鬼。[⑤]在犹太传统中，利维坦是某种

① 古兰经，第十八章。参看《关于再生》（*Concerning Rebirth*），第244段及以后；及Vollers, “Chidher”, 第241页。

② Jeremias, *The Old Testament in the Light of the Ancient East*, p. 76. 这是一种从未被探索过的角度。

③ Picinellus, *Mundus symbolicus* (1680-1681), Lib. VI. cap. I.

④ Bouché-Leclercq, p. 147.

⑤ 正负性意义的紧密联系可从鱼钩的主题上看出来，圣西普里安说：“犹如一条鱼奔向挂着饵的鱼钩，自己不仅没有抓住钩上的饵，反被拖出大海。同理，司命之人将耶稣的身体夺走使其死亡，但直到他吞食之前，都没有发现神性的鱼钩隐藏其中。因此，那里留下了不变的东西。”

坎特伯雷的史蒂芬（*Stephen of Canterbury*, *Liber allegoricus in Habacuc*, 我未曾找到此书）说：“对欢愉的渴望像诱饵，挂在鱼钩上，但隐形的鱼钩连同鱼饵一起被耗尽。所以，在肉欲里，魔鬼也挂在欢愉的诱饵上，而罪的刺痛却藏在其中。”这方面内容请参阅Picinellus, Lib. VI, cap. I。

圣餐食物，贮藏在天堂中，以备信徒食用。死后，信徒们自己穿上鱼袍。[①]基督不仅是渔夫，也是那条当作“圣餐”被吃掉的鱼。[②]奥古斯丁在其《忏悔录》中说道：“虽则在‘你为信徒所准备的筵席’上还供着捕自水中的鱼；因此水中捕鱼不过为了供养陆地！”[③]圣奥古斯丁所指的正是门徒在以马忤斯（Emmaus）吃的烧鱼（《路加福音》24:43）。我们在《托比特书》（*Tabit*）里，也看到了“疗愈之鱼”的故事：拉斐尔天使帮托比特捕到了那条想吃托比特的鱼，还教他如何制造神奇的“烟”，以驱除鱼心和鱼肝里的恶灵；又教他怎样用鱼的胆汁治愈父亲的失明（《托比特书》6:1ff）。

圣彼得·德米安（St.Peter Damian, 卒于公元1072年）将僧侣描述为鱼，因为所有虔诚的人，都是在“伟大渔夫”的网里跳动的小鱼。[④]在班多廉墓志铭里（四世纪初），信徒被叫作“天国之鱼的神圣后裔”。[⑤]

---

① Scheftelowitz, “Das Fisch-Symbol im Judentum und Christentum”, p. 365.

② 参看Goodenough, Jewish Symbols, V, pp. 41ff.

③ 参看周士良译《忏悔录》。（对奥古斯丁《忏悔录》的引用，悉数参考了周士良译、商务印书馆1963年版——汉译注）

④ “修道院的隐居生活，的确像一个灵魂的鱼塘，鱼儿住在其中”（Picinellus, Mundus）。

一首二世纪的亚历山大赞美诗这样写道：

“得人如得鱼者，得命于我主！
你从罪恶之海而来，
你从汹涌纷乱而来，
用你甜美的生命之饵，
捕获了纯真的鱼。”

（*Writings of Clement of Alexandria*, trans. by W. Wilson, I, p. 344.）参看Doelger, ΙΧΘΥΣ, I, p. 4. 特土良（De baptismo, cap. I）说：“然而，我们这些小鱼，效仿着我们的耶稣基督那样，生在水里。除此之外，再也没有别的地方是安全之所，我们只能永远待在水里。”（Trans. by S. Thelwall. I, pp. 231-32.）迦玛列长老（Gamaliel，一世纪初）的门徒按照不同种类的鱼来取名。（*Abot de Rabbi Nathan*, cap. 40. trans. by J. Goldin, p. 166.

⑤ Pohl, *Das Ichthysmonument von Autun*, and Doelger, I. pp. 12ff.

摩奴（Manu）的鱼是一位救世主，[1]与神话中的毗湿奴相一致，后者有着小金鱼的外形。他恳求摩奴把他带回家，因为他担心被水怪吞掉。[2]之后，他像童话中的人物一般茁壮成长，最后还从大洪水中营救了摩奴。[3]在印度历中第一个月的第十二日，人们把一条金鱼放在一碗水中，并作如下祈祷："上主啊，你在鱼的形体里，拯救了地狱里的吠陀，也一并拯救我吧！Keshare！"[4]德・库贝那提斯（De Gubernatis）及其后的学者曾试图将基督教鱼的象征归因于印度文化。[5]受印度的影响不是没有可能，我们可从希波吕托斯和伊皮法纽的记载中了解到，在基督出现之前，与印度的关系就已存在，早期基督教中也包含有从东方传来的各种灵修流派。不过，没有确凿的证据说明鱼是从印度源起的，因为西方的鱼的象征意义是如此丰富多彩、历史悠久，我们大可将之视为土生土长的符号。

由于双鱼座代表了母子，所以儿子夭折并复活的神话悲剧是不言自明的。双鱼座是黄道十二星座的最后一个，它代表了占星年代的末尾，也代表了一个新起点，这与基督教宣称的万物的开始和结束吻合，也与末世期待，以及在天国在世界末日降临相一致。[6]因此，鱼在占星术上的诸般特征，包含了基督教神话的本质成分。首先是十字架形象，其次是道德冲突以及分裂为基督和敌基督，再次是处女之子的主题，第

---

① "我要拯救你。"《百道梵书》（*Shatapatha Brahmana*, trans. by J. Eggeling, I [i.e., XII], p. 216）。

② De Gubernatis, *Zoological Mythology*, II, pp. 334f.

③ 《百道梵书》（Eggeling trans., pp. 216ff.）。

④ Doelger, I, p. 23. "Keshara" 意指"有许多头发或有很好的头发"，是毗湿奴的别名。

⑤ 同上，pp. 21ff.

⑥ Origen (*De oratione*, cap. 27): "……最后一个月就是一年之尾，此后，另一个月的开端接踵而至。既然好几个时代都已完结了，如同一年完结了一样，当下的时代就是'尾巴'，此后，某些'即临的时代'就会接踵而至。而在后面这些时代里，即临的时代又是开端。而且，在那些即临的年代里，上帝将'在慈爱中展现出他恩典的丰饶'（Eph. 2: 7）"（Oulton/Chadwick trans., p. 304）。

四是传统的母子悲剧，第五是生产时的危险，第六是救世主和治愈者。因此，那如鱼的基督被指派为新的移涌来开启一个新时代的说法，并没有离题。如果这一关系存在，即使在古代，也显然有一个心照不宣的假定，或是被蓄意保密的假定。因为，据我所知，古文献并无证据表明，基督教的鱼的象征意义是源自黄道十二星座的。另外，直到二世纪，占星术证据都无法证明基督与敌基督的对立源于双鱼座的两极对立。因为，从我们援引的材料中可以看出，这一点并未得到任何本质上的强调。最终，如德耳格正确强调的那样，伊克塞斯总是被设想为一条鱼。当然，我们在此必须指出，在占星术解释里，基督仅仅是双鱼之一，另一条鱼的角色则被分派给了敌基督。简而言之，根本没有理由认为，双鱼座的动物“zidion”可以充当伊克塞斯的原型。

相较而言，在异教信仰中，鱼的象征意义扮演着更重要的角色。[①]谢福特雷茨（Scheftelowitz）搜集的犹太文献最为重要。犹太人的“祝福的圣杯”[②]有时装饰着鱼的图案，因为鱼是有福者在天堂里的食物。这个杯子被当作随葬品放在死者的墓穴里。[③]双鱼是分布广泛的墓葬符号。基督教的鱼表现的主要是这层关系。虔诚的以色列人被喻为鱼，他们住在“教义的水中”。在公元100年前后，这个类比是不证自明的。[④]鱼还有弥赛亚的意义。[⑤]根据叙利亚的《巴录的启示录》，利维坦将伴着弥赛亚的降临从海里出现。[⑥]也许，阿盘溪墓志铭中的“巨鱼”与波斯萨珊王朝

---

① 特别要注意在叙利亚地区对鸽子和鱼的崇拜。在那里，鱼同样被当作“圣餐”食物。(Cumont, *Les Religions orientales dans le paganisme romain*, pp. 108-9, 255-57.) 腓力斯的主要神灵被称为大衮（Dagon），源于*dag*，“鱼”。

② τὸ ποτήριον τῆς εὐλογίας: *calix benedictionis*（《哥林多前书》10:16）。

③ Scheftelowitz, p. 375.

④ 同上，p. 3。

⑤ 参看Goodenough, V, pp. 35ff。

⑥ 同时，“比蒙也将从他的地盘现身……而后，他们将成为所有剩余者的粮食。”（Charles, *Apocrypha and Pseudepigrapha*, II, p. 497.）利维坦从海里出现的思想，和《以斯拉二书》13:25的异象也有关系，其中提到“来自海中的人”。参看Charles, II. p. 579, and Wischnitzer-Bernstein, *Symbole und Gestalten der jüdischen Kunst*, pp. 122f. and 134f。

（五世纪）法庭上的宗教争论中提到的“泉中之鱼”类似。此泉与巴比伦的赫拉有关，但在基督教语言里指的是玛利亚，而在东正教和诺斯替派系（《多马行传》）中，又被称作“πηγή”，“泉源”。因而，我们在辛奈西斯（Synesius，卒于公元350年）的一首赞美诗里读到了这样的句子：泉中之泉，源中之源，根中之根，单子之单子，正是你啊。（“Παγὰ παγῶν, ἀρχῶν ἀρχά, ῥιζῶν ῥίζα, μονὰς εἶ μονάδων, κτλ.”）[1]据说，赫拉之泉里还有一条鱼（μόνον ἰχθύν），它由“神的鱼钩”所捕，“可用它的肉喂养全世界的人”。[2]古希腊皮奥夏（Boeotian）的一个瓶子上[3]绘有“兽女”，一条鱼在她的两腿之间，或在她的身体里，[4]想必是她的儿子。虽然在萨珊王朝的争论中，玛利亚的传说被移植到赫拉这里，但是，“泉中之鱼”却不同于基督的象征。这是因为，在基督教象征学里，十字架就是上帝捕获利维坦的鱼钩或鱼饵，[5]利维坦是死神也是魔鬼（“古老的蛇”），但不是弥赛亚。另一方面，在犹太传统中，利维坦的肉是不朽妙药（pharmakon athanasias），也就是谢福特雷茨所说的“弥赛亚之肉”。《塔木德大参议书》指出，“直到人们为了一个残废者去寻鱼时”，弥赛亚才会到来。[6]根据《巴录的启示录》，比蒙与利维坦[7]都

---

① Wirth, *Aus orientalischen Chroniken*, p. 199.

② 同上，pp. 161, 19f.

③ Neumann, *The Great Mother*, ch. 14 and pl. 134.——英编注

④ Eisler, *Orpheus -- The Fisher*, PI. LXIV.

⑤ 见《心理学与炼金术》，插图28。

⑥ Scheftelowitz, p. 9; from the Talmud *Nezikin* VI, Sanhedrin II (*BT*; p. 662). 参见班多廉（Pectorios）墓志铭中的ἐσθίε πινάων，supra, p. 89n.

⑦ 摩西·迈蒙尼德（Moses Maimonides）的一篇文章（*Guide tor the Perplexed*, trans. by M. Friedlander, p. 303）是对利维坦的解析。科奇麦尔（Kirchmaier, *Disputationes Zoologicae*, 1736, p. 73）援引如下：“说到这些相同的事物，拉比摩西·迈蒙尼德指出，利维旦拥有一种（万能的）联合力（*complexum generalem*），能将不同动物身上的特性联合在一起。”虽然这位理性主义作家将该理念斥责为“毫无价值”，但它暗中为我提示了一种“万有引力之灵”的原型（complexum generalem）。

是圣餐食物。这些内容都被刻意忽略了。就像我在别处[①]解释的那样，耶和华的两个史前怪物似乎代表了一种对立，一个无疑是陆地动物，而另一个则在水中。

自古以来，不仅是犹太人，就连整个近东地区，都把一位杰出人类的出生视同某颗星辰的升起。因此，巴兰（Balaam）预言道（《民数记》24:17）：

我看他却不在现时，

我望他却不在近日。

有星要出于雅各……

对弥赛亚的盼望总与某颗星辰的出现相关。据《光辉之书》说，吞掉约拿的鱼死了，但三日后又复活，并把约拿吐了出来。“我们要通过鱼，找到一种适合全世界的妙药。”[②]此文献是中世纪的，但出自可靠的来源。按照谢福特雷茨的观点[③]，阿盘溪墓志铭中“从泉源而来的巨大[④]而纯真的鱼”一定是利维坦。正如谢福特雷茨引用塔木德文献相关篇章所指明的，利维坦不仅是最大的鱼，也被认为是最纯真的鱼。这种关联让人想到载于《波斯杂录》[⑤]中的“仅存之鱼”（εἷς μόνος ἰχθῦς）。

---

① 《心理类型学》（1923 edn., pp. 333ff.）。

② Scheftelowitz, p. 10. 参看《马太福音》12: 39，16: 4，其中，基督视先知约拿的神迹为弥赛亚时代的神迹，并视之为自己命运的预兆。亦参见Goodenough, *Jewish Symbols*, V, pp. 47ff。

③ Pp. 7f.

④ Παμμεγέθης.

⑤ Τὰ ἐν Περσίδι πραχθέντα (Wirth, p. 151).

第九章
鱼的矛盾象征

根据叙利亚的《巴录的启示录》（29:1及以后），弥赛亚到来之前的时间分为十二段，弥赛亚将在第十二段里出现。把时间分割为十二份意指黄道十二星座，双鱼座就是第十二个星座。到时，利维坦将从海里出现。“两个巨大的海怪，是我在造物的第五日所创；我把它们存下来，到时候给剩下的人当食物。”[①]因为比蒙确实不是海兽，而是像一则圣经注释说的那样“在千山上牧养的”[②]。所以，上述的两个“海怪”必是利维坦的复本。而且，他事实上还分着性别，因为该物种有一雌一雄。[③]《以赛亚书》27:1中也有相似的说法：“到那日，耶和华必用他刚硬有力的大刀刑罚利维坦，就是那快行的蛇，刑罚利维坦，就是那曲行的蛇，并杀海中的龙（拉丁文圣经中为鲸鱼）。”中世纪炼金术中也有一个版本：两蛇相斗，一蛇有翼，一蛇无翼。[④]在《约伯记》里，利维坦只身出现，潜在的对立性显露在他的对应物比蒙上。梅耶的一首诗描述了二怪的末日之战，他们在彼此争斗中战死。随后，耶和华把他们剁成块，给虔诚者作食物。[⑤]这种想法也许和古犹太人的逾越节

---

① Charles, II, p. 497, 有修改。

② *Midrash Tanchuma*, Lev. 11:1 and Deut. 29:9; cited in Scheftelowitz, pp. 39f.

③ Talmud, *Nezikin* III, Baba Bathra (BT, I, p. 296). 雌的利维坦已被耶和华杀死，用盐腌了，并保存到末日。而雄的则被他阉割，以防他们繁殖子嗣，殃及尘世。

④ 一种典型的对立。参看《易经》第二卦上六的战龙于野（Wilhelm/Baynes trans., I, pp. 14-15）。

⑤ 参看*Midrash Tanchuma*.

有联系，此节的庆祝时间在阿达尔月，即“鱼之月”。尽管后来的文献中，利维坦有着不同的版本，但在最初时，很可能只有一个利维坦——年代久远的乌加里特（Ugarit）文献可以（公元前2000年）证实这一点。维洛德（Virolleaud）给出了如下翻译：

Quand tu frapperas Ltn, le serpent brh

Tu achèveras le serpent ‘qltn,

Le puissant aux sept têtes.

维洛德评论道：“值得注意的是，*brh*和*‘qltn*两个形容词，描述了《以赛亚书》27:1里的那种格外危险的蛇，我们称之为利维坦，希伯来语为*Liviatan*。”[①]同样是在这一段中，有一副巴力（Baal）和利特（Ltn）蛇[②]打斗的画面，此景特别之处在于：冲突发生在神灵与怪物之间，而非两个怪物之间，和后来的情况一样。

我们从利维坦的例子中可以发现，与至高上主敌对，并与自己的阴影（其邪恶面的化身）对立起来之后，“巨鱼”是如何渐渐分裂成对立的两半的。[③]

随着怪物分裂为新的对立两方，它与上帝最初的对立退居其次。现在，此怪与自己冲突，或是与其对等的怪物（譬如利维坦与比蒙）冲突。这样，上帝内在的冲突被解除了，现在变成了外在的对立——两个敌对的怪物兄弟。根据谢福特雷茨引用的证据，在后来的犹太传统中，利维坦（《以赛亚书》中）与耶和华搏斗，渐渐变得“纯洁”起来，并且被当作“圣餐”食物吃掉。结果，如果谁想要从这一线索追溯伊克塞

① “Note complémentaire sur le poème de Mot et Akeïn”, p. 357.

② Virolleaud, “La légende de Baal, dieu des Phéniciens”, p. ix.

③ 或许，这一心理发展可在摩西·迈蒙尼德的观点中看到，他写道：《约伯记》（第41章）里，耶和华“花了最长时间来思考利维坦的本性，此物拥有多种兽类身体特性的联合，既包括飞禽走兽，也包括水栖动物。”（Guide tor the Perplexed, p. 303）。照这样说，利维坦是一种超兽，正如耶和华是一种超人。

斯的象征，如鱼的基督就会出来代替利维坦。这个怪物般的兽，有着悠久的传统，却只沦为死神或魔鬼的属性。

这一分裂与阴影的双重性相符合，通常可在梦中观察到它。在梦里，裂开的两半显出不同的形象，甚至是敌对的形象。当有意识的自我人格未包含一切本可包含的内容和成分时，这种情况便会发生。随后，部分人格分裂，通常还会与无意识阴影相混合，二者合成一个双重的——也常是敌对的——人格。倘若将此经验从实际心理领域应用于我们正在谈论的神话材料中，便可发现：上帝的怪物敌手之所以显出二重性，是因为上帝的意象不完整，没有包含在逻辑上应该包含的一切。利维坦是一种似鱼的造物，它原始而冷血，住在海洋的深渊里；比蒙则是一种热血的四足兽，大约长着牛的模样，在山间漫步（至少在稍晚的传统中如是）。因此，比蒙之于利维坦，好比更高更优者之于更低更劣者，颇似炼金术中的有翼龙和无翼龙。一切有翼的生命都是“易变的”，也就是蒸汽和气体，换言之就是精气。就像奥古斯丁说基督鱼“捕自水中”[①]，《以斯拉二书》13:22及以后也说“人”像一阵风那样从大海而来。基督的外形由老鹰和狮子的模样预示出来，他兽形的象征曾让先知大为讶异，这就好像比蒙让约伯丧胆一样。捕自水中的鱼，与利维坦有着隐秘的联系：他恰是引诱利维坦上钩的饵。此鱼也许是巨鱼的复本，并代表了它精气的面向。显然，利维坦拥有这一面向，因为他和伊克塞斯一样，都是圣餐食物。[②]显然，此双重性代表一种有意识的认知活动，我们可以从《约伯记》26:12中，得知这一点。耶和华“借知识”（*tebūnā*）打伤拉哈伯（Rahab）[③]。海怪拉哈伯和迪亚马特（Tiamat）[④]

① 《忏悔录》，周士良译，第308页。——汉译注

② 参看Goodenough, V, pp. 51ff。

③ 拉哈伯：或作喇合，巴比伦神话中原始的混沌之海的支配者。——汉编注

④ 迪亚马特：巴比伦神话中的混沌母神，生出很多神明。她的儿孙辈神要她让出众神之主的宝座，遭到她的顽强抵抗。最终，她的孙子，最为勇猛的神马杜克向迪亚马特的口中灌北风，而使她分裂。——汉编注

是姊妹，马杜克（Marduk）向迪亚马特填充“北风”（Imhullu），迪亚马特因此裂成碎片。[①]词语*tebūnā*来自*bīn*，是“分开、分裂、分离”的意思——换句话说就是区别，而这正是有意识认知的基础。[②]在此意义上，藉由同化和人格化，利维坦和比蒙代表了意识的发展阶段。此鱼经由变成热血四足兽，然后变为人类。同时，就弥赛亚变成基督教中三位一体的第二位格而言，人的形象从鱼中分裂而出，则暗指了上帝的道成肉身。[③]故此，先前在上帝意象中漏掉的东西，恰是人的元素。

犹太传统中鱼的角色，也许与叙利亚腓尼基的阿塔伽神（Atargatis）的鱼崇拜有某种关联。她的庙里有池子，池中有神圣的鱼，这些鱼不准人触碰。[④]与此相似的是，庙里有吃鱼的用餐仪式。居蒙（Cumont）说：“这一崇拜和习俗皆源自叙利亚，或许还促使基督教时代中耶稣鱼的象征的产生。”[⑤]在利西亚，人们崇拜圣鱼奥佛（Orphos）或道佛（Diorphos），此鱼乃是密特拉神与“圣石”（即西布莉, Cybele）之子。[⑥]这种神灵，被希腊人称作伊克塞斯，是我们提过的那些闪米特鱼神的变体，比如，俄安内、巴比伦的嫩、大衮（Dagon）、阿多尼斯（Adonis）。鱼的祭品，曾献给迦太基的坦尼特（Tanit），也曾献给巴比伦的埃阿（Ea）和妮娜（Nina）[⑦]。鱼的崇拜也可在埃及寻得踪迹。埃及的祭司禁止食鱼，因为鱼被认为与提丰的海水一样，是不洁的。普鲁塔克说道：“杜绝一切海鱼。”据亚历山大的革利免说，赛伊尼（Syene）、埃利潘蒂尼（Elephantine）和俄克喜林库斯（Oxyrhynchus）[⑧]的

---

① 分裂的主题与炼金术中的穿透（penetration）和穿孔（perforation）很接近。又见《约伯记》26:13：“他的手刺杀快蛇”。

② 对此，我得感谢Riwkah Schärf博士。

③ 参见《以斯拉二书》，是一份写于一世纪末的犹太文献。

④ Cumont, *Les Religions orientales*, p. 255.

⑤ 同上，pp. 108-109, 256.

⑥ Eisler, Orpheus—The Fisher, p. 20.

⑦ 坦尼特、埃阿和妮娜均为女神。——汉编注

⑧ 赛伊尼，罗马尼亚城镇；埃利潘蒂尼，尼罗河旁边的小岛；俄克喜林库斯，古埃及的上埃及城市，名字源于尼罗河中的一种鱼，下文中提到了这种鱼。——汉编注

居民，都崇拜鱼。普鲁塔克说，[①]曾有这样一种风俗：人们在第一个月的第九天，在家门前吃一条烧鱼。德耳格则认为，这个风俗为基督教里圣餐食鱼奠定了基础。[②]

人们对鱼的矛盾态度，暗示出鱼的双重本性。一方面，它是不洁的，是仇恨的符号；而另一方面，它却是人们敬奉的对象。更有甚者，若我们从后期希腊风格的石棺绘来判断，鱼似乎被视为灵魂的象征。木乃伊躺在一个狮形棺材上，棺材下面摆着四个卡那瓶，瓶盖代表了何露斯的四子，三者为兽头，一者为人头。木乃伊之上，漂浮着一条鱼，[③]而不是通常可见的灵魂之鸟。从绘画中可以清晰地看出，这种鱼是俄克喜林库斯或鲃，是最受人憎恶的三种鱼之一。据说，奥西里斯（Osiris）被提丰（赛特）肢解后，此鱼就吞食了他的阴茎。[④]鲃曾是提丰的祭品，而提丰正是“灵魂中易怒冲动、无理好斗的那一部分”。[⑤]因为鱼的贪婪，中世纪曾将其作为罪人的讽喻。[⑥]所以，鱼在埃及的灵魂象征意义愈发显著。同样的矛盾在提丰或赛特的形象中也有体现。后来，提丰（赛特）成了死神、毁灭之神及沙漠之神，还狡诈地与哥哥奥西里斯作对。不过在更早的时候，他与何露斯走得很近，也曾是死神的朋友和帮手。据一份金字塔文献记载，他和哈默迪（“老何露斯”）帮着奥西里斯登上天堂，天堂的地板上有一块铁盘，铁盘离山顶非常近，人可以顺着梯子爬到天堂去，铁盘的四角由四根柱子支撑着，对应着东南西北四个方向。在佩比一世的金字塔文献里，有一首献给“孪生神之

---

① De Iside et Osiride, cap. VII (Babbitt trans., V, p. 19).

② ἸΧΘΥΣ, I, p. 126.（《路加福音》24:42）。

③ Spiegelberg, "Der Fisch als Symbol der Seele," p. 574. 参看Goodenough, V, fig. 9, 在此，木乃伊以一条鱼的外形呈现。

④ 在整个埃及，俄克喜林库斯鱼都被视作圣物。参看Budge, *The Gods of the Egyptians*, II, p. 382; Plutarch, *De Iside*, cap. XLIX (Babbitt trans., V, p. 19)。

⑤ 同上。（pp. 120f.）.

⑥ Picinellus, *Mundus symbolicus*, Lib. VI, cap. I.

梯”的颂歌；有关乌纳斯（Unas）[①]的文献也说道：“乌纳斯来到其父拉为他制造的梯子上，何露斯和赛特携着乌纳斯的手，把他引到图瓦特（Tuat）。”[②]别的文献显示，哈默迪和赛特互生敌意，因为他们一个是昼神，一个是夜神。“赛特”的象形文字中有一个义符，即石头的符号，或是未经确认的长耳赛特兽形。从有些绘画中可以看出，哈默迪和赛特的脑袋从同样的躯体里长出来，由此可见二者代表对立同一性。布奇（Budge）说：“在早期朝代里，哈默迪的属性有着某种程度的改变，但总与赛特的属性相对，不管我们是否将二神拟人化，它们都是本性的两股力量：光与暗、昼与夜、宇宙与混沌、生与死、善与恶。”[③]

这对神灵代表了奥西里斯——更高的神——之内的潜在对立，就像比蒙和利维坦同耶和华的关系那样。值得注意的是，对立体不得不为着共有目的合作，帮助那一位神，奥西里斯，达到神圣的四元体。何露斯的四子将四元体拟人化地表现出来：墨萨（Mestha）、哈碧（Hapi）、杜米特夫（Tuamutef）、奎本汉穆夫（Qebhsennuf）。[④]据说四人住在“北方天堂的大腿后面”，即赛特的大腿后面，而赛特的座位就在大熊星座的星丛当中。何露斯的四子是赛特的敌人，但他们又与赛特联系紧密。他们就像支撑着铁盘四角的天堂四柱。由于三子常以兽首示人、一子以人首示人，我们便可在以西结的异象中，寻到相似的表述。象征四位福音书作者的（三兽一天使）小天使形象，正是源于此[⑤]。以西结还说（1:22）：“活物（基路伯）的头以上有穹苍的形象，看着像可畏的水

① 乌纳斯：古埃及第五王朝最后一位法老。——汉编注

② Budge, II, pp. 241f. 参看基督在摩西和以利亚面前变容（马太福音17:4），又见《皮斯蒂斯·索非亚》中的“双生子救世主”。

③ Budge, II, p. 243.

④ 何露斯四子中，墨萨是死者肝脏的保护者；哈碧为死者肺的保护者；杜米特夫为死者胃的保护者；奎本汉穆夫为死者肠的保护者。——汉编注

⑤ 《但以理书》3:25也许与此有关：三个人身处烈火的窑中，又来了第四个人，一位“神子”。

晶，铺张在活物的头以上。”并说（1:26）：“在他们头以上的穹苍之上有宝座的形象，仿佛蓝宝石，在宝座形象以上有仿佛人的形状。”

由于以色列与埃及的紧密联系，诸多象征可能混合在一起。但非同寻常的是，在阿拉伯传统中，天极附近的地区呈现出鱼的形式。可奎万尼（Qazvini）说：“天极映入眼帘。环绕在它周围的，是更小的“*Benat na'sh*”[1]和暗淡的星辰。它们共同形成一幅鱼的图景，而天极就处在中央。”[2]也就是说：在古埃及代表着赛特之地，以及代表着何露斯四子住所的天极，可以说是包含在一条鱼的身体里。据巴比伦传统，安努（Anu）的座位在北方天堂；相应地，至高神、世界的造物主和摄理人马杜克，他的座位就在天极。《造物史诗》（*Enumu Elish*）这样评论他：“他配置了苍穹中星辰的运作，就像牧羊一般牧所有神灵。”[3]

黄道的北点是火界（既是炼狱，又是安努天空的入口）。因此，在尼普尔城（Nippur），围绕着塔建立的庙宇的北角名为“*kibla*”（祈祷朝向）。相似的是，塞巴人（Sabaeans）和曼达派信徒（Mandaeans）在祈祷时，也会朝向北方。[4]就此，我们还可以谈一谈密特拉教的圣餐仪式。密特拉神最后以这种面貌示人：“握着公牛崽的金肩。这是大熊星座的星丛，它在天道中运转盘旋”。文献对这位神的火性特征，有着不计其数的描述，而此神显然来自北方。[5]

这些巴比伦理念强调了北方的重要性，这样我们就更容易理解，尽管北方是恶的发源地，但以西结看到的上帝异象还是来自此方向。在原始的上帝观念里，对立面同时存在是寻常之事，因为上帝不是反思的

① 字面意思是“棺材的女儿”，大概意指走在棺材之前的服丧的妇人。参看Ideler, *Untersuchungen über den Ursprung und die Bedeutung der Sternnamen*, p. 11.

② 同上，p. 15.

③ Jeremias, p. 22.

④ 同上，p. 33.

⑤ Dieterich, *Eine Mithrasliturgie*, pp. 8ff.

对象，而只是不证自明的存在。然而，在有意识的反思层面，对立面同时存在则成了一个大问题，我们只好尽量避而不谈。正因为如此，基督教义里魔鬼的位置才会如此棘手。当这样的隔阂存在于我们的集体理念中，并支配着我们有意识的倾向时，我们就可以判定无意识里的补充物品——更确切地称为补偿性发展——绝对存在。这些补偿性理念可见于炼金术思想。只要我们提到炼金圣士（adept），不能认为这类理念仍然完全是无意识的。他们或多或少地在有意识地恢复原始的上帝意象。因此，他们能提出这样骇人的悖论：上帝的爱在地狱之火中发光。[①]而这无非是基督教上帝的概念的新形式，只不过涉及地狱代表的一切事物。受炼金术和卡巴拉双重影响的雅各布·伯麦，第一个设想出上帝的吊诡意象。在此意象中，好的方面和坏的方面同属神圣的存在，这可与罗马的革利免之见相提并论。

古代史给了我们一幅分裂的北方图景：它是至高神灵的宝座，也是敌手的地盘；它是人们祈祷的朝向，也从那儿吹来一个邪恶的精气，即阿库伊罗，“一个被理解为邪灵的名字”[②]；最后，它既是世界的中心，又是地狱。因此，克莱尔沃的圣伯纳德（Bernard of Clairvaux）呼路西法：“你倔强地为北方而努力吗？你爬得越高，跌得越快。”[③]诺查丹玛斯的“北方君王”必须借由这段内容来理解。同时，我们可从圣伯纳德的话中清楚知道：路西法努力达到的权力的高度，依旧与北方有关联。

---

① 参看《心理学与炼金术》，段446。

② Garnerius, in Migne, *P.L.*, vol. 193, col. 49.

③ *Tractatus de gradibus superbiae*, in Migne, P.L., vol. 182. col. 961.

第十章 炼金术中的鱼

1. 水母

既是医师又是炼金师的诺查丹玛斯，必然了解炼金术，因为这主要是一门医师研究的学问。鱼象征着神秘物质，还象征着石，他对此是否了解尚待考证。不过，他极可能读过炼金术的经典。其中，最具权威性的一部便是《哲人汇编》（*Turba philosophorum*），该书很早（十一世纪到十二世纪）就从阿拉伯文翻译为拉丁文。大约在同时或稍晚，此书的附录也被翻译出来，即“Allegoriae super librum Turbae”，“Allegoriae sapientum supra librum Turbae XXIX distinctiones”，[①]“Aenigmata ex Visione Arislei”和“In Turbam philosophorum exercitationes”。《哲人汇编》与《翠玉录》（*Tabula smaragdina*）属于相同的思想领域，因此，《哲人汇编》是一部后希腊风格的作品，由阿拉伯人——也许主要经由哈兰（Harran）的新柏拉图学院［塔比・伊本・库拉（Thabit ibn Qurrah）及其他学者组成］，该学院在十一世纪初曾活跃一时——传到我们手上。[②]保存在这些论文中的理念是“亚历山大学派式的”，同时，种种配方——尤其是那些在（*Allegoriae super librum Turbae*）。中所阐述的——严格遵循着《希腊魔法文书》（*Papyri Graecae Magicae*）[③]的精神和用字。

---

① 和其他论文一样，这篇论文没有同《哲人汇编》一起出版，但它似乎属于同一类目。第二十八节载有“Dicta Belini”（Belinus=Apollonius of Tyana）。

② 参看Ruska, *Turba Philosophorum*。

③ 参看Preisendanz的版本。

现在，这些寓言[①]成了我们了解鱼在炼金术中的象征意义的最早资料。因此，我们可以认为炼金术的鱼[②]出现得相当早——无论如何也要早于十一世纪。其间并没有什么迹象显示出这里面有基督教的源头。不过，这并不妨碍鱼成为“石”的象征，起初它代表神秘物质，然后发生了转化。而“石”这一术语代表着“原初物质”（Prima materia），也代表着此过程的最终产品。它的名字多种多样，如“哲人石”、“不老药”（elixir vitae）、“哲人之金”（aurum nostrum）、“婴儿”（infans）、“孩童”（puer）、“哲人之子”、“雌雄同体”（Hermaphraditus）等。这里提到的“子”，就如我在其他地方所说的，曾被类比为基督。因此，炼金术中的鱼沿着一条迂回的路，获得了象征救世主的尊荣。其父是上帝，其母却是上帝的智慧，或是守护处女座的水星。与石不同，“哲人之子”（或寰宇之子）代表的只是自性，我已对它的各种属性和特性进行过详尽的检视。

最早提到鱼的文献如此记载：“在海里有一种圆形的鱼，没有骨头和皮质，它自身的肥腻有一种奇特的用途。如果用慢火烹调，直到脂肪和湿气无存……它身体就会充盈着海水直到发光。”[③]另一篇较晚的同类论文《哲学之谜》（Aenig mata philosophorum）重现了这个配方。[④]在这篇文章中，“piscis”变成了“pisciculus”，而“lucescat”变成了“candescat”。二文的共同之处在于对此配方下的讽刺性结论：citrinitas

---

① *Artis auriferae* (1593), I, pp. 139ff.; Theatrum chemicum, V, pp. 64ff; and Manget, *Bibliotheca chemica curiosa* (1702), I, pp. 457ff., 494ff.

② 我并不打算把鱼说成技术上的炼金材料，鱼在这方面的用途，连希腊炼金师都知道。我想说别的东西，比如“沙氏营造法”（Berthelot, Alch. grecs, V, viii, 5），此法用于制造“圆形的珍珠”。过去，鱼胶常被用作一种粘着剂。

③ “Allegoriae”, in Art. aurif., I, p. 141: “Est in mari piscis rotundus, ossibus et corticibus carens, et habet in se pinguedinem, mirificam virtutem, quae si lento igne coquatur, donec eius pinguedo et humor prorsus recedit ... et quousque lucescat, aqua maris imbuatur.”

④ “Aenigmata”, in Art. aurif., I, p. 149.

（xanthosis，“黄化”）一出现，“哲人的洗眼剂[①]（*collyrium*）就成形了”，他们若用此洗涤眼睛，便可轻易理解哲理的秘密。

这种圆形的鱼显然不是现代意义上的鱼，而是无脊椎动物。在中世纪拉丁语里，没有骨头和“皮质”的物种指的是一种贻贝或软体动物。[②]总之，它是海里某种圆形的有机体，大概是一种钵水母或海蜇，它们在古时的海洋里大量存在。这种鱼游动起来就是无缘膜水母。这种水母的身体是辐射状构造，呈圆形的钟状或盘状，常被四个正辐和四个间辐分作八个部分（其夹角可能又被辐板一分为二）。和所有的刺胞动物[③]或刺体[④]一样（钵水母隶属此类），无缘膜水母长着触角，这些触角包含刺细胞或刺丝囊，用来向猎物放毒。

上面的引文说，当把“圆形的鱼”用慢火加热或烹饪时，它会“开始发光”。换句话说，有热量出现，便会有可见的光。这暗示着该配方的作者要么受到普林尼（Pliny）[⑤]本人的影响，要么受到其他承袭相同传统的人的影响。普林尼说，鱼——海洋之星，“*stella marina*”——困惑了好几个伟大的哲人。[⑥]据说，这种鱼是滚烫的，仿佛火那样燃烧，吞噬着海里触到的一切。[⑦]在说“海洋之星”[⑧]时，普林尼用和说海蜇一样的口吻[⑨]：它们在海面上自如游动，[⑩]且后者火性旺盛，用一

① 洗眼剂：eyewash，也有无稽之谈的意思，此语双关。——汉编注

② 见du Cange, *Glossarium ad scriptores mediae et infimae latinitatis*, s.v. “cortex”。

③ 源自κνίδη, urtica, “荨麻”. Hence Pliny’s “sea-nettle” (*Hist. nat.*, XXXII, xi, 53)。

④ 源自νῆμα, “细线，触角”。

⑤ 普林尼（约公元23~79），又称老普林尼，古罗马的百科全书式的作家，以著作《博物志》著称。——汉编者注

⑥ Caussin (*Polyhistor symbolicus*, 1618, s.v. “stella”) cites Aristotle as a source.

⑦ *Hist. nat.*, IX, 60. Cf. trans. by Rackham and Jones, III, pp. 346-48.

⑧ 这可能是一种海星，因为普林尼说它有着坚硬的外体。

⑨ *Hist. nat.*, XVIII, 35.

⑩ 同上，IX, 47 (Rackham/Jones trans., III, p. 220).

根棍棒擦一擦它，棍棒立即可作火把。由此可见，作者在动物学上的区分不甚严谨，或许把“鱼”和“海蜇”混为一谈了。不过，这或许是因为，中世纪存在一种热望，力求拼命抓住传说中“海星”的象征。尼古拉·科森（Nicholas Caussin）将此“鱼”当作海星来描述。他说，这种动物产生了太多的热量，因此，它不但把自己碰到的一切点燃，还为自己把食材煮熟。所以，它意味着“压不住的真爱力量”（veri amoris vis inextinguibilis）。[①]

在现代人眼里，这样的解释看起来相当怪异。不过，在中世纪，“所有易腐的事物不过是一个比喻”[②]。确实如此：一切转瞬即逝的事物，不过是圣剧的一种象征，这对现代人而言几乎毫无意义。皮西尼斯（Picinellus）以相同的方式对鱼作了解释，唯一不同的是，他的解说更为淋漓尽致。他说道：“鱼在水里永远保持灼热，无论它触到什么，那东西都会变热，还会迸出火花。”这发光的是一团火——圣灵之火。他援引了被他奉为权威的《德训篇》48:1，[③]并提及圣灵降临节的“火舌”奇迹。“海洋之星”之火虽处水中却不熄灭的奇闻，让他想到“圣恩之举”（divinae gratiae efficacitas），后者点燃了沉浸于“罪海”之中的心灵。出于同样的原因，鱼意味着善行与圣爱，如《雅歌》8:7所说的：“爱情，众水不能熄灭，大水也不能淹没。”于是，皮西尼斯推测，鱼从诞生起，便自行将一种光辉四散传播，因此，鱼是一种宗教的标记，信徒借其光辉而存。

如《雅歌》的引文所示，对炽热海星的解析引出了它与世俗之爱的关联。皮西尼斯甚至说道，海星是“爱人之心的象形字”，就连整个海

---

① *Polyhistor symbolicus*, p. 414.

② 原文为德语：alles Vergängliche ist nur ein Gleichnis.——汉编注

③ “先知以利亚站起来，犹如一把火；他的话燃烧得像个火炬”（DV）。

洋都无法熄灭其热情，无论爱人的爱是神圣的还是世俗的。他还矛盾地说，此鱼虽然燃烧，却未发光。又引用大巴西流的话说："在你的脑海里设想一个深井，黑暗至极，有火无光，虽有让一切燃烧的能力，却没有一点光芒……这描述的正是地狱之火。"[①]此火是"欲望"，是"淫荡的火花"（scintilla voluptatis）。

奇怪的是，中世纪的符号学者对同一个象征竟常给出截然相反的解释，全然没意识到存在一种意义深远的、危险的可能性：象征的两极性暗示了对立面的同一性。因此，我们可以在炼金术中发现，一些观点主张上帝在这种地下或水下的火里自行"发光"。[②]比如，文章*Gloria mundi*[③]中说道：

哲人说，火或生石灰生长在树上。在此火中，上帝自行发出圣爱之光……同样地，关于火的艺术，自然之主说道：水星将被分解……凝固在不能熄灭的火中或活火中，上帝自己与太阳一起在圣爱中发光，以安慰所有人；同时，若无此火，该学问永远不能达到完美。这哲人之火，也正是他们一直隐匿起来秘而不宣的……这是上帝在世间创造的最高尚的火，它有千种价值。老师总说上帝已赋予这些事物德性和效能……神性自身与此火相混合。在地狱里，此火被净化，就像

① *Homilia in Ps*. 33, in Migne, *P.G.*, vol. 29, col. 371.

② 这让人想起雅力士流（Arisleus）的异象：住在海底玻璃屋中的哲人，遭到了酷热的巨大折磨。（*Art. aurif.*, I, pp. 146ff., and Ruska, "Die Vision des Arisleus", pp. 22ff.）

③ *Mus. herm.* (1678), pp. 246f. *Gloria mundi*是一份匿名论文，我们也不清楚它最初是不是用拉丁文写成。据说，它首次以德语出版于1620年。我只知道，它最早在十七世纪的论文中被提及。人们很看重它，也认为它极具危险。在*Theatr. chem.* (1661)，第四章第513页及以后，有一段提醒读者的长篇引文："我希望此书的所有读者，出于对耶稣基督的爱，都得到如下的告诫和恳求：请将这门学问藏起来，别让那些自大虚荣、不公平地压迫穷人的人、得意者、俗人、嘲笑者、蔑视者、诽谤者，等等这些一无是处的人看到。如果要让他们逃过上帝的愤怒，并逃过上帝常施于专横者与亵渎者的惩罚，就不要让这门学问沦落到他们的手上。"

涤罪。[①]

此火是“不能熄灭的”。“哲人将此火称为圣灵之火”[②]。它把水星和太阳联合起来，“使三者合一，任何人类都无法将之分离”[③]。“正如圣父、圣子和圣灵的三者联合，（亦即）三个位格中的三位一体，还存有一个独一无二的真实上帝，因此火也联合了这三样东西：身体、灵性和灵魂，亦即太阳、水星和灵魂”[④]。“在这隐形的火中，艺术的奥秘秘而不宣，就好像圣父、圣子和圣灵，虽在三个位格中，却又真的包含在同一本质里那样。”[⑤]此火“既是火又是水”。哲人叫它“活火”是为了表示对上帝的尊敬，上帝“把自己混合在活水之中”。[⑥]

另一篇论文说，水是“一切宝藏的庇护所和所在处”[⑦]。因为它中间有“希诺姆谷（Gehenna）[⑧]的火”，“在其自身的存有中，包含了世界的发动机”[⑨]。此火由“原动者”引起，又受星辰的影响而点燃。它永不

---

① “Recipito ignem, vel calcem vivam, de qua Philosophi loquuntur, quod in arboribus crescat, in quo (igne) Deus ipse ardet amore divino.…Item, Naturalis Magister ait ad artem hanc de igne, Mercurium putrefaciendum…et fixandum in igne indelebili, vel vivo, quo in Deus ipse ardeat, sed cum sole in amore divino, ad solatium omnium hominum; et absque isto igne ars numquam perfici poterit. Item, ignis Philosophorum quem occultatum occlusumque illi habent.… Item, ignis nobilissimus ignis est, quem Deus in terra creavit, millenas enim virtutes habet. Ad haec respondet didascalus quod Deus tantam virtutem efficaciamque tribuerit…ut divinitas ipsa cum hoc igne commixta siet. Et iste ignis purificat, tamquam purgatorium in inferno…”

② “Philosophi hunc ignem Spiritus Sancti ignem appellant.”

③ “… adeo ut omneis tres, una res fiant, quas nemo separaturus siet.”

④ “Pari modo quo in hisce tribus sese uniunt, Deus pater, Deus filius et Deus spiritus sanctus, S. S. Trinitas in tres personas et tamen unicus verus Deus remanet; ita quoque ignis unit hasce tres res: utpote corpus, spiritum et animam, hoc est, Solem, Mercurium et Animam” (p. 247).

⑤ “In igni hoc invisibili artis mysterium inclusum est, quemadmodum tribus in personis Deus Pater, Filius et Spiritus S. in una essentia vere conclusus est” (p. 248).

⑥ “... qui seipsum sese in vivam aquam miscet” (p. 247). 可能来自毕士大（Bethesda）池的“动”水（《约翰福音》5:2）。

⑦ “Occultatio et domicilium omnis thesauri.”

⑧ 希诺姆谷：圣经中的地名。《列王纪》下 23：10称，在耶路撒冷城外，古希伯来人在此虐杀儿童，以祭火神摩洛。——汉编注

⑨ “Continens hanc machinam Mundi in suo esse.”

停止它的宇宙运动，持续不断地发着光，因着“天上之力的影响”。[1]

它是一种“不自然的”火，“与本性相悖”。它让身体受折磨，它本身就是“犹如地狱之火般熊熊燃烧的”龙[2]。寓于本性中的生命之灵——芳藤（Phyton），拥有双重方面：有着恶魔的形态，即地狱之火，又从中为一场地狱式的沐浴做好了准备。亚伯拉罕·伊立萨（Abraham Eleazar）的论文，将芳藤说成一位“神”。[3]

据维吉涅尔（Vigenere）说，火有四种面貌，而非两种。一是纯概念形态，全是光；二是神圣形态，分享着热与光的特质；三是自然元素形态，与低层世界相关，混合了光、热与激情（ardor）；最后，是恶魔的形态，与纯概念形态相反，虽灼热、燃烧，却没有光。[4]在此，我们又遇到了古人关于火的四元体联想，这就像埃及人设想的赛特及何露斯四子，[5]就像以西结那北方火域的异象。不过，要说维吉涅尔在此联想中参考了以西结，那是万万不可能的。[6]

在菲勒里西斯（Philalethes）[7]的著作*Introitus apertus*里，这种神秘的物质被命名为“钢”（chalybs）。他说，这是“金的原质”（auri minera），“是我们工作的真正钥匙，没有它，也就没办法点燃灯火”。“钢”是一种“极纯的灵”，一种“神秘的、恶魔般的，而且反复无常的火”，[8]是

---

① Sendivogius, “Novi luminis chemici”, *Mus. herm.*, p. 607.

② Ripley, “Duodecim portarum”, *Theatr. chem.*, II, p. 128.

③ *Uraltes Chymisches Werk* (1760), pp. 79 and 81.

④ “De igne et sale”, *Theatr. chem.*, VI. p. 39.

⑤ 只要想到哈默迪与赛特有着一身二首，那么这四子则同样是赛特的儿子。

⑥ 就我能想到的来说，自发出现在梦里的四元体象征，总是在暗指“总体”或自性。大体上，火意味着人类本性中的激情、情感、欲望以及由强烈情绪引发的驱力，也就是术语“力比多”可以解释的一切。（参看《转换的象征》，第二部分，第二、三章）炼金师把四元体的本性归于火，这就等于说自性是能量之源。

⑦ 菲勒里西斯：十七世纪的炼金家。——汉编注

⑧ 地狱之火与魔鬼一致，据阿特弗斯（Artefius, “Clavis maioris sapientiae”, *Theatr. chem.*, IV, p. 237）说，魔鬼的外体由空气造成，内体则由火造成。

“世界的奇迹，是低层世界的高层权力系统。因此，全能的主为它指派了最辉煌、最稀罕的神圣，甚至还将那个著名的星座分派给它。其宣告诞生的范围从哲理之东（Philosophical East）贯穿半球最遥远的地平线。智慧的东方三博士在纪元（之初）见到这颗星，大为吃惊，他们立刻知道，最尊贵的君王出世了。当你看到他的星辰时，你会否跟着它，去到它的发源地，在那里凝视那美妙的婴儿？抛弃你的污秽，以那圣童为荣吧，放开你的财富，送他一份黄金的礼物吧。在你死后，他将让你在三君王之地，拥有血与肉，拥有最灵的药。”①

这段文字格外有趣，因为它让我们深入到炼金师的头脑，一览其晦暗的原型思想世界。作者接着说，“钢”——同时也是“地狱之火”——是“我们工作的真正钥匙”，被磁石吸引。因此，“我们的磁石”是钢的真正“原始材料”（minera）。磁石拥有一个隐性的中心，此中心“有一种朝向极点的灵气欲求②，钢的用途在极点将大为提升。”这种中心“盛产盐”——显而易见的是智慧之盐。此文紧接着说

---

① Philalethes, “Introitus apertus”, Mus. herm., pp. 654f.: “... ignis infernalis, secretus ... mundi miraculum, virtutum superiorum in inferioribus systema, quare signo ilium notabiIi notavit Omnipotens cuius nativitas per Orientem in Horizonte Hemisphaerii sui philosophicum annunciatur, Viderunt Sapientes in Evo Magi, et obstupuerunt statimque agnoverunt Regem serenissimum in mundo natum. Tu cum ejus Astra conspexeris, sequere ad usque cunabula, ibi videbis infantem pulcrum, sordes semovendo, regium puellum honora, gazam aperi, auri donum offeras, sic tandem post mortem tibi earn em sanguinemque dabit, summam in tribus Terrae Monarchiis medicinam.”

（参看 Waite, trans., *The Hermetic Museum Restored and Enlarged*, II, pp. 166f.）菲勒里西斯（“真理的爱人”）是个化名。伟特（*Waite, The Works of Thomas Vaughan: Eugenius Philaletha*）推测是奥秘哲人沃恩（*Vaughan*,1621 ~ 1665），此说尚待商榷。又见Waite, *Lives of Alchemystical Philosophers*, p. 187, and Ferguson, *Bibliotheca Chemica*, II, pp. 194 and 197。

② 源自帕拉塞尔苏斯的概念“灵气”（Archeus）。见拙文《帕拉塞尔苏斯医师》（*Paracelsus the Physician*，瑞士版，页36）。卢兰（*Ruland, Lexicon of Alchemy*, p. 86）定义说：“灵气是一种最高尚、最高贵的隐形的灵，它由身体分离而出，被擢升，且徐徐上升；它是大自然隐藏的美德，是万物的通法，是技师，是疗愈者……是万物的分配者和设计者。”

道："智者将会欣喜，愚者对这些事情则不太留意，也学不到智慧，即使他看见了那外露的中心极点——有着全能的神的显著标志[①]。"

在极点，我们可寻见水星的核心，"那是真正的火，其主在此拥有栖身之所。穿越这宽阔海洋的旅人，可以短暂停靠在两印度洋群岛，也可以通过观察北极星来指引自己的行程，磁石可以指出北极星的方位。"这里暗指了神秘的旅行，即"朝圣"。正如我在别处解释的，这一旅程通往四个方位，当罗盘指向北方，两印度洋群岛暗指了东方和西方。[②]它们共同形成了一个十字，亦即一种四元体，表现了极点本性的特征。四个方向从极点往周围扩展，半球的分割也由此而来（格林威治子午线之下的东西半球）。故此，北半球类似于水螅水母的圆形身体，其球形的表面由四（或四的倍数）个辐板隔开，因而从极点看起来像个球体。

关于这一关联，我想谈一谈一个二十岁的学生所做的梦。当他感到所选择的哲学教师不适合自己时，他陷入了迷惑。对此，他找不到原因。他仅仅认为是因为自己不知道想要从事何种职业，才迷失了方向。随后，他做了一个梦，梦帮助了他，最大限度地告诉了他该怎么做：

他梦见自己走在一片树林里。渐渐地，场景越来越偏僻荒凉，终于他意识到自己身处原始森林之中。树木高耸，植被繁茂，大地几乎暗无天日。所有的路迹消失了很久，但他模模糊糊地期待着什么，受好奇心驱使，他奋力向前，很快来到一个圆池处，圆池有十至十二英尺宽。那是春天，但清澈见底的水在树荫下几乎显现为黑色。池中央漂浮着一个珍珠般的生物，直径约十八英寸，发出一丝淡淡的光。那是一个水母。

① 大概是指磁性。

② 参看《心理学与炼金术》，第457段。

做梦的人，醒来时伴有强烈的情绪：他当时就决定研究科学，而且抱定了这个宗旨。我必须强调的是，此人并未受到任何可能做这样解释的心理暗示。他从梦中得出的结论无疑是正确的，但这并不是通过对象征意义的详解得来的。这个梦是原型式的——是一场“大”梦。黯然生长的树林化作原始森林，意指无意识的入口。圆形的池子，里面还有水母，代表了三维的曼荼罗，即自性：“原型欲求”指向的目标——“整体性”，为在“世界之海”航行指明了磁性的北方。

回到文中，我将重述要点：地狱之火不过是隐藏的上帝（*Deus absconditus*），他身处北极，并通过磁性显露自身。上帝的另一个同义词便是水星，水星的中心在极点，水星还指引着那些在海上危险旅行的世人。世界的整个机制由北极的冥府之火驱动，北极就是地狱，而地狱是上层权力在低层领域的反应物，这是令人震惊的想法。不过，埃克哈特大师的话同样让人震惊，他说：在他回到真实自性的过程中，他进到了一个“比地狱还要深的”深渊。炼金术思想虽然粗鄙，但也不可否认有某些高贵之处。从心理学来说，尤其有趣的是意象的本性：它是秩序的原型模式的投射，[①]是代表了“总体”理念的曼荼罗。地狱的意象和上帝意象成为中心点，乃立足于下述经验：最高者和最低者都来自灵魂深处，它们既能让意识里不结实的小船遇难失事，也能把它安全地送到港口，整个过程几乎不需要我们帮助。因此，此“中心”的经验，本身就是超自然的，有着自主权利。

皮西尼斯认为，他所谓的“海洋之星”——“这条在水中燃烧却不发光的鱼”——除了表示圣灵、爱、恩典和宗教外，也象征了一些人的事物，即人的舌头、言语和表达力，因为在这几种能力中，一切心灵生命都显露出来了。显然，他想到的是一种天生的、不假思索的心灵活

① 《东方冥想心理学》（*The psy chology of Eastern Meditation*），第942段及以后。

动，他在此引用了《雅各书》3:6："舌头就是火，在我们百体中舌头是个罪恶的世界，能污秽全身，也能把生命的轮子点起来，并且是从地狱里点着的。"[①]

因此，与邪恶的"鱼"一致的，是我们那未驯服的且显然不能被驯服的习性，它就像"最小的火能点着最大的树林"[②]，使全身污秽，甚至还把"生命的轮子"点燃。无疑，"生命的轮子"（τροχός τῆς γενέσεως, rota nativitatis）在这个关联中是个古怪的说法。有人解释，轮子象征着生命的循环、进程或周期。如果我们不把轮子设想成简单的出生至死亡的周期，那么，上面这种解释类似于佛教思想。关于轮子是如何被点起来的这个难题，还需要更多思考才能回答。我们更该思考的是，它是全身污秽的一种类比——换言之，是一种灵魂的毁灭。

从《蒂迈欧篇》开始，灵魂就被说成是一个天球。[③]灵魂如同"神性"（anima mundi），与世界的轮子一起旋转，而转轴便是地极。"水星的核心"之所以在那儿找到，正是因为水星就是"神性"。[④]确实，"神性"是天堂的发动机。布满星辰的宇宙之轮，反射在星宫图上，就称为诞生"主题"。其做法是把天堂划分为十二宫，从诞生之时开始计算，第一宫与上升点相一致。以这样的方式划分，苍穹便如一个轮子在转动。据说，天文学家尼古底乌斯（Nigidius）[⑤]别名菲古卢斯（Figulus"陶工"），即因为天堂的轮子如同陶轮那样旋转。[⑥]确实，"主题"（被"设置"或被"规定"的）就是一个轮子（τροχός）。天

① 参见《德训篇》9:18（Vulg. 25）："浑身长舌头的人，是城邦的大祸害"（DV）。反之，火一般的舌头又是圣灵的一种寓言（或象征）："又有舌头如火焰显现出来"（《使徒行传》2:3）。

② 《雅各书》3:5。

③ 《心理学与炼金术》，第109段。

④ 《神灵墨丘利》（瑞士版，pp. 78 and 99）。

⑤ 尼古底乌斯，活动于公元前一世纪。

⑥ Hertz, *De P. Nigidii Figuli Studiis atque operibus*, p. 5.

宫图的基本含义在于：藉由画出各行星的位置，确定它们彼此之间关系（相位），加之黄道十二星座在基本方位上的分布，来提供一幅心灵图景，以及个体身体状况的图景。其实，星宫图是一个人基本的、原初的个性系统，可被视为个体心理的等价物。显然，普里西利安（卒于公元385年）正是在此意义上看待轮子的。他这么评述基督："他自己就有能力联结昴宿星，解开猎户座的约束。他通晓苍穹的变化，摧毁世代之轮，他借由洗礼的新生，在我们诞生之日，来征服出生。"[①]由此，可以清晰看出，生命之轮在四世纪实则被视为天宫图。因此，"把轮子点起来"形象地表达了所有心灵原初构成的灾难性反叛，这是一场大火，像难以控制的恐慌情绪的毁灭性爆发。[②]所谓"舌头"的中心地位，解释了这场大灾难的整个本性，舌头这个恶魔似的元素拥有的毁灭性，是一切心灵的本质部分。由此观之，"海洋之星"便代表了在我们之中的火性中心，创造性和破坏性的影响皆源于此。

2. 鱼

在谈到中世纪的鱼的象征意义时，我们目前只想到一种实际存在的"鱼"——水母。况且，我们还忽视了一个正当的事实，即水母在动物学意义上根本不是鱼，更重要的是，它的形状也不像鱼。它之所以引起我们的注意，不过是因为"圆形的鱼"的描述。然而，中世纪的认知情况并非如此。从一位十六世纪的大师——霍格兰（Hoghelande）的证词中，我们可以发现，至少他仍将"圆形的鱼"理解为真正的鱼类。他列了许多酊剂的同义词，评论道："同样地，它们也把它比作鱼。所以，墁提斯（Mundus）在《哲人汇编》中讲道：拿一些鱼的胆汁，再拿一

① Tract. I, 31, in *Opera*. 欲知基督仿似黑玛门尼的毁灭者，请参看《皮斯蒂斯·索非亚》，Mead trans., p. 17。

② 在这个意义上的火，常常出现在梦境里。

些牛的尿液，及其他种种。而在*Aenigmata sapientum*中则说：在我们的大海里，有一种圆形的小鱼，它没有骨头也没有腿脚（cruribus）。”[①]因为引文中的胆汁只能来自真正的鱼，霍格兰显然把“圆形的小鱼”看作一种真正的鱼；又因为人们可以想见一种没有骨头的鱼，却难以想见没有皮肤或某种外皮的鱼，原文中费解的“corticibus”一词[②]不得不改译为“cruribus”（腿脚）。当然，鱼也没有腿脚。但从这篇十六世纪的文献来看，“圆形的小鱼”在炼金术传统中曾被理解为真正的鱼，而非水母。在*Cyranides*里讲到了一种特别的圆形透明鱼，它没有“外皮”，叫“幻动（cinedian）鱼”。这种鱼生活在叙利亚、巴勒斯坦和利比亚的岸边海域里，长着六指，是一种“圆形的小鱼”（pisciculus rotundus）。有两颗石头在它的头部，另一颗在第三块尾椎骨处（spondilo），或脊索处。这块石头尤其有力，被当成春药。[③]实际上，幻动的石是未知之物，因为它非常罕见。它又名“黑色的石头”（opsianus）[④]，此名被解释为“晚熟的或后起的”（serotinus）和“迟钝的，犹豫的”（tardus）。它属于土星。“此石是双生的或双重的：一个是不透明的、黑色的，另一个虽是黑的却又光彩耀人、宛如镜子。”[⑤]许多人在寻找此石，却不晓得它的样子：因为它是龙石

① Hoghelande, “Liber de alchemiae difficultatibus”, *Theatr. chem.*, I, p. 163. 墁提斯在《哲人汇编》（Ruska, p. 128）中的引语是这样的：“因此，把一些白色的树胶放在剧烈的热度下，再放一些牛的尿液、一些鱼的胆汁，以及一些树胶，没有这个难免要出错。”“墁提斯”是“巴门尼德”的传讹，错误源于阿拉伯抄本：（Bar）Mnds。参看Ruska, p. 25。

② “Ossibus et corticibus carens.”

③ Du Cange, *Glossarium*, s.v. “ligaturae”：阿佛洛狄忒的“corrigia”或“ligature”。“Ligaturae”、“alligaturae”和“alligamenta”是祛病的护身符。“Suballigaturae”是有魔力的女儿（毒药）、防身之术（咒语）云云。

④ Opsianos lithos = “黑色的石头”，黑曜岩。

⑤ “Iste lapis est geminus vel duplex: unus quidem est obscurus et niger, alter autem niger quidem, lucidus et splendidus est sicut speculum.”

（dracontius lapis）。[①]

从相关记载中，我们唯一能确切得出的结论是：正被讨论的这种动物必然是脊椎动物，推测起来，恐怕是一种真正的鱼。而究竟为何说它是“圆形的”，还是不清楚。显然，鱼是一种基本的神话主题，因为传说它由龙石构成。普林尼知道这种石头，[②]中世纪的炼金师也知道它，后者将之命名为“draconites”、“dracontias”或是“drachates”。[③]它号称名贵之石，这个名头可能得自斩断睡龙首之说。不过，只有当一丝龙魂保留其中，它方为宝石，[④]而此魂是“怪兽觉到自己将死时的憎恨”。此宝石是白色的，也是强有力的解毒药。文献载道，即使今日龙已不再，这些石头仍偶见于水蛇的头部。卢兰（Ruland）声称自己见过这样的石头，是蓝色的，或是黑色的。

幻动的石有着双重本性，当然，文献对这一点记载得并不清楚。[⑤]人们大概会推想：其双重本性原本包含在一黑一白的多样性之中，而一个抄写员被这样的矛盾弄糊涂了，遂插了一句“虽是黑的”（niger quidem）。不过，卢兰清楚地强调“这种石头是白色的”。[⑥]也许，可以透过它与土星的紧密关联来解释这个难题。土星，在占星术中为“太阳之星”，在炼金术中则被认为是黑色的，它甚至被称作“黑太阳”，是一种拥有双重本性的神秘物质，[⑦]外表如铅一般黑，内在却是白的。

---

① Delatte, *Textes latins et vieux français relatifs aux Cyranides*, Fasc. XCIII. p. 56.

② *Hist. nat.*, XXXVII, 10.

③ Ruland, *Lexicon*, pp. 128-29.

④ 同上，第128页：“然而，除非当它在它们（蛇）还活着的时候离开，否则它将永远不会变成一颗名贵之石。”

⑤ *Lucidus*，“光彩耀人”，也可能意指“白色的”，以对比黑色。但这番描述同样适于黑曜岩。

⑥ *Lexicon*, p. 203.

⑦ 从“智者的神圣之铅中”，萃取出水银、硫黄和盐。参看Chartier, “Scientia plumbi sacri sapientum”, *Theatr. chem.*, VI, p. 571。

格拉斯（Grasseus）援引了奥古斯丁派僧侣德根哈特（Degenhardus）关于铅的观点：哲人的铅，名为空气的铅（*Pb aeris*），包含着“闪耀的白鸽”——人称此为“金属之盐”。①维吉涅尔确定无疑地告诉我们：铅“是最不透明的物质”，可以转化为“红锆石”，再变回铅。②米利乌斯（Mylius）说，③水银来自“土星之心”，实则土星，水银的亮银色与铅的“漆黑”形成对比。据乔治·瑞普利（George Ripley）爵士说，流自土星（Saturnia）这种植物的“明亮的”水④，是“完美的水和世界的血”。⑤从希波吕托斯的评论中看出这一观念有多么古老：克罗诺斯（土星）是“水的颜色的力量，一切毁灭的力量”。⑥

通而观之，幻动之石的双重本性，也许象征了两极的对立与统一，赋予了哲人石“联合”象征的特别意义，⑦以及有魔力的、神圣的特性。我们上面提到的名贵之石，也被赋予了非凡的力量（potentissimus valde），这使它极恰当地成为“阿佛洛狄忒之带”，亦即爱情的魔法。魔法有着强迫性力量，占据了受害者的意识心灵和意志。此时，一个陌异者出现了，比此人的自我更为强大。唯一可比的效应——可在心理学上验证——是无意识内容加诸人的，其强迫力显示出与人类“总体性”的紧密关联，或者说这一力量取决于人类的“总体性”。人类的“总体性”即自性和“业”的功能。⑧我们已经发现，炼金术中鱼的象征最终指向了自性崇高秩序的原型。所以，我们不应该对“外表不佳”

---

① “Arca arcani”, 同上, p. 314.

② “De igne et sale”, 同上, p. 131.

③ *Philosophia reformata*, p. 305.

④ Pantheus, *Ars transmutationis metallicae* (1519), fol. 9r.

⑤ *Opera omnia chemica* （1649）, p. 317.

⑥ Elenchos, V, 16, 2 (Legge trans., I, p. 154).

⑦ 《心理学与炼金术》，“基督一石的类比。”

⑧ 我们可以将这些设想为遗传的影响、先人的遗迹，尽管印度人关于业（karma）的思想中并未提及这样的理念。

的法则表示惊讶，该法则既适用于铅和石，也适用于基督。圣厄弗冷（Ephrem，卒于公元373年）针对基督和石说了同样的话："他穿着各色人等的衣服，他是各种类型的载体……他的宝藏隐藏在内部，微不足道，不过一旦开启，将是蔚然大观。"[①]

在十七世纪一位匿名的法国作家的一篇论文[②]里，"圆形的鱼"这种奇异的混种，最终变成了一种动物学可查证的脊椎动物：短鲫（echeneis remora），一种常见的鲫鱼或亚口鱼。它是鲭属的鱼，特征是：在长背鳍的位置处，长着扁平的椭圆形大吸盘。借此，它吸附在更大的鱼或船底上，用这样的方法走遍了世界。

文献是这样介绍此鱼的：

我们为开展哲学工作，抓到的那个东西，不过是短鲫这种小鱼。它没血没刺，被禁闭在深深的大海中央。这种鱼非常小，非常孤独，而且形状特别。海洋很大，所以，不知道它居于何处的人是抓不到它的。相信我吧，有些人就像德奥夫拉斯多（Theophrastus）所说的那样，不甚清楚如何从天上取下月亮，如何把月亮从天堂里拿到尘间，并把它变作水再变作土。这些人永远也找不到智者之石的材料，虽然做这件事并不比做另一件事更难。不仅如此，当我们与可靠的朋友私下耳语时，我们教授他智者的隐秘，即如何才能自然地、迅速地、轻松地抓住那人称鲫鱼的小鱼。此鱼能够阻挡大海（即世界之灵，the spirit of world）中傲慢的船只。未研习这门学问的人统统是无知的，不知道那些珍贵的宝藏的存在，不知道它们隐藏在海中宝贵而神圣的"生命之水"的本性之后。

---

① *Hymni et sermones*, ed. Lamy, II, col. 770.

② "Fidelissima et Jucunda Instructio ex manuscripto Gallico Philosophi Anonymi desumpta, per quam Pater filio suo omnia declarat, quae ad compositionem et praeparationem Lapidis Sapientum sunt necessaria, decem capitibus comprehensa." 此论文的简缩题目，就像印刷在*Theatr. chem.* 卷六中的那样，是"Instructio de arbore solari"。

不过，我会给你看我们那独一无二的物质的明光，给你看我们的处女地；我也会教给你用什么样的方法来学到智慧之子的神圣艺术。我有必要把关于智者磁石的事情授予你，因为它能把那名叫短鲫或鲫鱼的小鱼从深海的中央吸引出来。如果能自然而然地捕到它，它自然而然就会先变成水后变成土。此物，在智者精巧的秘方调配之下，就有力量溶解所有固体身体，使其不稳定，还能解身体的毒。[①]

由此文献可知，鱼是在大海的中央被发现的——如果它真能被发现的话。而大海又是“世界之灵”。在上述文献源出的时代，炼金术几乎停止了实验室工作，成为越来越玄乎的哲学。对十七世纪早期的炼金师来说，术语“世界之灵”多少有点儿不寻常，因为其时更普遍的表述是“神性”（anima mundi）。世界的灵魂，或是在此所说的世界之灵，是一种无意识的投射，并不存在某种方法或者装置能够产生出这种客观经验，因此也就无法提供客观证据证明世界就是这样生机勃勃的。

① “Quia illud quod accipimus ut opus Philosophicum ex eo praeparemus, nihil aliud est quam pisciculus Echen[e]is sanguine et ossibus spinosis carens, et in profunda parte centri magni maris mundi est indusus. Hic pisc[ic]ulus valde est exiguus, solus et in sua forma unicus, mare autem magnum et vastum, unde illum capere impossibile est illis, qui qua in parte mundi moretur ignorant. Certam mihi fidem habe, illum qui ut Theophrastus loquitur, artem illam non callet, qua Lunam de firmamento trahat, et de coelo super terram adducat. et in aquam convertat, et postea in terram mutet, nunquam materiam lapidis sapientum inventurum, unum tamen non est difficilius facere, quam alterum invenire. Nihilominus tamen, cum fido amico aliquid in au[re]m fideliter dicimus, tunc ipsum occultum secretum sapientum docemus, quomodo pisc[ic]ulum Remora dictum naturaliter cito et facile capere possit, qui navigia magni mads Oceani (hoc est spiritus mundi), superba retinere potest, qui cum filii artis non sint, prorsus ignari sunt et preciosos thesauros, per naturam in preciosa et coelesti aqua vitae nostri maris delitescentes, non novemnt. Sed ut darum lumen unicae nostrae materiae, seu terrae virgineae nostrae tibi tradam summam artem filiorum sapientiae, quomodo videlicet illam acquirere possis, te doceam, necesse est ut prius de magnete sapientum te instmam, qui potestatem habet, pisc[ic]ulum Echen[e]is vel Remora dictum ex centro et profunditate nostri maris attrahendi. Qui si secundum naturam capitur, naturaliter primo in aquam deinde in terram convertitur: Quae per artificiosum secretum sapientum debito modo praeparata potestatem habet, omnia fixa corpora dissolvendi, et volatilia faciendi et omnia corpora venenata purgandi etc.”

此理念不过是一人类的生机法则的类比，该法则启迪了人的思想和认知行动。“灵魂”和“灵性”或心灵本身，本质上是完全无意识的。如果它在某处“外显”，无非是一种无意识的投射。可能很多也可能很少，取决于你如何看待它。无论如何，我们知道在炼金术里“我们的海洋”通常是无意识的一个象征，正如在梦里那样。然而，居住在全球海洋中心的极小的鱼，能够阻挡最大的船只。显然，从对鲫鱼的描述来看，作者熟悉*Aenigmatag*一书中所说的“圆形的，没有骨头和皮质的鱼”。于是，我们把圆形的鱼解释作自性，这个解释可以延伸到鲫鱼。在此，自性的象征仿佛一种身处无意识大海的“极小的”鱼，好似一个孑然于世界之海的人。此处用鱼的象征来描述自性的无意识内容。当然，如果“智者磁石”不存在意识内容，那么，抓到这种微小的生物就了无希望。显然，“磁石”是师傅授予弟子的东西；它是一个“理论”，一种内行人可由其入手的可靠持有物。因为“原初物质一直有待发现，而且唯一可以帮助他的，便是“智者精巧的秘方”——一个可供交流的理论。

这在贝尔纳鲁都斯（Bernardus, 公元1406 ~ 1490）的论文*De secretissimo philosophorum opere chemico*中得到了证实：巴门尼德在《哲人汇编》中的布道，首次让他免于犯错，步入正途。[①]不过，在《哲人汇编》里，巴门尼德说了和雅力士流[②]相同的话：“除非通过本性自身，本性不会变得更好。”[③]贝尔纳鲁都斯更确认道：“因此，除非通过其自身，我们的材料也不会变得更好。”巴门尼德的理论帮助贝尔纳鲁都斯做完许多徒劳的实验室工作后回归正途。甚至在一个传说里，他成功地制造了哲人石。至于理论，他显然认为他的基本思想在于——已在上面的引文中表

① “Liber de alchemia”, *Theatr. chem.*, I, p. 795.

② 雅力士流是传说中的人物。人们认为他是《哲人汇编》的作者。

③ “Natura non emendatur nisi in sua natura.”

达：“本性”[1]唯有通过自身，或者在自身中才能改进或免除错误。同样的思想可见于其他论文，这些论文反复警告：不要把任何外界的东西与密闭容器里的内容混合，因为石“有它所需的任何东西”。[2]

炼金师不可能总是完全清楚自己所写的内容，不然他们早因自己的滔天大罪上西天了，这一点也未载于文献。到底谁拥有他需要的一切呢？即便是最孤单的流星，也会绕着遥远的太阳运转，或是踟蹰地向其他流星群靠拢。一切事物，皆与他物相关联。按定义来说，只有绝对的总体在本质上包含着一切，既不需要也不会被迫依附外物。无疑，这与绝对上帝包含一切存有的理念相同。不过，我们中间谁能揪着自己的辫子，把自己从泥淖中拖出来？我们中间谁能在完全的孤立状态中改进自身？就算在沙漠中旅行了三日的神圣隐士，也不仅需要吃喝，还发现自己彻彻底底地依赖于上帝那无限的存在。[3]唯有绝对的总体，才能从本质上自我更新、再造自我。

那么，炼金圣士（adept）对别人耳语时，左顾右盼，生怕有人泄露他们的话，甚至猜出他们的秘密，他们到底讲的是些什么呢？那不过是：通过这番传授，一个与万有、伪装成最渺小者的最伟大者、处于永恒之火中的上帝本身，都可如鱼那般从深海中捕得。此外，借由一种综合性的圣餐活动（阿兹台克称之为*teoqualo*，“食用上帝”[4]），他还可以“从深处被拖出来”，与人的身体结合在一起。

炼金圣士们说的就是那神秘而“精巧”的磁石，因它的存在，鲫鱼

① “Natura”与“naturae”二词，在《哲人汇编》的用语中，与炼金师德谟克利特（一世纪）的“φῦσεις”相一致。参见Berthelot, *Alch. grecs*。它们都是众物质的存在或状态。

② “Omne quo indiget.”

③ “我们中间谁能与吞灭的火同住？我们中间谁能与永火同住呢？”（《以赛亚书》33:14）。

④ 参看《大众中的转换象征》（*Transformation Symbolism in the Mass*）,第339段及以后。——英编注

（“长度不长，力量很强”）阻挡了海中傲慢的快船；也指一场冒险，如普林尼在他有趣而富于教化意味的故事中所说的，是一场“在我们自己的时代里”，发生在卡利古拉王（Caligula）的五段帆船上的冒险。只有半英尺长的小鱼，牢牢吸附在从斯图（Stura）到安腾（Entium）返航船只的船舵上，使船停了下来。返航回罗马的路上，卡利古拉王被他的水手谋杀。因此，就像普林尼指出的，短鲫意味着一种征兆。在马克·安东尼（Mark Antony）与屋大维海战之前，此鱼又要了另一个把戏，使得安东尼在海战中被杀。普林尼对短鲫的神秘力量惊讶不已。他的惊讶显然给炼金师留下了很深的印象，所以他们才认为“我们海中的圆形的鱼”就是鲫鱼，由此，鲫鱼还渐渐象征了无意识的浩瀚中的极小事物，具有决定性的重要性：它是自性，也是阿特曼，“渺小无比，硕大无朋”。

炼金术中的鱼的象征——短鲫，明显源自普林尼。不过，鱼也冷不丁地出现在乔治·维利爵士的作品中。①更有甚者，它们以“弥赛亚似的”角色出现：它们和鸟儿一起，携着石头，就像俄克喜林库斯的残片里有关耶稣的说法，②“空气的禽类和大海的鱼类，还有那些在土上或土下的”，都指出了一条通往天国的路（“有用的动物”的主题）。在兰姆斯布林（Lambsprink）的象征里，③黄道十二宫中反向游动的双鱼座象征着神秘物质。所有这样的兽形物，都不过是无意识自我的形象化，通过“兽般的”冲动表达其本身。这一冲动部分属于众所周知的本能，但大部分由确定感、信念、强迫、习性和恐惧组成——并非必然是病理性的，却可能与所谓的生物本能相悖而行。“整体性”必然在其表现中显得吊诡，而两鱼背向而游或鱼鸟合作之景，正是此理的一幅有启迪意义的图解。④神秘物质，如其属性表现的那样，是关于自性的；而

① Opera, p. 10.

② Grenfell and Hunt, *New Sayings of Jesus*, p. 16.

③ *Mus. herm.*, p. 343.

④ 关于鱼鸟合作在古代神话中的内容，请参看Goodenough, V, pp. 58ff.and figs. 63, 66, 69。

依俄克喜林库斯残片的说法，“天国”是推想而来的“城邦”，“我”是关于自性的。

3. 迦他利派的鱼的象征

把鱼作为灵魂向导（psychopompos）及自性之对立本性的符号，指向了另一个看似与短鲫平行的传统。实际上，在异端著作而非炼金术文献里，有一条值得注意的线索。我说的文献出自卡尔卡颂（Carcassonne）的审讯档案，伯努瓦（Benoist）于公元1691年将其发布在他的《阿尔比热瓦和沃杜瓦的历史》（*Histoire des Albigeois et des Vaudois*）中。[①]那关于一个所谓的启示。基督特别宠爱的门徒约翰得到允许，可以“在上帝的怀中歇息”。约翰想要了解撒旦在堕落前的状态如何，上帝答道：“他曾显赫非常，掌控着天堂的各种权力。”撒旦希望像上帝那样，为此，他穿过空气元素和水元素降临尘间，并发现土地上覆盖着水。他穿透地球表层，“发现两条鱼在水面上，它们犹如上了轭的公牛，遵从隐性的父的指令，从日落到日出地（或从西到东地）为整个大地耕作。当他下来时，他发现悬着的云覆盖着宽阔的海……当他下来时，他发现他的‘Osob’由此分裂，那是一种火。”由于有火焰，他不能往更深处下降了，因此，他回到天堂并通告天使们说：他将在云上建立自己的宝座，好像至高的上帝那般。之后，他对待天使，就像不义的管家为主人逼债一样。于是，他和众天使都被上帝逐出天堂。[②]不过，上帝怜悯他，就让他和他的天使随心所欲地过了一周。其间，撒旦照着创世纪第一章，创造了世界和人类。

约翰·卢戈（John de Lugio）是一位杰出的迦他利派教徒，他承认

① 转引自Hahn, *Geschichte der Ketzer im Mittelalter*, II. pp. 815ff.

② 参照《路加福音》16:8，“主人就夸奖这不义的管家做事聪明，因为今世之子在世事之上，较比光明之子更加聪明。”

自己怀有相似的信念。[1]迦他利派似乎在十一和十二世纪获悉了这种信念，那时，许多派系都相信世界是由魔鬼创造的。炼金师约翰·鲁庇西萨（Johanes de Rupescissa），很可能是“里昂来的穷人”的成员，[2]他受了迦他利派的影响。无论如何，我们可以说他与此传统有关。

此文献最引人注意的一点，便是它包含了古保加利亚文的“Osob”一词。卡尔·迈耶（Karl Meyer）在其古教会斯拉夫文词典[3]中，把“особь”定义为“κατ' ἰδίαν”：“особа”（*osóba*）在俄文、波兰文和捷克斯洛伐克文中，都意指“个性，人格”。因此，他的“Osob”可以翻译为“他所特有的东西”。[4]而这种东西对魔鬼来说，可以自然而然地起火。[5]

两条鱼在水面上，像上了轭的公牛一样耕作，这是一个非常古怪的理念，需要稍作说明。为此，我要请读者想一想，圣奥古斯丁对奇迹般喂养了五千人的两条鱼做了怎样的解释：对他而言，两鱼代表了君王般和祭司般的人或力量，[6]因为，就像鱼能挺过大海的暴风雨一样，它

---

① 尽管这位迦他利教徒责难孔科雷佐派（我们的约翰启示录正源于此），但在 *Summa Fratris Reineri*（“De propriis opinionibus Joh. de Lugio”）中，我们读到：“他说这是个魔鬼的世界。”Hahn, I, p. 580.

② Rupescissa, *La Vertu et la propriete de la quinte essence* (1581), p. 31:“因为我们旨在通过我们的书，安慰贫穷的播道者们（*hommes evangelisans*），并给予他们力量，不让他们的祈祷和恳求徒劳无功，不让他们在工作中迷失，不让他们在这番追求中受到大的阻碍。我将宣告并赐予他们一个秘密，这个秘密从本性的宝藏中得来，它令人惊叹，受人景仰。”

在鲁庇西萨的论文“De confectione veri lapidis”（in *Gratarolus*, *Verae alchemiae artisque metallicae*, 1561, II, p. 299）中，有一段这样的讲道词，这在炼金术文献中极为罕见：“Credas, vir Evangelice.”想来，这最初是一种“homme evangelisant”。

③ Altkirchenslavisch-griechisches Wörterbuch des Codex Suprašliensis.

④ Dragomanov（“Zabelezhki vrkhy slavyanskite religioznoeticheski Legendi”, p. 7）仅仅注意到“suum Osob”，即在吉普赛人传说中，魔鬼创造世界时，被燃烧的沙子阻碍。

⑤ 参看上文注释中关于阿特弗斯的内容。

⑥ “但是，两条鱼……似乎代表了两个统治者……它们像君王和祭司”（De diversis quaestionibus, LXI, 2; Migne, P.L., vol. 40, col. 48）。两鱼起源于《以斯拉二书》6:49（Soederberg, La Religion des Cathares, p. 97）之说，在我看来是值得怀疑的。此篇写道（Charles, Apocrypha and Pseudepigrapha, II, p. 579）：“那么，你把两个生物保存起来，称一个为比蒙，另一个为利维坦。如此区别二者……”这番意象与迦他利派文献中提到的两鱼全然不符。

们也能在群众的狂暴中幸免。这两股力量在基督那里相联合——他是君王，也是祭司。[①]

尽管在迦他利派文献中，两条鱼指的并不是那不可思议的鱼，但奥古斯丁的解析给了我们一些重要信息，让我们知道当时的人是如何思考的：鱼曾被当作统治权力。这份文献无疑是异教之说，波各米尔派的文献也如此说，因而，关于双鱼是基督，必然有一个统一的解释。也许我们可以这样猜测，它们象征着两个不同的人物或力量：上帝的长子撒旦和幼子基督，二者皆来自世界创造以前。伊皮法纽在其*Panarium*一书的第三十篇关于异端的文章里说，伊便尼派相信存在着双重子格："他们认为二者皆由上帝所生，一个是基督，另一个是魔鬼。"[②]显然，这个教理必然在近东和远东广为流传，因为波各米尔中撒旦是造物主的教义正是源出于保罗派（Paulicians）和优奇特派（Euchites）。[③]我们的文献不过是尤塞米乌斯·西格伯纳斯（Euthymios Zigabenos）载于*Panoplia*中的一份拉丁文版报告，这份报告回溯了阿历克塞一世（Alexius Comnenus）之前，波各米尔主教巴西利厄斯（Basilius）在公元1111年所做的信仰声明。[④]

注意，撒旦发现两条鱼的时间，是在造物以前，亦即"起初"，当神的灵还运行在黑暗的水面上时（《创世纪》1:2）。假使只有一条鱼，我们可以解释为救赎主即将出现的征兆，也可以解释为《约翰福音书》的先在的基督，或者说"道"、"太初与神同在"（在此文本中，基督说："可我要与我父同坐。"《约翰福音》1:2也提及这一点）。不过，两条鱼结合在一起（=上轭）的一幕，指的只可能是黄道带的双

① "我们的主耶稣基督，同样显示为我们的君王。照着麦基洗德（Melchisedek）的等次，他也是我们永远的祭司"（奥古斯丁, *De diversis quaestionibus*, LXI, 1）。

② Cap. XVI (Oehler edn., I, p. 266).

③ Psellus, "De daemonibus", in Ficinus, *Auctores Platonici* (1497), fol. N. Vv.

④ Migne, P.G., vol. 130, cols. 1290ff.

鱼座。在星象中，黄道带有着重要的决定意义：行星运行至此，该星座会修饰或改变其影响力；甚或星座里没有行星落入，星座也会赋予各宫特殊个性。在这一案例里，双鱼是上升星座，意指世界诞生的时刻。[①]我们现在知道，天体演化的神话，说到底就是意识出现的象征（在此我无法详述）。[②]拂晓的情形与无意识相一致，在炼金术术语里，它代表着混沌、无形（massa confusa）或黑色（nigredo），而且，通过那被炼金圣士喻为创造世界的工作（opus），白化（albedo或dealbatio）产生了。这个过程时而被比作望月，时而被比作日出。[③]它也意味着觉悟，随着工作的进行，意识也在变宽。因此，用心理学的话来说，魔鬼在太初之水上发现的两条鱼，象征着重新出现的意识世界。

把鱼比作上了轭的公牛，特别值得注意。公牛象征着耕作的动力。同样地，鱼代表了意识世界来临的驱力。自古以来，耕作就代表了人对土地的控制。人无论在何处耕作，都意味着从原始状态的土地中费力获得其中一片，并化为己用。这就是说，人、人有了意识，在占星术上，体现为鱼即将征服、统治这个世界。很奇怪的是，和其他所有事物一样，耕作并未始于东方，而是西方。这一主题再度出现在炼金术中。瑞普利说："要知道，你应该朝着日落开始，而在日落时又该朝着午夜——那时的光皆收敛待放——你应该在炼狱的黑暗之火中，不要有光，待上九十个夜晚。然后转向东方，穿越各种各样的颜色。"诸如此类。[④]此炼金术作品开头写的是坠入黑暗（nigredo），即无意识。对土地的耕作或控制，"在父亲的诫命下"实施。由此可见，上帝不仅预见了始于1000年的"过度后的补偿"，甚至还打算那样去做。双鱼座的

① 此说法与现代占星学思想相一致。
② 关于这些象征，参见Neumann, *The Origins and History of Consciousness*.
③ Ripley, *Chymische Schrifften* (1624), p. 25.
④ 同上，第33页及以后。

柏拉图之月由两条法则支配。在此背景下的双鱼，犹如公牛一样，是平行的，而且，它们指向相同的目标，虽然一个是基督，另一个是敌基督。

大致上，这就是中世纪早期的推理方法（如果可以说是推理的话）。我不清楚我们列出的这个问题是否被有意识地论述过。但这是有可能的。关于公元530年的塔木德预言，一方面让人想到天文学计算，而另一方面，让人想到犹太教大师对双鱼座的占星暗示。与此相比，我们文本中的鱼，或许并未有意识地涉及占星术思想，而可能是一种无意识的产物。无意识相当擅长此类“反映”，我们从梦里和神话、童话分析里已然熟知。①同样地，鱼的意象储藏于意识之中，将——无意识地——通过象征形式表达。大约在此时（十一世纪），犹太教占星家开始测算弥赛亚在双鱼时代的诞生时期，约雅斤也清楚地道出了新时代已经出现这样一种普遍的感受。

稍后的约翰启示录的抄本不可能太早，也不可能太晚，差不多在十一世纪出现。在占星术上，这个世纪是双鱼座移涌的中期。刚一开始，异端邪说便如雨后春笋，四处涌现。同时，基督的敌手，那别名为魔鬼的第二条鱼，以造物神的身份出现。从历史角度来说，这一理念代表了诺斯替教的文艺复兴，因为诺斯替教的造物神被视为一种下等的存在，诸般恶事皆出于他。②此现象的重要之处在于同时性，也就是说，其出现的时间已被占星术确定。

以炼金术的思维来理解迦他利派思想，其一点儿也不稀奇。不过，我并未用任何文献来证明迦他利派鱼的象征被炼金术传统吸收，兰姆斯布林的鱼的象征也可以被认为是对的，它象征着神秘物质及其内部的自相矛盾。兰姆斯布林的象征出现的时间，略略早于十六世纪末，意味着

① 参看Laiblin, “Vom mythischen Gehalt unserer Märchen”.

② 据爱任纽说，诺斯替教认为，造物神乃是基督的弟弟。

一种原型获得了新生。这一象征显示了两条方向相反的鱼，游动于海中——地中海（*nostro mari*）——意味着永恒的水（aqua permanens）或神秘物质。特指“精神与灵魂”（spiritus et anima），就像牡鹿和独角兽、两头狮子、狗与狼，以及两只斗鸟那样，显示出水星的双重本性。①

我的思考是基于对中世纪象征思维的了解之上的。如果这番思考是合理的，我在前面章节说过的观点便得到了证实。伴随着公元1000年新世界的到来，在一堆混杂的宗教运动之中——比如波各米尔派、迦他利派、阿比尔派（Albigenses）、瓦勒度派、里昂来的穷人、自由灵兄弟会、伯格音派（Bequins）、贝格派等，在约雅斤的圣灵运动当中——基督宣告来临了。这些运动也与炼金术、新教、启蒙运动和自然科学的兴起有关，最终导致了我们今日亲历的、越来越多的邪恶的生长发展，也使基督教在理性主义、知性主义、唯物主义和“现实主义”的侵袭下衰退消失。

在结尾之处，我将举出具体的例子来说明鱼的象征是无意识自发生成的。我这个案例的主人是一位少妇，她做了一些异常活灵活现的梦。她受父亲的影响极大，父亲又是个唯物主义者，婚姻不幸福。在她很小的时候，她就发展出高强度的内在生活，将不利于她的环境隔绝在外。还是个小女孩的时候，她就在花园里用两棵树代替她的父母。六七岁时，她梦见上帝答应给她一条金鱼。从那以后，她常常梦到鱼。在心理治疗之前不久，由于她有着多方面的问题，她梦见自己：

在利马特（Limmat）河畔，注视着水中。一个人向水里抛了一枚金币，水变得清澈见底。②水中有一块珊瑚礁，还有许多的鱼。其中一条长着耀眼的银色肚腩和金色的背。

① *Mus. herm.*, p. 343.

② 透明的水意指注意力（价值，金子）沉入无意识。它是天赋的提供者。参看拙作《东方冥想心理学》中净土的意象。

在治疗过程中，她做了如下的梦：

我来到一个宽阔的河流岸边。起初，我只看见了水、土地和岩石。我把几页自己的笔记丢进水里，感觉把东西归还到水中。立刻，我手中变出一根鱼竿。我坐在一块岩石上钓鱼。可除了水、土地和岩石，我还是没看到别的。忽然，一条大鱼上钩了。他长着银色的肚腩和金色的背。当我把他拉到地上时，周围的风景变得生机勃勃：岩石呈现出土地原始的样子，花草冒了出来，灌木变成了一片大森林。一阵大风吹来，一切都动了起来。接着，我忽然听到X先生的声音从我身后传来（X先生是她从传闻中知晓的一位老人，只在照片上见过。但对她来说，X先生似乎有着某种权威）。他安静而清楚地说道："在最隐秘的界（realm），有耐心的人将获得鱼，这是深处的食物。"正当此时，一个圆圈围着我转起来，圆圈的一部分触到了水。我又听到了声音："在第二个界，勇敢的人可以在战斗中获得胜利。"马上，又有一个圆圈围着我，这时我碰触到了另一边河岸。同时，我看向远方，只见景色多姿多彩，太阳从地平面升起。我听到一个声音，好像是从远方发出的："第三界与第四界来了，它们来自另外两界，同样要变大，但是第四界，"至此，声音暂停了片刻，像是故意的："第四界与第一界结合在一起。[①]它同时是最高和最低的界，因为最高者与最低者一起到来。它们骨子里是一个。"

此时，梦者醒过来了，耳朵里还有咆哮的声音在回响。

这个梦有着所有"大"梦的特征，也有着某种"思想"质素，这种思维模式属于直觉型。此时的梦者，即便懂得一些心理学知识，也不具有任何历史中鱼的形象的知识。可以这样解释此梦的细节：河岸代表的可谓是无意识的阈限。钓鱼是一种无意识的尝试，旨在"捕

① 参看第十二章。

到”无意识内容（鱼）。在炼金术语言中，银和金代表了女性和男性，而鱼雌雄同体的特性，则象征着它是一个对立复合体（complexio oppositorum）。[①]鱼还给周围的环境带来了一种有魔力的生机。[②]老人是“智慧老人”原型的一种拟人化。我们已然知道，鱼是一种“奇迹般的食物”，完美的圣餐食物。触到水的第一个圆圈，意味着部分无意识得到整合。战斗指的是对立面的冲突，可能发生于意识与阴影之间。第二个圆圈触到的“河岸的另一边”，正是对立面联合发生之处。在印度的“水银系统”中，神秘物质被称为“para-da”，“通往彼岸”。[③]第四界，被重重的停顿强调，加诸前面三界至上，令四界联合为一体。[④]圆圈自然形成了一个曼荼罗，最外面的圈子吊诡地与中心圈相一致，让人想起上帝的古老意象：“上帝是这样一个圈：他的中心无处不在，而外周无迹可寻。”第一个与第四个相一致的主题，很久以前便表达在“玛利亚法则”里：“一生二，二生三，三生四，终成一。”

梦以浓缩的形式，为一个完全不熟悉该主题文献的人，总结了个体化过程的全部象征意义。此种例子绝非罕见，值得我们去思考。它们显示出，关于个体化进程及其历史上的象征意义的无意识“知识”，一直存在。

① 参看《心理学与炼金术》，条目“化合（coniunctio）”。

② Ichthys（=基督或阿蒂斯）是让生命（不朽）的食物。

③ Deussen, *Allgemeine Geschichte der Philosophie*, I, pt. iii, pp. 396ff. 及拙作《神灵墨丘利》，第282段及以后。

④ 《心理学与炼金术》，第26、209段，及《三位一体观念的心理学考察》，第184段及以后。

第十一章
炼金术对鱼的解释

现在，我们来看看法国匿名作家在*Instructio de arbore solari*中提出的问题：鱼是如何被捕获的。短鲫吸住船只，尤似磁石吸住铁。因此，历史传统提及：由于鱼的吸引力，船只——无论其推动力是借助船帆还是划船手——停了下来。①我之所以提及这一看似平淡无奇的特点，是因为在炼金师看来，吸引不再来自鱼，而是来自一种磁石。这种磁石为人类拥有，其具有的吸引力曾是鱼的神秘特性。这一点我们将在后文看到。如果我们了解鱼的重要性，就比较容易理解，为何强烈的吸引力源自这个神秘中心，将此中心比作北极的磁性也是恰当的。②我们在后面的章节会讲到，诺斯替教徒认为，他们的中心形象（诸如点、单子、儿子）也有着同样的磁性影响。因此，炼金师着手操作一种拥有短鲫的磁力的工具——而不是短鲫，这可谓一番伟大的创举。这一方

---

① “短鲫（Echenaïs）是一种小鱼，长半英尺。它得名于下列事实：它粘着船只，将之挡住，虽有狂风暴雨，船却似扎根海底，停滞不前，岿然不动。……因此，拉丁文称之为delay（鲫鱼）。”（Du Cange, *Glossarium*, s.v. “Echenaïs”. Cited from the ms. of a bestiary.）此篇文字逐字翻译自圣伊西多尔（Isidore of seville，*Liber etymologiarum* Lib. XII, cap. VI）。严格来说，其中的鱼名“ethinus”是一种海胆。因为这种生物有着辐射状的构造，于是被认为是海星和海蜇的同类。（For the “Instructio”, see p. 140, n.）

② 认为鲫鱼具有磁力，显然是源自一个传说：若把一条用盐腌渍过的鲫鱼放进矿井中，会吸引到黄金，并将金子带到地面来。参看Masenius, *Speculum imaginum veritatis occultae* (1714), s.v. “Echeneis”。“磁石”亦为硇砂的别名，将硇砂放入金属溶液里，“便立刻将它们自身中一切好的东西——也许是黄金或酊剂——吸引到玻璃皿的底部。”（*Lexicon medico-chymicum*, 1711, p. 156.）

向的逆转对炼金术的心理学意义重大，因为它给炼金圣士的下列断言提供了一种可比性：他们能通过这门艺术，制造“寰宇之子”、基督的等价物——屈服于上帝（*Deo concedente*）。借此，炼金圣土及其工具渐渐取代了短鲫，也取代了它代表的一切神秘物质。可以说，他从鱼身上获得秘密，并试图把神秘物质吸到表面，意在从中制造出“哲人之子”和“石”。

据载，把创造奇迹的鱼吸引到水面的“智者磁石”，是可以传授给他人的。这一秘密教义的内容，可谓炼金术的玄妙所在：“原初物质”被发现或被生产出来。这些“教义”或“理论”是拟人化的，或说是具象化的，比如“非凡的汞”，哲人之汞。此概念的模糊程度，堪比古代的“赫尔墨斯”。汞有时是一种如同水银的物质，有时指的是一种哲学。多少有点激烈地，帕乐堤将之明确地表达为：“（La matière du mercure philosophique）a une vertu aimantive qui attire des rayons du Soleil et de la Lune le mercure des Sages.”[①]关于“原初物质”，炼金圣土们谈得多，透露得却少——少到让人在大多数情况下，难以对它形成任何概念。[②]这意味着理解这些概念存在着巨大困难，这是可想而知的。原因是：首先，可以从中炼出“石”的物质是不存在的，也没有谁成功制出过一种能达到预期效果的“石”；其次，从“原初物质”的诸多名字来看，它根本就不是一种确定的物质，而是关于最初心灵状态的直觉性概念，其象征术语有生命之水、云、天堂、阴影、海、母亲、月亮、龙、金星、混沌、无形、微观宇宙等。

在长长的名单中，频繁出现的事物是“苦土”（magnesia），此物

---

① Dictionnaire mytho-hermétique (1787), s.v. “Magnès”.

② 参看《心理学与炼金术》，第425段及以后。

绝对不应被理解为药典中的氧化镁[1]。苦土更是“完整的或结合在一起的混合物，湿气从中萃取而出，[2]也就是说，它是“我们的石头”的根本物质”。[3]制作苦土的复杂流程，记载于论文《亚里士多德的完美教权》（*Aristoteles de perfecto Magisterio*）当中。[4]它是被漂白过的神秘物质。[5]潘多福（Pandolfus）在《哲人汇编》中说道：“我令你获取那隐秘而古老的事物，那便是白色的苦土。”[6]昆特拉认为，苦土是“混沌”和“赫尔墨斯的青铜”的同义词，他称之为“一种天主教的或宇宙的东西，即一种宇宙的本质或实体，是三位一体、自然而然的，也是身体、精神和灵魂的混合体，是唯一真实的主观万能药（Subiectum Catholicon）及真实的宇宙物质哲人石。”[7]苦土是阴性的，[8]就如磁石在本质上是阳性的那样。[9]因而，它意味着“肚子里的硇砂和植物（sal Armoniacum et vegetabile）”，意指石头的神秘物质，[10]即使在希腊炼金术里，苦土或“磁石”代表了雌雄同体的转化物质。[11]对炼金师来说，苦土与“磁石”的关联，不仅在语音学上，也在意义上。正如罗辛奴

---

① 贝赫特洛（Berthelot）这么说“Magnésie”的：“Jusqu’au XVIIIe siècle, [le mot] n’a rien eu de commun avec la magnésie des chimistes d’aujourd’hui”（Alch. grecs, Introduction, p. 255）在普林尼和迪奥斯科里斯那里，此物意为有磁性的铁矿石。

② Mylius, *Phil. ref.*, p. 31.

③ *Corpus Magnesiae*是“关闭之屋的根部”，日月联合的“肚子”。（“Aurora consurgens”, Part II, *Art. aurif.*, I, p. 191.）

④ *Theatr. chem.*, III, pp. 88f.

⑤ 米利乌斯将此操作的第十个等级叫作“纯化，乃是让我们漂白过的苦土，巧妙地高贵起来。”（p. 129）因此，《哲人玫瑰园》（*Art. aurif.*, II, p. 231）载道：“苦土是望月”。

⑥ Sermo XXI.

⑦ *Von hylealischen Chaos*, pp. 5f.

⑧ “Magnesia—the Woman”. Ruland, *Lexicon*, p. 216.

⑨ 但是，在亚历山大港和愁德（Troad）地区，据传有一块有磁性的石头，具有“女性的性欲，且完全没用。”(Ruland, p. 215.)

⑩ “Duodecim tractatus”, *Theatr. chem.*, IV, p. 499.

⑪ Berthelot, Intro., p. 255.

（Rosinus）的一个配方所示："因此，拿着这块有生命的石头，它内部有一个灵魂，水银般的，[1]它是敏感的，能感知到苦土和磁石的存在及影响力，而且，它是菱锌矿石和有生命的石头，它由局部的运动产生出来。"[2]

这一文献非常清楚地告诉我们：真正的炼金术操作，与化学操作毫无关系。因为，如果有关系的话，转换的物质并不需要有生命或敏感性。但是，在炼金圣士（adept）全神贯注于某种无意识的表述时——这种表述有无数种——这种心理功能却是绝对必需的。借由投射，无意识，心灵隐藏的那部分溜进了未知的化学合成领域；这部分无意识心灵也被上百种"神秘物质"蛊惑和欺骗。自然，唯有最愚蠢、最粗心的炼金师（alchemist）会被欺骗，因为古典文献中有大量的提示，可以让他们回归正途。不幸的是，今人与中世纪的人相去不远：我们仍需要克服相当多的困难，才能着手理解炼金术的真正目的。

那么，罗辛奴的"有生命的石头"就是一种活物，能感知苦土与磁石的影响力。然而，磁石也是一种活物。因此，巴塞尔的法学家兼炼金师卡里西巴斯（Chrysippus Fanianus）说道："但是，如果泰勒斯把赫拉克勒斯之石称为磁石——一种有生命的石头，因为我们发现它能吸引并移动铁器——那么，同样地，我们为何不可将盐称为活物呢？盐以异乎寻常的智慧渗透、净化、缩小、放大、妨

---

① "而且，苦土是凝结在空气中的混合水，对下列物体具有阻抗力：火、石头的表面、我们的汞、物质的混合体。其中的整体是水银。" Ruland, p. 216.

② "Rosinus ad Sarratantarn" (Art. aurif., I, p. 311): "Recipe ergo hunc lapidem animalem: id est animam in se habentem, scilicet Mercurialem sensibilem: id est, sentientern praesentiam et influentiam magnesiae et rnagnetis et calaminarern [et lap idem] per motum localem. prosequendo et fugando vegetabilem.…" 在1593年的文献里，"et lapidem"被换作"acapicem"，这是讲不通的。阿拉伯抄本说，罗辛奴是左西摩斯的讹传。

碍和还原。”[①]杜恩（Dorn）写道：“磁石是我们的老师，因为在它之内的磁力和对铁的吸引力是看不见的（凭借肉眼）；它是一种藏于内的精神，不为感官察觉。”[②]磁性那不可思议的力量，对我们先辈产生的神圣作用，在圣奥古斯丁的笔下有生动的描述：“我们知道磁石有吸铁的神奇力量。当我第一次看到这种情景时，我惊呆了（*vehementer inhorrui*）。”[③]就连人文主义者阿德利亚·阿尔恰托（Andrea Alciati，卒于公元1550年）也大呼：“因而，人们第一次察觉到并注视着磁石的吸铁能力时，只会出神地艳羡不已……然而，认为在这些物体中有着某种广为人知的秘密力量，这种说法是不足以强加于我们的。因为，对只知其名的隐秘力量，人们如何能定义它呢？”[④]据说，著名的解剖学家和占星家盖布列兰·法洛皮斯（Gabriel Fallopius，公元1490 ~ 1563）将磁石、水银和泻剂视为无法解释的奇迹，就如利巴菲乌斯（Libavius）在其（*Ars prolatoria*）中说的：“其效果令人惊异而费解”。[⑤]从这些措辞中可以看到那些聪明善思者的天真反应，他们将所看到的当作一种费解的奇迹。因此，他们觉得这样的对象是活的，如“有生命的石头”、“活着的生石灰”等，就非常好理解了。磁石同样拥有一个灵

---

① *De arte metallicae metamorphoseos ad Philoponum liber singularis* (1576). 重印于 *Theatr. chem.*, I (1602), p. 44.

② “Philosophia chemica”, *Theatr. chem.*, I, p. 497. 在此，杜恩谈到他对万物之魂的见解：“万物的……身体像一个牢笼。其中，万物之魂的力量被阻挡了、束缚了，这样一来，它们的本性之灵不能自如地给它们的力量和活动留下印迹。涉及其主体的这般了无生机者的灵，与人类的笃信是相似的，而且还有着相同的功效。”关押在身体里面的神圣力量，不过是分散在物质里的狄俄尼索斯。

③ 参看《上帝之城》，王晓朝译，第1033页。奥古斯丁发现生石灰（*calx viva*）同样神奇：“Quam mirum est quod cum extinguitur, tunc accenditur”（当石灰石变冷的时候，这种暗火确实被点燃了）。——汉译注

④ *Emblemata* (1621), Embl. CLXXI, p. 715 a.

⑤ *Commentariorum alchymiae* (1606), Part II, p. 101.

魂，宛如一块拥有感官的神秘石头。在（*Duodecim tractatus*）一文中，[①] 磁石仿佛象征了“我们的露水”（*aqua roris nostri*），“其母乃是天国与尘间之日月的中点”。此水，即著名的永恒之水（aqua），曾有一位不知名的作家顿呼道：“啊！神圣而奇伟的本性啊，你不准教义之子犯错，就像你在人们日常生活中表现的那样。此外，在这些……论文里，我提出了诸多本性的原因，所以……读者可以在上帝的福佑下，理解那一切我亲眼所见的东西。”[②]

此处潜在的思想是教义的理念，即“教义之水”（aque doctrinae）。如上所述，“磁石”或“天国的露水”，是可以被传授的。比如水象征了教义本身。这与“有生命的石头”形成反差，后者能“觉察到”磁偶、磁石和苦土的影响力。和磁石一样，“有生命的石头”是一种神秘物质，且唯有这样的物质，才能化合，最终产生“哲人石”。杜恩说：“异教徒说，本性寻求一个如同自身的本性，并在其自己的本性中欣喜；如果一个本性与另一个结合，本性的运作就被破坏了。”[③]这暗示出炼金师德谟克利特提出的公理：“本性在本性中欣喜，本性被本性征服，本性统治着本性。”[④]

就像磁石与苦土是一对，富于灵感的或活生生的石（lapis animatus sive vegetabilis）[⑤]也是一个“莱比斯”（Rebis）或雌雄同体者，诞生

---

① *Theatr. chem.*, IV, p. 499.

② 依我之见，水在炼金术中有特别重要的意义，要追溯到诺斯替教的文献：“水值得尊重，他们信仰此道，仿佛水是一位神灵，几乎要宣称生命起源于水了。”（Epiphanius, *Panarium*, LXIII, cap. I）

③ “Inquiunt enim, natura naturam sibi similem appetit, et congaudet suae naturae; si alienae iungatur, destruitur opus naturae”（“Ars chemistica”, *Theatr. chem.*, I, p. 252).

④ Δημοκρίτου φυσικὰ καὶ μυστικά.—Berthelot, *Alch. grecs*, II, i, 3. 根据德谟克利特的故事，此公理是他已故的老师启示他的。在写给塞拉皮斯（Serapis）的祭司狄奥斯库若（Dioscorus）的论文中（Berthelot, II, iii），辛奈西斯（Synesius）说德谟克利特的老师是奥斯特内斯（Ostanes），这一公理源于此人。

⑤ 在我们的行文中，*vegetabilis*在应用于汞的时候，意指“活生生的”；而在应用于第五元素时，则指“有生机的”。

于皇室的婚姻之中。于是，我们便有了两对可供比较的物质，通过相互的吸引力形成一个四元体——“整体性”的四重基础。[①]正如象征意义所显示的，两个对偶都代表着同样的事物：对立复合体或“联合”的象征。[②]如果文献没有将它们视为同一种食物，与神秘物质一致，那么，这其中必有原因。当然，这个原因无法从两种结合在一起的物质的象征中探知。神秘物质有时是苦土，有时是水，有时是磁石，有时又是鱼，但它们都意指“原初物质”，奇迹从此物质中产生。在炼金师眼中它们的区别，在本笃会院长科莱松（John Collesson）的一篇十七世纪的论文[③]里清晰可见：“不过，说到那些普通金银会在其中泰然自若地溶解的物质，不要让人以为：它不过是普遍的世界灵魂，通过磁石及哲学途径，被更高的机体吸引并耗尽，尤其是被日光和月光。因而，他们对汞或‘哲学流体’（philosophical）没有认识，他们认为这是在用自然和物理的方法来溶解完美的金属。”[④]

显然，两类象征之间必然存在这样的区别：第一，它是心灵之外的化学物质或其形而上等价物，比如“三头蛇”（serpens mercurialis）、“灵”（spiritus）、“神性”（anima mundi）、“真理”（veritas）、“智慧”（sapientia）等；第二，它是由炼金圣士制作的化学制剂，诸如溶剂“水”（aqua）、“醋”（acetum）、“童女乳液”（lac

① 参看《移情心理学》，第433段及以后，及《童话中的灵性现象学》，第一部分，第九卷，第429段及以后。

② 参看《心理类型》（1923年版，第234段及以后）。

③ “Idea perfecta philosophiae hermeticae”，*Theatr. chem.* (1661). VI, p. 152. 此论文最初发表于1630年。关于作者科莱松，我们一无所知。

④ “Quantum autem ad substantiam, qua naturaliter et Philosophice aurum et argentum vulgare solvuntur, attinet, nemo sibi imaginari debet, ullam aliam, quam animam mundi generalem, quae per magnetes et media Philosophica trahitur et attrahitur de corporibus superioribus, maxime vero de radiis Solis et Lunae. Dnde liquet illos Mercurii seu menstrui Philosophici nullam habere cognitionem, qui naturaliter et physice metalla perfecta dissolvere cogitant.”

mrginis）或它们的“哲学”等价物（理论或知识）——当它“正确”之时，将对物质产生奇迹般的效果，就好像杜恩在其哲学论文中所阐述的那样。[①]

这两种类别不停地重叠：神秘物质有时仿佛只是一种化学体，有时则是一种理念——今人称为心灵内容。在对磁石的解释中，帕乐堤（Pernety）非常清楚地描述了这种困惑：“然而，此磁石必然不会被认为是普通的磁石。他们（炼金师）之所以如此命名，只是因为其本性上，磁石与炼金师叫作“钢”的东西（adamas）相同。“钢”是炼金师的金子的矿石（“原初物质”），而磁石是他们的“钢”的矿石。此磁石的中心隐藏着盐，一种煅烧哲学黄金的溶剂。这种精制的盐构成了汞。他们用汞，在白与红中锻造着圣贤们的“物质”。这一物质变成了天堂之火的矿石，为他们的石充当酶的作用。”[②]因此，在他看来，磁石产生效果的秘密，存在于炼金师精制的盐之中。无论炼金师在何时谈及“盐”，他所指的都不是氯化钠或其他任何盐，也不止于一种局限的含义。他绕不开其象征意义，因此化学物质盐中包含了“智慧之盐”（sal sapientiae）。这种盐隐藏于磁石之中，并由炼金术精心制作出来——一方面，盐是炼金艺术的产品；另一方面，盐也存在于自然之中。如果仅仅将它视为心灵内容的投射，就很容易化解这一矛盾。

在杜恩的作品中，我们可以找到相似的陈述。在他那里，问题不是关于“智慧之盐”的，而是关于“真理”的。“真理”对他而言，是隐藏在自然事物里的，且显然还是一个“道德”概念。这个真理是“一种药”它把“不再的”，改进并转化为腐败以前的样子，它把“不是

---

① “在自然的事物中存在某个真理，不是外在的眼睛可以看到的，而只能由心智感知。对此，哲人拥有经验，并确定其美德是实施奇迹。”（“Speculativa philosophia”, *Theatr. chem.*, I, p. 298）

② Pernety, *Dictionnaire mytho-hérmetique*, s.v. “Aimant”.

的”，改进并转化为“应是的”。[①]它是一种“形而上学的物质”，不仅隐藏于万物中，且在人体里：“在人体中，藏着某种鲜为人知的形而上学的物质，它无需药剂，本身就是一种不会腐败的药剂。”[②]因此，“化学家们的研究就是将束缚于感官之中的非感官真理释放出来。”[③]杜恩接着说，想要获得这种化学艺术的人，必须研习“真正的哲学”，而非“亚里士多德的哲学”，因为真正的教义，用科莱松的话说，是磁石，透过“真理的中心”从身体中释放出来，且身体也被转化了。“借由某种天赐的灵感，哲人们了解到这一美德或天上的活力挣脱了束缚，不是通过其对立者……而是通过其相似者。人们发现，某物——不论在人之内还是在人之外——与此物质相一致，这位智者下结论说：相似的事物得到增强是凭借喜爱、和平，而非战争。”[④]

因此，这个教义“借由某种天赐的灵感”，可以有意识地获得。同时，它也是一个工具，凭借教义或理论的对象，“真理”可以从身体的监狱中解脱出来。因为，教义的象征，即“磁石”，同时也是教义提及的神秘“真理”。教义进入炼金圣士的意识，仿佛圣灵的恩赐。它是这门艺术的秘密的知识词典，是隐藏于“原初物质”的珍宝，它曾被认为是外乎于人的。教义宝藏以及藏在物质的黑暗中的珍贵秘密，其实是同一个。对我们而言，这不是一个发现，因为我们已知道，这样的秘密之

---

① “…medicina, corrigens et transmutans id, quod non est amplius, in id quod fuit ante wrruptionem, ac in Melius, et id, quod non est, in id quod esse debet” (p. 267).

② “In corpore humano latet quaedam substantia methaphysica, paucissimis nota, quae nullo…indiget medicamento, sed ipsa medicamentum est incorruptum” (p. 265).

③ “… Chemistarum studium, in sensualibus insensualem illam veritatem a suis compedibus liberare” (p. 271).

④ “Philosophi divino quodam afflatu cognoverunt hanc virtutem caelestemque vigorem a suis compedibus liberari posse: non contrario…sed suo simili. Cum igitur tale quid, sive in homine sive extra ipsum inveniatur, quod huic est conforme substantiae, conduserunt sapientes similia similibus esse corroboranda. pace potius quam bello.” (P. 265.)

所以存在，是因为无意识的投射。思想家杜恩，首次极为清晰地指出了炼金术的莫大困境：神秘物质其实是同一个，不管是在人之内还是人之外。“炼金术的”过程，既在内部发生也在外部发生。不明白怎样从自己的灵魂里解放“真理”的人，永远无法胜任物质方面的工作，要知道怎样制作石头，只能借着正确的教义——通过此教义，人本身也发生了转化，或者说此教义是人通过自己的转化创造出来的。

借助于这些思索，杜恩渐渐明白了自知的根本重要性：“可见，你从事的正是你渴望和寻求的工作 。”[①]换言之，你投入到工作中的期望，必须应用于你的自我。神秘物质的产物，“三头蛇产物”（generatio Mercurii），也许只适于完全了解此教义的人；然而，“要解决困惑，唯有通过实验，且我们最好自力更生。”[②]此教义明确地表达出我们的内部经验，或者说教义，在本质上依赖于后者：“须知，人最大的财富在于人的内部，而非人的外部。经由它这个财富进入内部……又被带到了外部，发生了人们亲眼所见的事情。”[③]这是在人之中的第一个也是最重要的秘密，是人的真正自我——自性（self），[④]人本不知道它，得从外部事物的经验中习得。因此，杜恩告诫炼金师：“学着从你自身之中了解天上和凡间的一切，你可能因此成为万物中的智者。你岂不知天堂和诸元素原先是一体，后被造物的神圣行为分开，

---

① “Fac igitur ut talis evadas, quale tuum esse vis quod quaesieris opus” (p. 277).

② “... non possumus de quovis dubio certiores fieri, quam experiendo, nec melius quam in nobis ips is” （“Philosophia meditativa”, *Theatr. chem.*, I, p. 467).

③ “Cognoscat hominis in homine thesaurum existere maximum, et non extra ipsum. Ab ipso procedit interius ··· per quod operatur extrinsecus id, quod oculariter videt. Ergo nisi mente caecus fuerit, videbit (id est) intelliget, quis et qualis sit intrinsecus, luceque naturae seipsum cognoscet per exteriora.” （“Speculativae philosophiae”, p. 307.)

④ 炼金师兼神秘主义者约翰·波德基（John Pordage, 1607 ~ 1681）把内在的“永恒”之人，称为“宏观世界的精要概念”(*Sophia*, 1699, p. 34)。

继而产生了你及其他一切吗？”①

由于对世界的认知位于自己的心中，所以炼金圣土应该从对自身的认识中获取这些知识。这是因为，自性，他必须设法理解的自性，是本性的一部分，而本性就是上帝与世界原初的合一。无疑，它并非对自我的本性的认识。虽然这么理解更方便，但会与自知错误地混淆在一起。出于这个原因，任何人严格地把自己当作一个对象来了解，都会被指责为自私和反常。这样的认识，与自我对其本身的主观认识毫无关系，这种自我认识就如同狗在追着自己的尾巴打转。相反，另一种认识是困难的，是道德上的严肃研究，所谓的心理学对此毫无了解，受过教育的大众也知之甚少，不过炼金师对此尚有一丝间接的想法：他们明确地知道，作为整体的一部分，他们在自身的整体的意象，拥有帕拉塞尔苏斯所说的“苍穹”或“奥林匹斯”的意象。②内部的微观世界并非是炼金术察觉和研究的对象。今天，我们称之为集体无意识，而我们将它描述为“客观的”，是因为它在所有个体中都是同一的，因此它是“一”。从这个普遍的“一”中，在每个个体之内产生了主观的意识，亦即自我。大体上，这就是我们今人理解的杜恩所谓的“原先是一体”和“被造物的神圣行为分开”。

对自性的这种客观认识，正包含在作者的这段话里：“人无法了解自己，除非知道自己是‘什么’，而非自己是‘谁’；知道自己依赖于

---

① “Disce ex te ipso, quicquid est et in caelo et in terra, cognoscere, ut sapiens fias in omnibus. Ignoras caelum et elementa prius unum fuisse, divino quoque ab invicem artificio separata, ut et te et omnia generare possent?” （“Speculativae philosophiae”, p. 276.）

② 这一理念，在莱布尼茨提出单子论后的200年里得到充分发展，随后又被完全遗忘了整整200年，原因在于科学主义的三位一体——空间、时间和因果性。同样对炼金术感兴趣的赫伯特·西尔贝（Herbert Silberer）说道：“我也许更愿完全地臣服于图像语言，并把最深层的潜意识叫作我们内在的恒星天堂。”（*Der Zufall und die Koboldstreiche des Unbewussten*, p. 66.）更多资料请参考《论心灵的本质》（1954/55版，第401页及以后）。

什么，或自己是谁的（或自己从属于何人或何物），并知道自己最终是为了什么。”[①]“谁（quis）”和“什么（quid）”之间的区别有着重要意义：前者明显是人称代词，涉及自我；而后者则是中性的，预指客观对象，并没有人格存在。这就意味着这不是主观上的心灵的自我意识，而是心灵本身——未知的、不带偏见的、尚待研究的对象。对自我的认识和对自性的认识之间的不同，最明白地呈现在“谁”和“什么”的区别之中。在此，这位十六世纪的炼金师，涉足了一个让某些心理学家（或那些对心理学问题拥有自己思考的人）困惑至今的问题。“什么”涉及中性的自我，涉及“总体”这一客观事实，因为自我一方面“依赖于”或“从属于”自性，而另一方面又以自性为发展的方向。这让人想起圣依纳爵·罗耀拉（Ignatius Loyola）的《基础》（*Foundation*）中那令人印象深刻的开篇文字：“人被创造出来，是为了赞美、敬畏和服侍我主上帝的，他因此而拯救了自己的灵魂。”[②]

正如对身体机能的认识很有限，人类对自己的心灵也知之甚少。心灵存在的起因主要在意识之外的无意识过程中，同样地，在他之内运作的决定性因素也源于无意识。弗洛伊德心理学对起因给出了基础性的证据，阿德勒则证明了无意识的决定性作用。因此，心灵存在的原因和其运作的结果超出了意识，不应被低估，这也意味着：只要它们没有变成意识的对象，它们的本性和活动就是不可改变且不可逆转的。能纠正它们的，唯有有意识上的领悟和道德上的决心，这就是为何自知这么可怕，却是必要的。于是，倘若我们抛开《基础》开篇文字的神学用词，

---

① “Nemo vero potest cognoscere se, nisi sciat quid, et non quis ipse sit, a quo dependeat, vel cuius sit…et in quem finem factus sit” (p. 272).

② *Exercitia spiritualia*, “Principio y Fundamento”: “Homo creatus est (ad hunc finem), ut laudet Deum Dominum nostrum, ei reverentiam exhibeat, eique serviat, et per haec salvet animam suam.” 参看trans. by Rickaby, p. 18.

结果就会变成这样：“说到底，人的意识被创造出来，是为了（1）认出（laudet，赞美）它源自更高的一体（Deum，上帝）；（2）对这个源头持有适当的、谨慎的尊敬（reverentiam exhibeat，敬畏）；（3）理性地、富有责任感地执行它的命令（serviat，服侍）；（4）因而将心理视为一个整体，为之提供最适宜的生存与发展环境。（salvet animam suam，拯救自己的灵魂）。”

此番释义不仅听起来是理性主义的，而且也是我有意而为的。因为，不管现代思维如何努力，都不能理解延续了两千年之久的神学语言，除非这种语言“符合理性”。结果，理解不足的危险将被下列事物取而代之：空口应酬、矫揉造作、强制的信仰，或是存在已久的听之任之和漠不关心。

在我们之中运作的决定性因素，无非是那些“天赋”，“某位贵胄”将之托付给“仆人”的，让他们去做生意（《路加福音》19:12及以后）。我们不用太多想象力就能发现，在道德意义上，人情世故的复杂关系意味着什么。只有婴儿般的人，才能假装恶并不存在，人越是无意识，就越受邪恶的驱使。正因为无意识与事物的黑暗面有着内在的关联，大众极易在毫无思考的情况下，犯下最骇人听闻的罪行。唯有在最广范围上的冷酷的自知——它以正确的观点看待善恶，并对人类的行为动机做出评价——才能多少保证结局不会太坏。

我们发现，在杜恩（生活在十六世纪后半叶）的作品里，清楚地表达了自知对炼金术转化过程特别重要的意义。这一理念本身有着更早的渊源，可以追溯到莫里斯·诺曼纳斯（Morienus Romanus，七世纪至八世纪），莫里斯在炼金术容器的边缘上写道：“拥有万物者，无需外界援。”[①]他说的并不是要去占有一切必需的化学物质，而是一种道德

① “De transmutatione metallica”, *Art. aurif.*, II, p. 11.

上的物质，他在文中清楚道出了这一点。[①]莫里斯说，上帝从四种不均等的元素中造出世界，并将人设为它们之间的“更大的装饰物”：“此物萃取于你，因为你是它的矿石；它在你体内找到了它，简而言之，人们从你的体内取出了它；而当你经历过这一过程，在你之中对它的爱与欲将会增加。”[②]此“物”便是“石”（lapis），莫里斯说，它包含了四种元素，并被比拟为宇宙以及宇宙的结构。制石的工序“无法用手完成”，[③]因为这指向“人类的态度”（dispositio hominum）。这样做只能做到“本性的改变”。转化的发生必通过相合（coniunctio），这构成了炼金术的本质。[④]

论文*Rosinus ad Sarratantam Episcopum*如果不是完全起源于阿拉伯，就是以阿拉伯风格写成的最古老的文献之一，文中引用哲人马各斯（Magus）[⑤]的话：“此石，在你之下，仿佛服从于你；在你之上，仿佛统治着你；因此，它出于你，仿佛认识你；关乎你，仿佛是与你对等的事物。”[⑥]这段文字有些晦涩。不过可以看出，石与人类存在着一种确定的心灵关系：炼金师可以要求石服从，在另一方面石又统治着他。

---

① “我不应向它们索要财富或馈赠，而应孜孜不倦地为它们提供灵性之礼。”（第10页）

② “Haec enim res a te extrahitur: cuius etiam minera tu existis, apud te namque illam inveniunt, et ut verius confitear, a te accipiunt; quod quum probaveris, arnor eius (rei) et dilectio in te augebitur” (p. 117).

③ Pp. 40f.

④ “教导的完满包含在对联合一致的身体的捕捉里。”（第43页），*Interpretatio cuiusdam epistolae Alexandri Macedonum regis*.（*Art. aurif* I, p. 384）载道：“要知道，万物生而具有男性与女性。”*Tractatulus Avicennae*这么写道：“婚姻是隐微者与稠密者的混合。”参看《移情心理学》，“coniunctio”词条。

⑤ 文中说的“Malus”（*Art. aurif.*, I. p. 310）也许是马各斯（Magus）的误写，后者是一位知名作家。

⑥ “Hic lapis est subtus te, quantum ad obedientiam; supra te, quoad dominium; ergo a te, quantum ad scientiam; circa te, quantum ad aequales” (*Art. aurif.*, I, p. 310).

由于石是一种“知识”或一种科学的物质，所以，它源于人。但它又在人之外，在人的周遭，属于“与之对等的事物”——也可说是“类心灵”。正如其象征意义表现得那样，此番描述正符合自性的吊诡情形。它是小之中的最小，易被忽略。确实，它需要帮助，必须被察觉、被保护。而且，一旦它被有意识地建构起来，仿似根本不存在，仅仅借由人的关切和奉献来存在。与此相对的是，我们从经验获知，它久已存在，比自我还要古老，事实上它就是我们命运的灵性统治者（spiritus rector）。自性不能靠自己变得有意识，而总是通过认知的传统来被传授——如果真的能被传授的话（比如普鲁莎和阿特曼的教义[①]）。因为自性代表了个体化的本质，而个体化若是断了同周遭的关系便无法进行。所以，自性存在于“类心灵”中，个体可以与之建立关系。另外，自性好似一个原型，不变地表达着一种情境，自我被包含其中。因此，如同一切原型那样，自性无法局限于某个个体的自我意识中，而表现得像是周围的气氛——无明确的时空界限（因此，共时性现象常常与被激活了的原型有关联）。

罗辛奴的论文有着与莫里斯相似的论述[②]：“石这种东西，更多地固定在你之中（而非别处），它由上帝创造，而你是它的矿石。它从你萃取而来，无论在何处，都不会与你分离……人由四元素组成，石亦如是。所以它是从人中挖掘而出的，你是它的矿石，通过做工；它是从你萃取而出的，通过分离；它在你之中无法与你分离，通过认知。（言之以别的方式）即石固定在你之中，如在智者的汞里；你是它的矿石，意指它包含在你之中，你秘密地包裹着它[③]；当它被你化约（为其本质）

---

① 普鲁莎（Purusha），指印度瑜伽修行者认为的“真实自我”；阿特曼（atman）指印度教中的“灵魂”。——汉编注

② 这些文字的年代不甚清楚。粗略地估算一下，我觉得莫里斯的时代似乎更久远。

③ 文中有“自己（ipsum）”，但这里的宾语是“事物（res）”。

并被溶解时，它从你萃取而出；如果没有你，它将无法成为石，而如果没有它，你将无法存活，所以结束仿似开始，反之亦然。”[①]

这似乎是对莫里斯论述的一番评注。从中可见，石乃上帝植入人体的，这位化学家乃是其“原初物质”，萃取的过程符合炼金术中所谓的除法（*divisio*）或分解（*separatio*），人凭借对石的认识，保留了与自性难以分割的关系。这里描述的过程，可以简单地被理解为一种无意识内容的实现。那么，智者汞的固化就与传统的炼金术知识吻合，因为汞象征着精神（Nous），[②]通过这一知识，自性作为一种无意识的内容，被意识化且“固化”到思想中。众所周知，如果不存在有意识的概念，统觉是不可能的。这解释了很多神经失调症的成因：某些内容群集在无意识中，因为统觉概念的缺乏，因此不能抓住它们，不能将其同化吸收。这就是跟小孩讲童话传说、跟大人灌输宗教思想（教理）异常重要的原因，这些工具性的象征可帮助无意识内容进入意识，得到解释和整合。倘若不是这样，无意识内容的能量就会流散进意识内容里，便不会受到太多重视，这样就会增加其病态成分，然后会毫无缘由地出现恐惧和妄想——狂热、过敏、疑病观念，还有伪装在社会、宗教或政治外衣下的认知歪曲。

古代大师将炼金术的工视作某种复原，对“末世论”最初状态的修复（“结束仿似开始，反之亦然”）。确切地说，无论是以基督教转

---

① “Hic lapis talis est res, quae in te magis fixa est, a Deo creata, et tu eius minera es ac a te extrahitur et ubicunque fueris, tecum inseparabiliter manet.…Et ut homo ex 4 elementis est compositus, ita et lapis, et ita est ex homine, et tu es eius minera, scil. per operationem; et de te extrahitur, scil. per divisionem; et in te inseparabiliter manet, scil. per scientiam. Aliter in te fixa, scil. in Mercurio sapicntum; tu eius minera es; id est, in te est conclusa et ips[a]m occulte tenes, et ex te extrahitur, cum a te reducitur et solvitur; quia sine te compleri non potest, et tu sine ips[a] vivere non potes et sic finis respicit principium et contra.” (*Art. aurif.*, I, pp. 311f.)

② 《神灵墨丘利》（瑞士版，第100页及以后）。

化的形式出现（“变成小孩子的样式”），或是禅宗里的“悟”的经验（“让我看看你的本来面目”），还是对“整体性”的原始渴望变成有意识的心理发展过程，都是发生在个体化中的事情。

对炼金师而言，“中心”或我们所说的自性，显然不在自我之中，而在自我之外，“在我们之中”却不“在我们的思想里”，而是位于我们无法意识到的地方，是那个我们仍需探知的“什么”（quid）。今天，我们会称它为无意识，而且区分为个人无意识和非个人无意识：前者让我们认识到阴影，而后者让我们认识到自性的原型式象征。此番见解是炼金师无法得出的，他们缺乏认知理论，不得不用传统的方法将原型具象化，假托在物质身上，即便他们觉得这一中心是吊诡的（既在人之中又同时在人之外）——杜恩和其他人无疑也这样认为。

杜恩说，“石”，这种“不会腐败的药剂”，只能在天堂里寻到，因为在天堂里，“遍布着所有元素。这些元素伴着隐形的光束，从地球中心的各个部分聚到一起，生出一切造物。”“无人能在自身之中生成，而（只有）在与人相仿的、从同一个（天堂）的东西中生成。”①

在此，我们目睹了杜恩是如何避开这一吊诡局面的：如果没有一个与人相仿的对象，没人能生成什么东西。然而，与他相仿，是因为来源相同。如果某人想生产出这种不会腐败的药剂，他只能用一些与他自己的中心同源的东西来做，而这就是尘世及一切造物的中心。像他自己那样，它来自同样的源头，亦即上帝。在表面上它分离成不同的物体，诸如天堂、元素、人类等，但这只不过是“生成”的必然。分离的万物，必将在石的生成中再度联合，联合体的原初状态因而得以修复。不过，杜恩说：“你绝不要从他人身上制出你谋求的“一”，除非它被你自己

① “Nemo in se ipso, sed in sui simili, quod etiam ex ipso sit, generare potest”（“Speculativae philosophiae”, p. 276).

制造出来……上帝的意志也是这样。所以，虔诚者将从事他一直谋求的虔诚的工作，完美者会令别人在他致力于完美的方面变得完美……可见，你从事的事情，正是你一直在渴望和寻找的工作”[①]

只有在炼金师自己成为那个“一”时，对立面才能在石中联合为一体。石的联合就是个体化的对等物，人通过个体化成为“一”，可以说，石乃是一体自性的投射。这个公式在心理学上是正确的。然而，它并未充分考虑到：石是一种先验性的联合体。因此，尽管自性可成为意识的一种象征性内容，但我们必须强调：它作为一个上一级的“总体”，必然也是先验的。当杜恩认识到石与转变者的同一性时，他说道：“把你自己从死石变作活生生的哲人石吧！”[②]可是，他缺乏无意识存在的观念，故无法用一个令人满意的公式来描述主观的心灵中心与客观的炼金术中心的同一性。然而，他却成功地解释了磁性吸引力——存在于想象的象征（“理论”）中，与隐藏于物质当中，或尘世内部，或北极之中的“中心”这两个极端之间，存在统一性。这就是为何理论和物质的秘密都被称作真理的缘故。此真理在我们之中“闪耀”，却又不属于我们：它“不可在我们之中寻得，而要在我们之内的上帝意象中寻得。”[③]

所以，杜恩将人之内的先验性的中心，等视为上帝意象。二者的统一性清楚说明了为什么炼金术中关于“整体性”的象征，既适用于人之

① “… ex aliis numquam unum facies quod quaeris, nisi prius ex te ipso fiat unum … Nam talis est voluntas Dei, ut pii pium consequantur opus quod quaerunt, et perfecti perficiant aliud cui fuerint intenti.… Fac igitur ut talia evadas, quale tuum esse vis quod quaesieris opus” (p. 276f.).

② “Transmutemini de lapidibus mortuis in vivos lapides philosophicos!” (p. 267). 这里隐射了《彼得前书》2:4及以后：“主乃活石，固然是被人所弃的，却是被神所拣选、所宝贵的。你们来到主面前，也就像活石，被建造成为……。”

③ “Non in nobis quaerenda [veritas], sed in imagine Dei, quae in nobis est” (p. 268).

内的秘密也适用于神，为什么诸如汞、硫黄或水火元素，会涉及上帝、基督，还有圣灵。的确，杜恩走得更远，他认为存在就是真理，且只有这种真理："再者，我们可以为真理下一个令人满意的定义，我们只能说'它是'，除此之外再也不能多说什么了。请问，你能在'一'之上再增加什么吗？它缺了什么吗？或者说它靠什么支持呢？在真理之中，只存在'一'。"[①]对他而言，真正存在的只有超验的自性，它与上帝是同一的。

杜恩总结了所有象征性的术语，并清楚地道出，炼金术从一开始就存在的强烈动机是什么。他也许是第一个这么做的炼金师。值得注意的是，这位思想家的公式比其后继者雅各布·伯麦更清晰，可时至今日，哲学史家们对他全然不了解。因此，他的理论和大部分炼金术哲学的命运类似，对于那些不熟悉现代心理学的人来说，只存在于用七个封印封好的书之中。然而，如果我们想要理解当下的人心，就得时不时打开这本书。因为炼金术是基本物质之母，也是现代科学思想的具象表现，它不是只对知识分子起训诫和训练作用的经院哲学。

① "Ulterius, ut definitioni veri faciamus satis, dicimus esse, vera nihil adesse, nam uni quid adest, quaeso, quid etiam deest, aut quid contra niti potest? cum nihil vere praeter illud unum existit" (p. 268).

第十二章
基督教炼金术象征意义的心理学基础

“炼金术母亲”（Mater Alchimia）可以成为新纪元的别称。炼金术大约与基督教同时出现，在十六、十七世纪引发了科学的诞生。不料，炼金术从此消亡，不为人所知，也被人误解，这个持续了够久的时代沉入了世纪长河之中，淡出了人们的视野。不过，就像每个母亲都曾是女儿一样，炼金术也有其“母亲“，其真正的开端应归到诺斯替教体系，希波吕托斯恰当地将之视为哲学体系。在现代人看来，诺斯替体系借助希腊哲学和近东及中东神话、基督教教理和犹太神秘哲学，做了一个极为有趣的尝试：把世界视为一个整体，在其中，自然层面和神秘层面扮演着相同的角色。倘若这番尝试成功了，我们便不会目睹今日之怪现状：两种平行的世界观对彼此一无所知，抑或不愿获知。希波吕托斯是令人羡慕的，他能将基督教教理与其“异教徒姊妹”同等对待。殉道者查斯丁（Justin Martyr）也曾尝试过类似的比照。出于对基督教思想的崇敬，我们不得不承认，时至开普勒那个年代，为解释和理解“自然本性”而做的可嘉尝试并不缺乏。从最广泛的意义上来说，这些尝试都是在基督教教理的基础上开展的。

不过，由于对自然本性的运作过程缺乏足够的认识，这些尝试难免以失败告终。因而，在十八世纪，信仰与知识之间出现了臭名昭彰的断裂。信仰缺乏经验支持，而科学也忽视了灵魂。相反，科学笃信绝对的客观性，刻意回避了一个根本性的困境：一切知识的真正的中介物和产生者都是心灵，一直以来，心灵是科学家了解得最少的事物。心灵被视作一种化学反应的症状，一种脑细胞生理过程的附带现象，有时候甚至不存在。科学家们自始至终都没有意识到下列事实：他们使用摄影装置观察，却对这部装置的性质和结构毫不了解，而且很多科学家还不愿承认此装置的存在。就在最近，他们才被迫考量心灵因素的客观实在性。值得注意的是，微观物理学以最真实、最意外的方式发现了心灵。在这一点上，我们显然得忽视无意识心理，因为其工作的前提正包含在心灵的实在性中。在此，真正关键的是这种对立，也就是心灵同物理的冲突。①

对诺斯替教徒来说，这也是他们真正的秘密，心灵就是认识的来源，正如心灵在炼金术中起着同样的作用。不去管无意识心理学，当代科学和哲学也只了解外在事物，而信仰又只知道内在事物，我们只有在数世纪以来基督教的文献中——始于圣保罗和《约翰福音书》，才能对心灵略知一二。与科学惯常的客观性很像，信仰也是绝对的，这就是为何信仰与知识不能再结合在一起，而与基督教则可以。

我们的基督教教义是一种极为特别的象征，讲述了先验的心灵——上帝意象以及这一意象的特性，这与杜恩之说一致。教义是一种“象征”。实际上，它包含了内在经验中一切重要的、可由心理表现所确证的东西，但它并未包含本性，至少本性在此不具备任何可认识的形式。因此，在每一个基督教时期，都有着某些次要的思潮或暗流，它们企图探究本性的经验层面——不仅从外部，也从内部。

虽然大体上教义（dogma）像神话一样显现了内部经验的精髓，并

① 参看《论心灵的本质》，1954/55版，第424、438页及以后。

阐述了客观心灵——集体无意识的运行法则，但它采用了异于今人思维方式的语言和观念。“教义”一词甚至有着不好的名声，通常只是强调某个偏见有多么死板[1]。对大多数西方人而言，教条的象征意义——象征着某种几乎不可知，却“实际存在”（有效的）的事物——已经失去了。就算在神学界，任何关于教义的真正讨论几乎都已停止。最近的教皇声明说，即使教义的象征还没有完全衰败，也有逐渐减弱的迹象。这对我们的心灵健康而言，是一种危险的发展，因为我们知道，没有别的象征能更好地表达无意识的世界了。于是，越来越多的人为了寻找替代品，四处寻找异国理念，比如印度的东西。这种想法是虚妄的，尽管印度的象征和基督教的象征一样，都表达了无意识，但它们表现的却是各自不同的精神过往。印度教义的本质涵纳了数千年印度人的生活经验。我们纵然可以从印度思想中受益匪浅，但它绝不能表达储存于我们之中的过往。我们的立足点是基督教，现在依然要以它为出发点，基督教涵盖了从十一世纪到十九世纪间西方人生活的林林总总。在此之前的相当长的时间里，大多数西方人信奉多神论和多鬼神崇拜。在欧洲的某些地区，基督教只有稍长于五百年的历史——仅仅传了十六代人。欧洲最后一个女巫被烧死的那年，正是我祖父的出生之年，而野蛮凶残伴着人性的堕落，在二十世纪再度出现。

我之所以提及上述事实，是为了说明我们与异教徒时代仅一纸之隔。除此之外，日耳曼人绝未从原始的多鬼神崇拜中有机地发展出多神论及相应的哲学敏感；在很多地方，他们接受基督教一神论及救赎的教义，不过是迫于罗马军团的刀剑，这就好比在非洲，机关枪是基督教入侵的潜在因素。[2]因为教义有着某种顽固性，在未开化的人群中传

① “dogma”一词也有“教条”的意思。——汉编注

② 我对这种恐惧感同身受。

播基督教，不仅是有益的，更是有必要的。伊斯兰教的传播也大致如此，也不得不诉诸狂热和强硬的措施。在印度，这个象征的发展更为有机，也较少受到干扰。就连佛教，这场伟大的印度教改革，也是真正的“印度式”的，是建立在瑜伽的基础之上的。而且，至少在印度，在不到一千年的时间里，佛教几乎完全被印度教同化了。因而，作为毗湿奴的化身，今日的佛陀连同基督、马特斯亚（Matsya，灵鱼）、库尔马（Kurma, 神龟）、瓦摩那（Vamana,侏儒）和其他形象一起，位列于印度教的万神庙中。

在历史上，我们西方精神的发展无论如何都不能与印度的情况相比。任何自以为可以一股脑地接受东方思想的人，都是在把自己连根拔起。这样获得的思想不能表述我们西方的过往，而是一堆苍白的认知概念，丝毫打动不了我们的心弦。我们深深扎根于基督教的土壤中。当然，这层地基不是很深厚，而是如我们所见的那样，在一些地方有着令人担忧的浅薄。正因为这样，原来的异教信仰才改头换面，重新占据了大部分欧洲，并把其特有的奴隶制经济模式强加给这些地方。

西方现代精神的发展与异教潮流相一致，这在炼金术中有清楚的呈现，并且，从古代起就活跃于基督教表面之下。在十六世纪和十七世纪，炼金术到达了繁盛时期，随后逐渐绝迹。实际上，炼金术的延续可以在自然科学中寻到。自然科学导致十九世纪出现了唯物主义，在二十世纪促使了所谓的“现实主义”的产生，目前自然科学的影响还未结束。基督教实为一个无助的旁观者，虽然这样说缺少善意。教会尚存少许力量，然而她在欧洲的废墟上牧她的羊。要想教会的启示奏效，必得有人知道如何把她的语言、理念、习惯与当下的思维方式结合起来。不过，就像保罗在雅典的集市里所做的那样，教会也对大部分人三缄其口——她不再说当下的语言，而把启示包裹在岁月所神话的圣言之中。如果保罗用米诺斯时代的语言和神话为雅典人讲述福音，他会成功吗？

我们忘了一个不幸的事实，今人的需求比使徒时代的需求要大得多。让使徒时代的人来相信英雄和半人半神是处女所生并不困难，殉道者查斯丁仍在他的护教词中采用了这种说辞。救赎的神-人理念也并非闻所未闻，因为所有的亚洲统治者和罗马君主，实际上都拥有神圣的本性。然而，就连列王的神圣权利对我们来说都没有太多用处！福音书中奇迹般的故事，当时的人轻易就可以相信，而出现在当代任何一本传记中，却会成为“绊脚石”（petra scandali），引发人的抵触。神灵那奇怪而绝妙的本性，曾是一百个活生生的神话中不证自明的事实，并且在那些神话的哲学改良品中，呈现出某种特别的意义。“赫尔墨斯，三合一”（Hermes ter unus）并非认知上的谬论，而是一个哲学上的真理。在这些基础上，三位一体教义的提出才有说服力。对现代人来说，这一教义要么是一个难解之谜，要么是一个历史怪闻，最好是后者。对一个古代人而言，圣水的价值或物质的变换根本不稀奇，因为许多神圣的泉水都有着不可思议的作用，而任何剂量的化学变化都显出奇迹般的本性。而今，基本上每个学童都知道很多大自然的运作法则，把普林尼的《自然史》各卷相加都不能及。

倘若保罗活在今天，准备在海德公园对聪明的伦敦人讲道，那么，他就不能从古希腊文献中引经据典，就犹太历史说点皮毛，他必须让自己的语言适应现代英国大众的认知能力。要是他做不到这一点，他的信息传达就将一塌糊涂，因为除了古典语言学家，无人能理解他说的一半内容。不过，这就是基督教福音布道[①]在今天的处境。不是说它操着一门死气沉沉的外语，讲着字面上的意思，而是说它提到的形象一方面年代久远却让人误以为很熟悉，另一方面又与现代人有意识的理解相去甚远。仅仅当布道者的整个灵魂投入到布道时，他才能通过无意识传递

① Kerygmatics（宣讲）= preaching（讲道），宗教真理的宣传。

出一些信息——至多如此。最好的情况是，布道的影响局限在感觉范围内，当然，在大多数情况下，影响还没那么大。

从教义到个体内部经验之间的联系已然断裂。取而代之的是，教义是“被信仰”的。①它被实体化，形同新教徒把圣经实体化，将它不合逻辑地变成至高权威，罔顾它的种种矛盾和有争议的解释（如我们所知，任何事物都可以源出于《圣经》）。教义不再系统地阐述任何事物，也不再表达任何事物，它变成一种自动接受的准则，没有任何经验基础证实其真理性。②就是这样，信仰本身变成了那种经验。类似于保罗那样的人，虽从未目睹主的肉身，却依旧会被大马士革途中的巨大异象吸引，会为福音书中的启示狂喜忘形。与此相似，有着这种信仰的古代人和中世纪基督教徒从未走到“共识”（consensus omnium）的对立面，而是被共识支持。所有这一切，都在最近的三百年间彻底改变了。然而，神学界又有什么改变能与之相提并论呢？

毋庸置疑，危险是存在的：旧瓶会被新酒撑破，我们不再理解的事物也会被丢到旧物间里，宗教改革时就发生过这样的事情。新教抛弃了一切宗教必有的仪式（除了少量苍白无趣的残余），仅仅依赖“因信称义”的观点。信仰、信仰象征的内容持续不断地衰败下去。还剩下什么呢？是耶稣基督的人格吗？就连最无知的门外汉都知道，对传记作家来说，在《新约》所有的记录中，耶稣的人格是最晦涩的内容，而且，从人性及心理学的观点来看，耶稣的人格必然是个讳莫高深的谜。正像一

① 神父维克特·怀特（Victor White）善意地让我注意圣托马斯·阿奎那“第一真理”（*veritas prima*）的概念（*Summa theol.*, II, II, i, 1 and 2）：此种“第一真理”是看不见且不可知的。它不是教条，而是这种存于信仰之下的事物。

② 此言并不是在辩驳教义的正统性与重要性。教会不仅和那些自己过着虔诚生活的人有关，而且也和另一种人有关：你只能期望他们认为某条教义是真的，承认对该准则心悦诚服。或许，大量的“信徒”都停留在后一个水平上。对他们而言，教义的角色仿佛一块磁石，故其能自称“终极”真理。

位天主教作者的简要评论：福音书同时记载了一个人和一位神的历史。或者说只剩下上帝了吗？若是如此，“道成肉身”这个最关键的信仰象征又该如何解释呢？依我之见，人们最好把教皇声明中的“依其所‘是’，或者‘不是’”[①]应用到这一教义中，并将其搁置一旁，因为没有谁真正理解它全部的含义。否则，我们如何解释对教义可耻的偏离呢？

读者们恐怕要觉得奇怪，医师和心理学家们为何会坚持教义的重要性。我必须强调，相同的原因曾影响到炼金师，让他们为“理论”赋予了特别的重要性。炼金师的教义是无意识过程的象征典范，正如教条是“神圣历史”、神圣存有及其神迹的神话的浓缩和精华。我们要想理解炼金术教理所谓何意，就必须从历史上追溯象征现象，追溯与个体相关的象征现象。我们若想对教义有更深入的理解，必须首先考虑基督教的基础——近东和中东的神话，然后考虑整个神话学在人类身上的呈现，即共有的“性情”。我把这种“性情”称为集体无意识，仅能从个体现象学中推知其存在。在上述两种情况下，研究者都要重返个体，他始终要思考的，乃是某些复杂的思想形式，即原型——必然会被视为我们思想的无意识组织者。产生这些完形的驱动力，难以与超意识因素——本能相区别。所以，把原型想象为本能意象是站不住脚的。[②]

我们不能由此推论：宗教思想领域可被“仅仅”还原为一种生物学基础。而且，以类似的方式设想宗教现象可被“心理分析”化为乌有，也同样是错误的。没有一个理性的人会认为，将人的形态降减为四足蜥蜴意味着人类形式的无效，或者相反，意味着人类不知何故就能解

---

① “Sit, ut est, aut non sit.”

② 《论心灵的本质》，1945/55版，第415段。

释自身。这一切的背后隐藏着巨大而难解的生命之谜、进化之谜，到头来，对这个压倒一切的问题的叩问并非进化的起点，而是进化的目标。不过，当一个活生生的有机体被由根砍断，它便与存在的基础失去联结，也必将枯败。当这一幕发生之时，对起源的回忆就是关乎生死的问题。

神话和童话表达了无意识的过程。复述神话和童话可以令这一过程复苏并被忆起，并重建意识与无意识之间的联结。这两半心灵体的分离意味着什么，精神科大夫最为清楚。他知道那是人格的分离，是一切神经症的根源：意识朝右走，无意识往左走。正如对立面绝不会在自身的层面上联合一样（*tertium non datur*）[①]，某种几何坐标以上的（superaordinate）“第三者”总是必须的，两部分可于其中汇集。而且，因为象征既源自意识，又源自无意识，所以它能够联合二者：其形式调和二者在概念上的极性，其圣秘性调和二者在情感上的极性。

因此，古人常常将象征比作水，一个恰当的例子就是“道”，阴阳在“道”中合一。道是“山谷精神”，即河水的蜿蜒路线。教会的象征是“教义之水”，相当于炼金术创造奇迹的“圣水”，其双重含义表现在汞当中。这种象征之水——无论是道、洗礼之水，还是不老药——的疗愈和再生的特性，说明了其诞生的神话背景具有治疗性特征。通晓炼金术的医师早就认识到，他们的神秘物质不仅能治愈——或以为能治愈——身体的疾病，还能治愈心智的疾病。相似的是，现代心理治疗认识到，虽然有许多暂时的解决办法，但在每种神经症的底端，总有一个对立的道德问题不能以理性来解决，而只能通过几何坐标以上的第三者，通过一个能够表达两方面的象征来解决。这曾是古代医师和炼金师

① 字面意思为“没有第三者”，逻辑学上常译为“排中律”——汉译注

所努力探求的“真理”（杜恩）或“理论”（帕拉塞尔苏斯），当时他们为了达成此愿，只能把基督教的启示融入其思想世界里。在新的纪元里，他们继续做着诺斯替教徒（其中的大多数人与其说是异教徒，还不如说是神学家）和教父们的工作。他们本能地认识到：旧瓶不能用来装新酒，而且，就像蛇蜕皮那样，在每一个崭新的时代里，古老的神话都需要穿上新衣，否则就会丧失其治疗功效。

现代医生和心理学家所面临的种种无意识整合的问题，只能靠追溯历史来解决，最终要对传统神话进行一番崭新同化。不过，此说假定了历史发展的连续性。而当下破坏所有传统的趋势，或是其无意识的补偿表现，可能会使数百年的正常发展过程中断，从中插入一段野蛮的间奏。在马克思主义乌托邦盛行的地方，上述种种已经发生。可是，今日已普及的科技教育，也同样会引起灵性的退化，并使心灵分裂的情况大为增加。只懂保健知识和成功之道的人，依旧离健康甚远，否则我们之中最有知识且最富裕的人，将会变成最健康的人。就神经症来说，情况是完全相反的。丧失根基、缺乏传统使大众变得神经质，大家已做好准备集体患上癔症。集体癔症——存在于自由被废弃的地方和恐怖主义统治当中——呼求集体治疗。理性唯物主义在哪里占统治地位，哪里的状态就更像疯人院，而不是监狱。

*

在前面，我已试着说明在数世纪里，这种心灵基质曾同化进入了基督形象之中。设若在救赎主形象与某些无意识内容之间没有紧密的联系——磁石，那么人的心智永远无法觉知闪耀在基督之内的光，也不能热情地抓住这道光。联结二者的乃是“神—人”的原型，一方面基督成为历史的存在，另一方面他又是永恒的存有，统治着拥有“完人”形式——自性的灵魂。就像左西摩斯在异象中看到的那样，牧师是“Κύριος τῶν πνευμάτων”：不仅是“万灵的主”，而且是“统辖

（恶）灵的主”，这是基督教“主”（Kyrios）的一个基本意义。[①]

那些不见于经典之中的鱼的象征，让我们进入到这种心灵架构之中，也进入到这样一种经验领域：不可知的原型变成活生生的事物，在无尽的演进中变换着名字和外貌；也可以说，原型永久地围绕着隐藏着的核心运动，不断地将它揭示出来。象征上帝的“石”（lapis）变成了人，或人变成了“有千种名字的”上帝。它不是基督，它是基督在主观经验领域里的相似物，教义称其为基督。炼金术为我们提供了一个关于“石”的具体的理念，告诉我们在主观经验领域里基督意味着什么。在他迷惑人心或启人心智的伪装背后，我们可以在其无可言状的超越性中，经验到基督是实际存在的。我们也可以就现代人的心理进行相同的论证，就像我在《心理学与炼金术》第二部分所尝试的那样。[②]我们只有进行许多细节探究，并掌握大量个人传记材料，才能写就这样的专著。但这样艰巨的任务，是我力所不逮的。因此，能为做这项工作的后人做些史学和概念上的基础工作，我就知足了。

在结尾处，我要再次强调，鱼的象征是福音书基督形象的自发同化。因此：我们可以从中知道此象征是以何种方式被无意识同化的，具有何种意义。在这个方面，在教父寓言（十字架为鱼钩，钉在十字架上的东西为鱼饵）中，捕获利维坦显得非常有特点：无意识（大海）的内容（鱼）被捕获，且把自身附上了基督的形象。所以，圣奥古斯丁说其“自深处而来（de profundo levatus）”。鱼是如此，可基督呢？鱼的形象源自无意识的深处，是基督在历史上的一种对等物。如果基督被唤

① 就像《旧约》的“大能者雅伟（Yahweh Zebaoth）”，万军之主一样。参看Maag, “Jahwäs Heerscharen”。

② 亦见于《心理学与宗教》、《自我与无意识的关系》，以及我对《金花的秘密》的评注。

作“伊克塞斯”（Ichthys）[1]，那么这个名字就涉及那自深处而来的东西。因而，鱼的象征便桥接了历史上的基督和人的心灵本性，救赎主的原型亦栖于此。这样一来，基督变成了一种内部经验，即“内在的基督”。

如我所说，鱼在炼金术中的象征意义，直接指向“石”（lapis）、“救世主”（salvator）、“仆役”（servator）和“大地之神”（deus terrenus）；从心理学来说，就是直指自性。现在，我们找到一种代替鱼的新的象征：“人类整体”这样一个心理学概念。鱼就是基督，正如自性就是上帝。它相当于一种内部经验，基督同化进入心灵基质，是圣子的新的实现，它不再是兽形的，而在概念上或在“哲理的”象征里表现自身。与静默的、无意识的鱼比起来，这一经验标志着明显的意识发展。[2]

① 耶稣鱼（ΙΧΘΥΣ）是基督教的一个代表符号，最早是基督徒为了躲避罗马帝国宗教迫害而使用的暗号，随着《米兰敕令》的发布，基督教得以合法化，此符号也因其历史意义而成为基督教的代表符号之一。——汉编注

② 关于意识发展与神话象征的意义，请参看Neumann, *The Origins and History of Consciousness.*

第十三章
自性在诺斯替教中的象征

1

既然所有的认知都类似于识别，我们便不应惊讶于这一点：在我们这个时代的开端，我所说的渐进发展过程已预先存在，且或多或少有些预兆。我们在诺斯替教义中发现了这些意象和理念，对此必须加以关注。这是因为，诺斯替教基本上是一种文化同化的产物，故对阐明和定义各预言罗列的内容极有兴趣，这些预言或是关于救赎主的，或是关于他在历史中的出现的，亦或是关于原型的共时性的。[①]

希波吕托斯在《辩驳》（*Elenchos*）中曾提到磁石与铁的吸引力。我没记错的话，他提过三次。第一次出现在挪阿新派的教义中，该教派认为，天堂里的四条河对应着眼睛、耳朵、鼻子及嘴巴。嘴巴——念出祈祷，摄入食物，对应着第四条河即幼发拉底河。“第四”众所周知的特别意义解释了它与“完人”的关联，因为第四个总会让一个三元体变成一个“总体”。文中载道：“这是天空之上的水，[②]人们说，救世主这样谈论它：‘你若知道那问话者是谁，你必早求他，他也必早给了

---

① 很遗憾，对此观点，我无法在此阐明甚至是记录。不过，正如莱因（Rhine）的ESP（超感官知觉）实验所示，任何强烈的感情兴趣或迷恋，无不伴随着某种现象，此现象只能由时间、空间和因果关系的心理相对性来解释。因为原型通常具有某种圣秘性，所以，它们能引发迷恋，并伴有共时性的现象。共时性现象包含着两个或更多的事实的巧合，这些事实并无因果联系。读者欲知详情，请参阅拙文《共时性：一种非因果关系的联结法则》（*Synchronicity: An Acausal Connecting Principle*）。

② 《创世纪》1:7。

你一泉活水去喝。’[①]所有的本性奔向那活泉，为了选择自己的物质；本性从活泉中来，流向一切适合它的本性，（一定）比何克力士之石（Heracleian）[②]对铁的吸引力还要强烈。” 诸如此类。

从《约翰福音》4:10的引文可见，幼发拉底河那奇妙的水拥有“教义之水”的特性，这水能使个性中的每一本性变得完美，也使人变得完整。其运作原理是：给他某种磁力，让他能够吸引并整合属于他的东西。简言之，挪阿新派的教义与我们前述的炼金术观点极为相似：此教义是一种磁石，使人的整合像石的整合一样，成为可能。

在彼类兹派的教义中，此类理念重复之多，连希波吕托斯都沿用了相同的隐喻，虽然后者的表意更加隐晦。他说，没有“子”，无人能得救：

可这是蛇。因为正是它从上面把父的标记带了下来，正是它在他们醒后又带他们回来，将他们由此处转移到彼处，仿佛从非物质中生出了物质。人们说，（这意味着）“我就是门”。[③]可人们说，它把他们转变为眼睑闭着的人，[④]就像煤焦油把四处的火吸向自己一样，[⑤]比何克力士之石吸引铁还要强烈……[⑥]因此，人们说，照着（圣父的）形象、用相同的物质（*homoousion*）造出的完美人种，是蛇带到人间的，甚至是它下放到人间的。别的没有什么（是如此来的）。[⑦]

---

① 非逐字地引用了《约翰福音》4:10。

② “何克力士之石”=磁石。

③ 《约翰福音》10:9：“我就是门，凡从我进来的，必然得救。”

④ 我读到的材料是：καμμύουσιν ὀφθαλμοῦ βλέφαρον。这是不是指那些对世界闭上眼睛的人？

⑤ 煤焦油的类比再现于巴西利得派的教义中（Elenchos, VII, 24. 6f.）。这里涉及至高阿其翁之子，此人领会了νοήματα ἀπὸ τῆς μακαρίας υἱότητος（福佑子格的理念）。对此，希波吕托斯的阐述似乎有点混乱。

⑥ 现在，又有几个隐喻接踵而至。我们还应该注意到，它们和前面引用的一样（V, 9, 19）。

⑦ Elenchos, V, 17, 8ff. (Cf. Legge trans., I, pp. 158f.)

在此，磁性吸引力并非源自教义或水，而是源自“子”，他的象征是蛇，就像在《约翰福音》3:14里那样。[①]基督这块磁石，吸引着人之内属于神圣起源的部分或物质，即父的标记（πατρικοὶ χαρακτῆρες），并将他们带回天堂般的诞生地。蛇跟鱼是对等的。有一种看法是，这解释了救赎主既是鱼又是蛇：因为来自未知的深处，所以他是鱼；因为神秘地源出于黑暗，所以他是蛇。人们特别喜欢用鱼和蛇来描述那些忽然从无意识里窜出、具有骇人效果或补偿作用的心灵事件或经验。这就是为什么它们常常示现为“有用的动物”。把基督比作蛇要比将他比作鱼更加真实，但是，在最初的基督教里，此对比却是罕见的。诺斯替教之所以喜好这么做，是因为蛇象征的是“善的”守护神（genius loci）——艾格沙狄蒙（Agathodaimon）神的古老象征，而且也象征着他们钟爱的努斯。两种象征都是对基督形象自然而本能的解释，都有着不可估量的价值。兽形的象征，在梦境和其他无意识表现中很常见。它们表达了我们正谈论的内容的心灵层面，换言之，此类内容处于无意识阶段，距人类意识之远，仿佛人类意识距动物心灵之远。因而，所有温血或冷血脊椎动物，甚至是无脊椎动物，都暗示出其所在的无意识程度。精神病理学家知道这一点很有意义，因为这些内容会在各层次制造病症，这些症状影响到相关的生理和心理机能。比如，症状可能与脑脊髓和交感神经系统有明显的关联。也许，塞香斯派（Sethians）已经猜到与此类似的事情，希波吕托斯提到，与蛇相关，他们把“父”同大脑（ἐγκέφαλον）相对比，又把“子”同小脑和脊髓（παρεγκεφαλίς δρακοντοειδής）相对比。实际上，蛇象征着“冷血的”、非人的内容，一种抽象智能的倾向，以及某种具象的动物本性：一言以蔽之，人身上那外乎人类的品质。

希波吕托斯对塞香斯派教义的叙述中第三次提到了磁石。这种

① “摩西在旷野怎样举蛇，人子也必照样被举起来。”

说法与中世纪炼金术的教义非常相似，尽管没有直接的证据。用希波吕托斯的话来讲，它解释了“一种合成与混合的”理论：上面的光线以微弱的火花的形式，与下面黑暗的水域混合。在个体死亡时，对在一种神秘经验似的象征性死亡之时，两种物质与自身分开来。这种神秘经验是合成物的“除法”和“离法”（τὸ διχάσαι καὶ χωρίσαι τὰ συγκεκραμένα）。我故意列出中世纪炼金术所使用的拉丁术语，是因为它们在本质上表示了与诺斯替教概念相同的东西。炼金师通过分离或离析，从“原初物质”里萃取了“灵魂”或“灵性”。在此操作中，有用的汞与“分隔之剑”（炼金师们也用它）一同出现，塞香斯派参考了《马太福音》10:34：“我来并不是叫地上太平，乃是叫地上动刀兵。”离析的结果是：先前与“他者”混合的东西现在被吸引到“它自己的位置”，被吸引到“合适的”或与它“相似的”东西那里去（ὣς σίδηρος [πρὸς] Ἡράκλειον λίθον），“就像铁之于磁石”。[①]同样地，火花或光线，“通过学习和被传授，获得了恰当的位置，匆忙奔向那来自上面、形如奴隶的逻各斯……比铁（飞向）磁石（还要快）。”[②]

在此，磁性的吸引来自逻各斯，意味着一种已被明确而清晰地表达的思想或理念，亦即意识的一种内容和产物。所以，逻各斯很像“教义之水”。不过，逻各斯具有作为自主人格的优势，而“教义之水”仅是人类行为的被动对象。逻各斯更接近于历史上的基督形象，犹如“水”

---

① 如前面关于磁石的段落那样，此处涉及的同样是琥珀（*electron*）和海鹰，强调的是该鸟的中心。

② *Elenchos*, V, 21, 8 (Legge trans., I, p. 168). 光线（*radius*）在炼金术中扮演着类似的作用。杜恩（*Theatr. chem.*, I. p. 276）提到：“天堂的无形光线汇在地球的中心。”在那里，就如米歇尔·麦耶尔（Michael Maier）所说的，闪耀着一种“红宝石似的圣洁光芒”（*Symbola aureae mensae*, 1617, p. 377）。如《黄金书》所说（*Ars chemica*, 1566, p. 15），神秘物质萃取于光线，并构成其“阴影”（*umbra*）。通过磁石，永恒的水自日光与月光中萃取（Mylius, *Philosophia reformata*, p. 314），或曰日光在“银水”中联合（Beatus, “Aurelia occulta”, *Theatr. chem.*, IV. p. 563）。

更接近于仪式（净身礼、洒圣水、洗礼）用的魔法之水。我们举的三个磁性行为，暗指了三种不同的磁剂形式：

1. 这种药剂是一种无生命的、本质上被动的物质——水。它源出于井的深处，被人类的双手操纵，人根据需要使用它。它代表了可以看见的教理、教义之水或逻各斯，可以借由讲话和仪式与他人沟通。

2. 这种药剂是一种有生命的、自主的存在——蛇。它自发地出现或者出人意料地现身，它使人神魂颠倒，它凝视的眼神固着而漠然，它的血是冷的，它对人类来说是陌生的：它从睡觉的人身上爬过，人在鞋子里或口袋里发现它。它表达了人对一切非人类的恐惧，对崇高的事物及超乎人类理解范围的事物之敬畏。它既是最低者（魔鬼），也是最高者（上帝之子、逻各斯、努斯、艾格沙狄蒙神）。蛇出现在意外的地方和意外的时刻，令人感到恐惧。如同鱼那样，蛇代表并体现了黑暗而叵测的事物、水的深不可测、森林、夜，以及洞穴。一个原始人说的“蛇”，意味着某种外乎人类的经验。蛇并非一种寓言或隐喻，因为它自身的独特外形象征了自己。而且，需要一提的是，“人子”拥有蛇的外形，而不是蛇拥有“人子”的：蛇并不象征“人子”。

3. 这种药剂是逻各斯，一方面是一种哲学理念及上帝那有着人身和人格的儿子的抽象概念，而另一方面则是思想和言语的动力。

显然，这三种象征试图描述上帝的化身所具有的不可知的本质。不过，有一点相当清楚，这些象征的具体化到了一个高度：这是真正的水，用于仪式的水，而非象征性的水。逻各斯存在于太初，而上帝是逻各斯，这是一个远远早于道成肉身的时间。因“蛇”被如此强调，所以奥菲特派（Ophites）用活蛇来庆祝他们的圣餐宴，其逼真程度不亚于在埃皮达鲁斯（Epidaurus）的阿斯克勒皮俄斯（Aesculapian）之蛇[①]。同

① 埃皮达鲁斯为古希腊医药之神阿斯克勒皮俄斯的所在地。阿斯克勒皮俄斯的象征是蛇杖。——汉编注

样，“鱼”不只是神秘的暗语，就像墓志铭所示的，它还意味着某些本质上的东西。另外，它在原始的基督教中的意义，并没有书面传统的支持，但在真正的耶稣语录中却的确提及过蛇。

这三种象征都是同化的现象，它们本身就有某种圣秘的本性，因而也具有一定程度的自主性。的确，如若它们从未现身，那就意味着“天使报喜”——基督即将降生——是无效的。这些现象不但证实了“天使报喜”的有效性，而且提供了“天使报喜”可以奏效的必要条件。换言之，这些象征代表了基督形象的原型，这一原型沉睡在人的无意识里，随后又被他在历史中的真实出现唤醒——可谓磁力般地将之吸引过来。这就是为什么埃克哈特大师采用同样的象征来描述亚当与造物主的关系，另一方面也用来描述亚当与低级造物的关系。①

该磁性过程借由建立另一种——与自我相对的——目标或中心，革新了以自我为导向的心灵。这种目标或中心具有各种名字与象征的特点：鱼、蛇、海鹰的中心、②方位点、单子、十字架、天堂等。那个神话——无知的造物神自以为是最高神，显示出自我的混乱：当自我无法继续将自己藏在知识背后时，它就已经被超越性的权威废黜了。哲人石“有千种名字”，与诺斯替教对人的不胜枚举的称谓相一致，这使其含义变得非常明显：更大、更全面的人，无以名状的整体，由意识与无意识过程的总和组成。这种客观的整体——与主观的自我—心灵相对——正是我所谓的自性，而且，它恰好与人这个理念相一致。

---

① “所以，最高的力量，鉴于它在上帝中的稳定，表现为最低的。因而，它能分辨善恶。亚当住在这种联合中，随着此力量的持续，他也让诸造物的所有力量汇在他的最高力量中。当一块天然磁石对一根针发挥它的力量、把它吸过来的时候，这根针便得到了足够的力量，去传递给下方所有的针，它让那些针吸附到天然磁石上。”（Meister Eckhart, trans. by Evans, I, p. 274, 略有改动。）

② 参看第178页注①

2

在应对神经症案例时，我们可以尝试增加无意识内容，来补充意识里不足的态度（或适应性）。我们的目的是创造更广的人格，当病人的洞察力增强了，此人格的重心未必与自我相符，反倒可能阻挠其自我倾向。如同一块磁石，新的中心吸引着那些适合自己的东西，“父的标记”，亦即所有从属于个体地图那原始的、不变的特质。所有这些，都比自我更古老，也指向了一点：巴西利得派“受福佑的、不存在的上帝”对造物神——八元的阿其翁采取行动；非常吊诡的是，也指向了对父亲采取行动的造物神之子。因为儿子知晓上面的消息，所以他能证明自己位置更高，并告诉其父后者并非最高的神。当我们考虑到这可能是潜在的心理经验时，这个明显的矛盾就能自行化解。一方面，在无意识的产物里，自性表现得仿佛是一种先验的，或者说是一种人所熟知的圆形物和四元象征。这种象征经常出现在早期童年的梦境里，这使意识或理解有了可能。另一方面，唯有对无意识内容进行耐心和勤恳的钻研，唯将有意识及无意识资料整合在一起，才能产生某种“总体”。为了描述自性，这个过程再次用到了圆形物。[①]同样是在这一阶段，原始的儿童梦被回忆起来，并得到理解。炼金师对个体化过程的本质的了解——用自己的方式，比我们现代人要多得多。他们用咬着自己尾巴的蛇这一象征，来表达这个悖论。

诺斯替教徒拥有相同的认识，不过，为了适应他们所处的时代，而用了不同的表达方式。他们不知道无意识这个理念。比如，伊皮法纽援引了华伦提努派书信的一节：“起初，奥图帕特（Autoator）将一切包含在自身中，亦即包含在一种无意识（字面意思为“未知”：

① 参看《心理学与炼金术》，第127段及以后，及《个体化过程研究》，第一部分，第九卷。

ἀγνωσίᾳ）的状态里。”[①]奎士贝（Quispel）教授好心地让我注意该篇文字。他还指出了希波吕托斯的一段文章：“ὁ Πατὴρ…ὁ ἀνεννόητος καὶ ἀνούσιος, ὁ μήτε ἄρρεν μήτε θῆλυ”，奎士贝教授译为：父……缺乏意识与物质，既非男性也非女性。[②]所以，“父”不但是无意识的、没有存在特性的而且是“无争”（nirdvandva）[③]，没有对立面，缺乏一切特性，因而也是不可知的。此说描述了无意识的状态。华伦提努派文献对奥图帕特赋予了更为积极的特性：“有人称他为不老的移涌神，永远青春，既男又女，含纳万物于自身，（他自己）却不被任何事物包含。”他身上具有“ἔννοια”，即意识，“将巨大的宝藏传递给那些超乎寻常的人”。然而，“ἔννοια”的出现并为说明奥图帕特本身是有意识的，因为意识分化只是会合与四连体的结果，它们都象征着混合与合成的过程。在此，我们必须将“ἔννοια”认作意识的潜在可能性。欧乐（Oehler）把它翻译为心智（*mens*），康若纳雷斯（Cornarius）译为理解（*intelligentia*）和认识（*notio*）。[④]

也许，圣保罗“ἄγνοια”（*ignorantia*，无知）的概念与“ἀγνωσία”相去不远，因为两者都意指人最初的无意识状态。上帝在蒙昧时代“往下看”时，用了希腊词“ὑπεριδών”（拉丁文圣经为

---

① Ἐξ ἀρχῆς ὁ Αὐτοπάτωρ αὐτὸς ἐν ἑαυτῷ περιεῖχε τά πάντα ὄντα ἐν ἑαυτῷ ἐν ἀγνωσίᾳ κτλ. Panarium, XXXI, cap. V (Oehler edn., I, p. 314).

② *Elenchos*, VI, 42, 4; Quispel, “Note sur ‘Basilide’”, p. 115.奎士贝的翻译为：“le Père…qui est dépourvu de conscience et de substance, celui qui est ni masculin, ni féminin.”

③ *nirdvandva*与*nirvana*（涅槃）一词相近，甚至有学者认为前者为后者的笔误，但情况并非如此。无争指的是从对立面中解放出来，而涅槃指的是熄灭“生死”轮回而后获得的一种精神境界。结合此处文脉来看，荣格采用前者显然不是笔误。况且，荣格在早期著作《心理类型学》中，已多次使用无争一词，可见该词对他有着重要的意义。参看任继愈《宗教词典》，“涅槃”词条；*Awakening and insight: Zen Buddhism and psychotherapy* (Polly & Shôji, 2002. n.7 in Chap. 7)。——汉译注

④ 三个拉丁词的意思分别为：心智、理解力和认识。——汉译注

despiciens），这个词有着“鄙视、瞧不起”的意思。[①]无论如何，诺斯替教传统认为，当上帝看见这些造物神创造的人类时，他看到了人的悲惨和无意识，他们甚至无法行正直的路，于是立即着手进行救赎工作。[②]而且，在使徒行传的同一章里，保罗提醒雅典人他们是“神所生的”[③]，那个上帝——不以为然地忆起“蒙昧时代”，对人类发出信息，吩咐“各处的人都要悔改”。因为更早的情况似乎都太恶劣，心智的转化（μετάνοια）具有悔罪的道德特征，因而拉丁本《圣经》将之译为“poenitentiam agere”[④]。自然，应当悔改的罪乃是“ἄγνοια”或“ἀγνωσία”，即无意识。[⑤]如我们所见，不仅人类处于这种境况，根据诺斯替教义，没有意识的上帝（ἀνεννόητος）也有这种处境。这一理念多少与下述基督教传统观念相一致：上帝是在旧约到新约的过程中改变的，他从一个愤怒的上帝变成了一个慈爱的上帝。十七世纪，尼古拉·科森（Nicolaus Caussin）非常清晰地表达了这一思想。[⑥]

芮福卡（Riwkah）对旧约中的撒旦形象进行了研究，[⑦]我必须在此说说他的发现。伴随着撒旦的概念在历史上发生的转变，耶和华的形象也在改变。因而，我们也可以说，就连旧约里的上帝意象都发生了分化，更遑论新约。创造世界的神没有意识，而是在做梦，这一思

---

① 《使徒行传》17:30。

② 参看Scott, Hermetica (I, pp. 150f.)。其中有一段双耳喷口杯的描述，说它充满了努斯，是上帝送到地上的物品。那些力争意识的人（γνωρίζουσα ἐπὶ τὶ γέγονας），可以在这个杯中浸洗，以获得努斯。“上帝说，充满努斯的人会了解自己”（pp. 126f.）。

③ Γένος οὐν ὑπάρχοντες τοῦ θεοῦ（《使徒行传》17:29）。

④ 施洗者约翰说的μετανοεῖτε也是一样的（《马太福音》3:2）。

⑤ 参看罗马的革利免（Hom. XIX, cap. XXII）所说的τὸ τῆς ἀγνοίας ἁμάρτημα，“无意识之罪”指的是一个生来瞎眼的人（《约翰福音》9:1）。

⑥ *Polyhistor symbolicus*, p. 348: “上帝原先是一位复仇的神，带着惊雷和闪电来到下界捣乱，他在童贞玛利亚的膝上歇息，不，在她的子宫里，被爱所俘虏。”

⑦ “Die Gestalt des Satans im Allen Testament”.

想亦见于印度教文献：

谁真正知道？谁将在这儿宣告，

这创造生于何方，来自何方？

众神灵是在它的创造以后，

那么谁知道它最早出自何方？

这创造出自何方？

是缔造出来的，抑或不是？

位于最高天界者是洞察者，

他是唯一知道的，或者他也不知道。①

在埃克哈特大师的神学里，有一个没有特性、只有统一与存在②的“神性”。③它“正在形成中”，它不会自行变成上帝，它代表着绝对的对立面的相合：“但它简单的本性形若无形，成若未成，有若乌有、实若虚无。”④。在人类的逻辑当中，对立面的联合相当于无意识，因为主体与客体的分化以及二者的关联是意识的先决条件。没有“他者”的地方，或“他者”确实还不存在的地方，一切意识都不可能出现。唯有父——自神性里“涌”出的上帝——“注意到自己”，才能“了解自己”，并“遭遇作为人的自己”。所以，从父那里诞生的子，好像是父自己的思想一样。在他原本的统一里，“他一无所知”，只知道

---

① 《梨俱吠陀》第10卷第129首（参看林太《〈梨俱吠陀〉精读》，复旦大学出版社2008年版，第214页）。——汉译注

② “存在”有待商榷。埃克哈特大师说：“神性里的上帝是一个属灵的物质，我们对他的莫测高深无言可述，只能说它是乌有（niht ensi）。要说它是万有（iht），则大为不实。”（参看Evans trans., I, p. 354.）

③ “因此，不存在任何道路，它超越了所有道路。”（同上, p. 211.）

④ “... von formen formelôs, von werdenne werdelôs, von wesenne weselôs und ist von sachen sachelôs.” (Cf. ibid., p. 352.)

“超乎实在的”他所是的“一”。由于神性在本质上是无意识的，[①]所以，活在上帝中的人也是如此。迈斯特（Meister）在关于“灵里贫乏的人”（《马太福音》5:3）[②]的布道中说：“拥有这种贫乏的人，拥有一切他曾是的东西，不在什么智慧中，不在他自身里，不在什么真理中，也不在上帝那儿。他自由地腾空了一切知识，身上不留一丝上帝的知识。当他替代了上帝的永恒本性时，入驻进来的不是别的，正是曾住在那里的他自己。所以我们说，此人自己的知识，就像他曾经的那样——他曾经什么也不是——空空如也；他让上帝为所欲为，他对空白的看法就和他从上帝那儿诞生那时相像。”[②]因此，他爱上帝当循此道：“如其所是地爱他：非神、非灵、非人、无相；就像一个全然、纯粹、明晰的全一（One），如其所是，与一切次要者泾渭分明；让我们恒久地浸渍在这个全一中，从虚无到虚无。故此，愿神垂助。阿门。”[③]

埃克哈特大师的世界精神，并非散乱无章，而是印度及诺斯替教的原始神秘经验，本身就是“自由精神”树上最美的花，这朵花繁盛于十一世纪初。大师的作品静静沉默了六百年，因为“他的时代尚未来临”。到了十九世纪，公众才有能力理解大师的宏伟思想。

神之本性的这些说法，表现出上帝意象的改变，这与人类意识里的改变如出一辙。自然，我们会困惑地说它们互为因果。上帝意象并非制造出来的东西，它是自发产生在人身上的经验——任何人都可以从自身知道这一点，除非他因理论和偏见而看不到真理。所以，无意识的上帝意象可以转换意识状态，一旦变得有意识，便可改变上帝意象。显然，

① “陷入未知里面的‘意志’更崇高，那就是上帝的意志。”参看同上，p. 351. 亦参看本章注ἀγνωσία。

② 和合本对此节的翻译为：“虚心的人有福了！”而中文标准译本则为：“灵里贫乏的人是蒙福的”。因后者贴合此处文脉，故采用。——汉译注

③ Evans, I, p. 219.

④ 关于“心志改换一新”（《以弗所书》4:23）布道的结尾。参看同上，pp. 247f.

这与“第一真理”——未知的上帝——毫无关系，至少不能被证明。不过，从心理学来说，上帝的“ἀγνωσία”或“ἀνεννόητος θεός”的理念，是最重要的，因为它把神视作无意识的圣秘性。东方的“阿特曼”和“普鲁莎”哲学，以及我们看到的西方的埃克哈特的哲学，都表明了这一点。

如果心理学试图了解这一现象，只有特意克制形而上思考才行，只有不再拘泥于那些看似基于科学经验的信念才行。但无论怎样仍会有问题。心理学唯一能做的事是构建形象化的象征，解释这些象征绝非事先可以预设的。有一点可以确定，这些象征有着“整体”的特征，因而也许就意味着“整体性”。通常，整体“联合”了各个象征，代表着一对或两对对立面的结合，其结果要么是一个二元体，要么是一个四元体。“整体性”起源于意识与无意识的冲突，起源于此冲突导致的困惑（炼金术里称为“混沌”或“nigredo”）。就经验而论，这种困惑表现为坐立不安和迷失方向。在此，圆圈和四元体的象征体现了某种秩序的补偿性原则，描述了势不两立的对立面的联合，这是一个熟练的——因而是轻松的迈向更健康、更清净的状态（“拯救”）的方法。整体的种种象征意味着个体的全部，当下的心理学要构建的要比这个更多。[①]另一方面，差不多可以肯定地说，此象征意义使用的形象或图式，在各种宗教里总表现为普遍的“基础”，即神本身。因而，众所周知，圆圈是上帝的象征。而且，（在某种意义上）十字架也如此，它是具有一切形式的四元体，如以西结的异象、四位福音书作者的“荣耀的王”、诺斯替教的“四元上帝”（*Barbelo*）和“一切皆四”

① 有些人非常奇怪，他们认为我避免作形而上的思考是我的弱点。一个科学家的良知不允许他断言那些他无法证实的事物，或至少无法表明其可能性的事物。“断言”并不能使事物存在。“他所说的，是”，这是上帝专有的特权。

（*Kolorbas*）、二元性（道、雌雄同体、父母），最后，还有人类形式（童，子，anthropos，即人）及独特的人格（基督和佛陀）。这里列举的都是最重要的主题。

就经验而论，所有这些意象表达的都是人类“整体性”的联合。“整体性”遵循着“上帝”之名，这一事实说明其具有圣秘性。诚然，经验、梦境以及此种幻想，确实拥有迷人的、令人难忘的品质，那些不堕入先入为主的心理学知识偏见的人，会自发地感受到这一品质。无怪乎那些天真的心灵，会将上帝与他们经验到的意象视为一体。因此，无论我们在何处发现心灵“整体性”的象征，都会看到那种天真的想法，即认为它代表着上帝。比如，在这类极常见的罗马式绘画里——人子伴着三个兽首天使和一个人首天使，我们会更容易地断定人子意味着一般的人，并假设这是一个著名的心理学模式，一对抗三——一个分化的功能与三个未分化的功能。然而，根据传统的看法，此番解释降低了象征的价值，因为这样就意味着神性在普遍性的四重面向上具有第二人格。心理学当然无法将此观点占为己有，它只能确立这种说法是存在的，并通过比较指出：从本质上说，相同的象征——特别是一与三的困境——通常出现在无意识的自发产物之中，该产物明确地涉及个体的心灵“总体”。这些象征表明了类似本性的原型是存在的，其中一个衍生物似乎有着四元体的功能，指向了意识。不过，既然这一“总体”超越了个体意识，到了一个不能确定的程度，那么，它总在其势力范围内包含着无意识，故也包含了所有原型的总和。但原型相当于“外部世界”的补偿，因而拥有“普遍性”特征。这解释了原型的圣秘性和“似神性”。

3

为了让我的阐述更加完整，我打算提及一些诺斯替教的普遍“基础”或奥秘的象征，特别是那些意为“基础”的同义词。心理学将这一理念视作某种意象，即无意识的基础，以及意识的生产者。这些意象最重要之处，便是造物神的形象。诺斯替教对来源或起源、存在的中心、造物主，以及藏于造物里的神圣物质，都有着繁多的象征。读者为了避免被繁多的意象迷惑，应记住：每个新的意象，不过是神圣奥秘的其中一个面向，而神圣性和神秘性为万事万物所固有。我的诺斯替教象征清单，不过是对一个超验理念的详述，该理念兼容并包，极难形象化地表现出来，只有采用许多不同的表达才能说明它的多面性。

据爱任纽说，诺斯替教认为索菲亚代表着八元的世界，是一个双重的四元体①。她长着鸽子的外形，下降到水里，生出了土星（Saturn）——等同于耶和华。我们前面说过，土星是“另一个太阳”，占星术里的“黑太阳”。在这里，土星是“原初的人”（primus Anthropus）。他创造了第一个人，此人仅能像虫那样爬行。②挪阿新派

---

① *Adversus haereses*, I, 30, 3. 在芭碧萝—诺斯替教（Barbelo-Gnosis）的体系中（同上，29, 4），索菲亚的等价物是Προύνικος，此人“潜入到低层领域”。“Prunicus”（προύνεικος）既指“承载负担”又指“淫荡的”，后一个含义的可能性更大，因为该诺斯替派系相信：通过性行为，他们可以再度充盈“芭碧萝”精气——此物已在世间消失。在西门·马各斯（Simon Magus）看来，此人是海伦，μήτηρ和ἔννοια，此人“下降到低层领域……产生了各种次等的力量、天使和苍穹。”她被低层权力牢牢迷住（Irenaeus, I, 27, 1-4）。她与很晚才出现的炼金术理念“受束缚的灵魂”相符（参看Dorn, *Theatr. chem.*, I, pp. 298, 497; *Mylius, Phil. ref.*, p. 262; *Rosarium philosophorum in Art. aurif.*, II, p. 284; “Platonis liber quartorum”, *Theatr. chem.*, V, pp. 185f.; Vigenère, *Theatr. chem.*, VI, p. 19）。这个源于希腊炼金术的理念，可以在左西摩斯处找到（Berthelot, Alch. grecs, III, xlix, 7; trans。《心理学与炼金术》，第456段及以后）。在“Liber quartorum”中，它与塞巴人有渊源。见Chwolsohn, *Die Ssabier und der Ssabismus*（II, p. 494）：“灵魂曾朝向物质，与它坠入爱河，为肉欲所煎熬，希望再也不与她从肉欲中分开。于是诞生了世界。”在华伦提努派当中，索菲亚·阿卡莫特（Sophia Achamoth）是八元的。在《皮斯蒂斯·索菲亚》（trans. by Mead, p. 362）里，她是芭碧罗的女儿。她被恶魔奥色达（Authades）伪造的光所欺骗，被关押在混沌之中。爱任纽（I, 5, 2）把造物神称为七元，称阿卡莫特为八元。他说，救世主在最初的四元重复中由四种事物混合而成。“四”的复本是各元素的四元体（I, 17, 1），围着芭碧罗—诺斯替教的阿托尊尼斯（Autogenes）的那四道光也是这样的四元体（I, 29, 2）。

② *Adv. haer.*, I, 24, 1.

设立了造物神以扫岛斯（Esaldaios）——“火性之神，顺序第四”——来对抗父、母、子的三位一体。最高是父，他是原人，他没有特性，被叫作更高的亚当。在很多不同的体系里，索菲亚都取代了原人的位置。①伊皮法纽提到了伊便尼派的教义：亚当这位原人，等同于基督。②特奥多（Theodor Bar-Kuni）认为，原人是五种元素（亦即4+1）。③在《托马斯行传》中，龙对自己说：“有人危害并重击了屹立的四兄弟……我是他的儿子。”④

对诺斯替教而言，四元体的最初意象与造物神或人类的形象联合在一起。可以说，他是自己创造行为的牺牲品，因为当他降身到自然（Physis）⑤时，他陷入她的怀抱里。⑥神性或原人的形象，潜藏于物质的黑暗里，表现出某种超意识中心的存在。因为此中心拥有四元特征和圆形特点，它必然会被视为“整体性”的象征。纵然象征的历史告诉我们，此中心过去总被当作上帝的意象使用，我们仍可以谨慎地设想，它意味着某种心灵的整体（比如，意识+无意识）。正如我所说过的，心理学不能做形而上学论断，它只能证实心灵整体的象征意义与上帝意象相符，但绝不能证明上帝意象是上帝自身，或用自性取代上帝。

这种一致在古埃及的赫卜塞德节（Heb-sed）中表现得非常清晰。科林·坎贝尔（Colin Campbell）对此做了如下描述：“君王从他居住的地方——圣所出来，随后爬上一座四面敞开的亭阁，有四座楼梯通向

---

① Bousset, *Hauptprobleme der Gnosis*, p. 170.

② *Panarium*, XXX, 3.

③ Theodor Bar-Kuni, *Inscriptiones mandaïtes des coupes de Khouabir*, Part 2. p. 185.

④ *The Apocryphal New Testament*, ed. James, p. 379.

⑤ 在古希腊哲学中，Physis（Φύσις）指一种突现而持久的力量，包含成为和实有两部分。常译作“本性”、“元素”、“自然”等。——汉译注

⑥ Bousset, pp. 114ff.

亭阁。他戴着奥西里斯的标记，登上了王座，不断地朝东南西北四个方位看……那是一种二次登基……有时，君王的举止好像一位牧师，为自己祭祀。这最后一个动作，可以视为对君王崇拜达到了顶点。”[①]

一切王权都根植于这种心理，因此，对匿名的大众个体而言，任何君王都带着自性的象征。他的所有标志，王冠、斗篷、宝球、权杖、繁星似的勋章……都说明他是“天人”，不仅创造了世界，而且还是世界本身。他是“重要的人”（homo maximus），在史威登堡（Swedenborg）笔下这个人再度出现。诺斯替教也一直致力于为此存有提供可见的形式和合宜的概念外衣，并猜测他是意识的基质，是意识的组织法则。正如“弗里几亚人”（Phrygians, 挪阿新派）在希波吕托斯的著作[②]中说的，他是“未分割的点”，是成长为天国的“芥菜种子”。该点“存在于身体里”。但这只为πνευματικοί所知，即与ψυχικοί和ὑλικοί（物质者）相对的属灵者知道这一点。他是“τὸ ῥῆμα τοῦ θεοῦ”，即上帝的言语（*sermo Dei*），也是“移涌、权力、知性、神灵、天使和密使精灵的基质，也是存在与非存在、产生与未产生、可理解与不可理解的基质……”这种“虚无而空无一物”的观点相当不容易理解。希波吕托斯指责挪阿新派说，他们就像那些调和论者，将所有东西胡乱塞进自己的思想里，因为他们显然不能理解“上帝的言语”怎么能是人说出来的。他抱怨说，挪阿新派也把这一存有叫作“多形的阿蒂斯”、“圣母早夭的儿子”，或像希波吕托斯援引的赞美诗所说的样，叫作“瑞亚的黑暗流言”（τὸ κατέφες ἄκουαμα Ῥέας）。在赞美诗里，他的同义词有：阿多尼斯、奥西里斯、亚当、科律巴斯（Korybas）、潘、巴克斯（Bacchus）和“白色星辰的牧人”（ποιμὴν

① *The Miraculous Birth of King Amon Hotep III*, p. 81.

② *Elenchos*, v, q, 5f（Leqge trans., I. PP. 142f.）

λευκῶν ἀστρῶν）。

挪阿新派将蛇（Nass）视为他们的核心神灵，他们认为它是“潮湿的物质”，这与米利都的泰勒斯的说法一致，后者认为水是众生赖以生存的第一物质。同样，一切生命依赖蛇而存活；“它包含在自身之中，就像独角牛的角一样，是万物之美”；它“遍及万物，犹如水从伊甸园流出，分为四道”（ἄρχας）。“人们说，这座伊甸园就是大脑。”伊甸园里的三条河是三种感觉功能（比逊=视觉，基训=听觉，底格里斯=嗅觉），但第四条河，幼发拉底河，却是嘴，是“祈祷的场所及食物的入口”。这第四个功能有着双重意义，[1]既表示为身体摄取营养的纯粹物质活动，又表示它“培养（χαρακτηρίζει）灵性的、完美的人（τέλειον），给予他快乐和给养。”[2]“第四”意指某些特殊而自相矛盾的东西——邪灵（daimonion）。对此，《但以理书》3:24及其后的内容做了很好的示例，烈火窑里本有三个人，第四个人加入进来，此人的相貌“好像神子”。

幼发拉底河的水，是“天上的水”，也是“救世主所说的活水”[3]，而且就如我们所见到的，它还拥有磁性。正是从这奇迹般的水里，橄榄油和葡萄酒被提取出来。“那个人，”希波吕托斯继续说道，似乎他还在说幼发拉底河的水：“不受世人的尊敬。”[4]这里暗示的是τέλειος ἄνθρωπος。诚然，此水是“完全人”，是“ῥῆμα θεοῦ”，是上帝之道（Word）。“我们属灵的人，从活水中选择我们自己的东西，”[5]因为，当沉到此水中时，每种本性“选择其自己的物质……并

---

① 《心理学与炼金术》，索引，词条“Axiom of Maria”。

② Elenchos, V, g. 15ff.（Cf. Legge, I, p. 143.）

③ 暗指《约翰福音》4:10。

④ Legge, I, p. 144.

⑤ *Elenchos*, V. 9, 21.

从此水去往适合它的一切本性。”[①]水——或如我们说的基督——是一种胚种论（panspermia），它是一切可能性的基质，πνευματικός从中选择了“他的特质”（Osob）[②]，“比铁飞向磁石还要快地飞向他”。不过，“属灵的人”获得适合他们的本性，是穿过一扇“真正的门”进来的，耶稣蒙福（有福者）由此了解到他自己的“整体性”，亦即了解了完全人。这个不受世人尊敬的人，显然是内在属灵的人，因为那些通过基督——生命之门——进来并被基督启发的人变得有意识了。有两个意象在这里混合在一起：“窄门”的形象，[③]以及《约翰福音》14:6所说的：“我就是道路、真理、生命。若不借着我，没有人能到父那里去。”[④]它们代表着整合的过程，是心理上的个体化的特性。我已经指出，水的象征不断与基督合并，而基督则与内在的人合并。也许对我来说，这不是一个思想上的困惑，却是在心理上对事实的合理构想，因为基督之“道”确是“活水”，而且也象征着内在的“完整”之人，即自性。

对于挪阿新派，普遍的“基础”就是原人、亚当，并认为他是完美的开始、了解上帝的桥梁。[⑤]他既是男性，又是女性；“父与母”由他而来；[⑥]他由三个部分构成：理性的（νοερόν）、心灵的，还有尘世的（χοικόν）。这三者“一齐落进一个人，耶稣”，而且，“这三人一齐说话，他们每个都从他自己的物质到他自身”，亦即，从理

---

① V, 9. 19 (Legge trans., p. 144).

② 这意味着自性的整合，在前文提到的波各米尔派文献里，同样用了非常相似的语言来表达此理，将魔鬼视为世界的创作者。他也找到了什么是“适合”（ἴδιον）于他的。

③ 《马太福音》7:14：“引到永生，那门是窄的，路是小的。”

④ 这里谈论的文章，载于Elenchos, V. 9, 4ff. (Legge trans., I, p. 140).

⑤ *Elenchos*, V, 6, 6: Θεοῦ δὲ γνῶσις ἀπηρτισμένη τελείωσς（“对上帝的认识是完美的整体性”）。

⑥ V, 6, 5 (Legge trans., I, p. 120).

性的到理性的，如此类推。在教义中，耶稣与原人产生了关联（基督是第二亚当）。他的灵魂“有三个部分，（却）是一体的”——三位一体。①文献为例证原人，提到了“Cabiros”和“俄安内”。后者的灵魂有能力受难，因此“那个伟大的人，美丽的、完美的人，对奴隶谦逊的人（πλάσμα）”可能会遭到惩罚。他“是一切已然者和未然者受到祝福的本性，既显又蔽”，是“在人身上寻得的天国”（ἐντός ἀνθρώπου），甚至“在七岁的孩子里”。②希波吕托斯说，挪阿新派把“整体（Whole）那有生殖力的本性”放进了“有生殖力的种子”③里。乍看起来，这像是潜在的心灵物质的“性欲理论”之源头，让人想起某些相似的现代尝试。不过我们可别忘了，实际上，人的生殖力仅是“整体那有生殖力的本性”的一种特定实例罢了。“对他们而言，这是隐藏而神秘的逻各斯”，文献继续说道，它被比作奥西里斯的阴茎——“人们说奥西里斯是水”。尽管此种子的物质是万物之因，但它并不分享它们的秉性。因此，人们说道：“我成为我所愿的，我是我所是的。”使一切运动的人，本身是不动的。“人们说，他是唯一的善。”④更进一步的同义词，则是下流的基列尼（Kyllenios）的赫尔墨斯。⑤“人们说赫尔墨斯是逻各斯，是已有的、现有的和将来的事物的解释者和创造者。”他之所以被当作阴茎崇拜，是因为他像男性生殖器一样，“拥有一种由下自上的强烈欲望

---

① V, 6, 6f. (p. 121).

② 据希波克拉底说，七岁的孩子是半个父亲。（*Elenchos*, V, 7, 21.）

③ τὴν ἀρχέγονων φύσιν τῶν ὅλων ἐν ἀρχέγονῳ σπέρματι. *Archegonos*意为部落之首。

④ 参考《马太福音》19:17：“除了神以外，没有一个良善的。”

⑤ 基列尼的赫尔墨斯：希腊伯罗奔尼撒半岛上，最高的山脉是基列尼山（Kyllene），山顶建有神庙，以祭赫尔墨斯。基列尼的赫尔墨斯塑像，简直就是一根勃起的阴茎。此外，Kyllenios有时是赫尔墨斯的诨名，在《荷马颂歌：致赫尔墨斯》中屡次出现。——汉译注

（ὁρμήν）”。[1]

4

不单是诺斯替教义，就连基督本身都被纳入性欲象征。这个事实可被伊皮法纽援引的《论圣母玛利亚》（*Interrogationes Maiores Mariae*）的片段证实[2]。文中叙述道，基督带着这位玛利亚一起上了山，他在那里用自己的肋骨造了一个女人，并与她交配““……享有了他那流动的精液，昭示着此事将要结束，我们可以拥有生命了。”[3]可想而知，这种原生态的象征会引起我们现代人情感上的不悦。不过，它同样使三、四世纪的基督教徒感到震惊；另外，当象征意义与一个具体的误解发生关联时——类似某些派系中出现的情况，这些象征只能被拒斥。《论圣母玛利亚》的作者对诸如此类的反应绝非一无所知，很明显，这一点从文献中便可看出。文中说，玛利亚震惊得跌倒在地。于是，基督对她说：“你为何怀疑我，对我缺乏信心？”这里有意参考了《约翰福音》3:12：“我对你们说地上的事，你们尚且不信，若说天上的事，如何能信呢？”以及《约翰福音》6:53：“你们若不吃人子的肉，不喝人子的血，就没有生命在你们里面。”

很可能，此象征意义本是从某些异象经验中发展而来的。这类异象经验在今日的心理治疗中并不罕见。而在医学心理学家看来，也并不那么可怕。异象经验产生的背景本身指明了正确的解释方法。异象表达的是“心理方程”[4]——这个方程几乎无法用理性术语加以阐述，而必须用具体的象征，这就像在睡眠中，心理水平降低（abaissement du niveau mental）时，多少有些“抽象”的思想就会出现在梦中。这些“令人震惊的”人和事物——自然不会在梦里缺席，它们应该永远被视为“好似”，虽然披上了感官意象的外衣——并不在乎是否下流和猥亵。它们

① Legge trans., p. 128.

② *Panarium*, XXVI, cap. VIII.

③ …seminis sui defluxum assumpsisset, indicasse illi, quod oporteat sic facere, ut vivamus.”

④ 心理方程（psychologem），指一种异常古物的原型式心灵结构。——汉译注

与冒犯无关，因为它们并不真的想那么做。看起来，它们正结结巴巴地尽力表达着那些引起它们注意的经验的难解之意。[①]

从该异象（《约翰福音》3:12）的背景来看，有一点很清楚，此处的意象宜用象征化的解释，而不是做具体的解释。因为基督不说地上的事，而说天上的或属灵的秘事——之所以“秘”，不是因为他把什么藏起来，或是把什么当作秘密（确实，没有什么比此异象那赤裸裸的猥亵更为露骨了！），而是因为这些话的意思仍然隐藏在意识之中。在现代，对梦的分析和解释沿袭了这一法则。[②]倘若我们把该法则运用到这个异象中，便能得出下列结论：

一、“山”意味着上升，尤其是向高处神秘而灵性地上升，去往圣灵所在的启示之地。这个主题已然妇孺皆知，无须赘言。[③]

二、在那个时代，“基督形象”的中心意义已有丰富的论证。在基督教诺斯替主义中，基督形象作为原人（原初之人=亚当），是上帝的形象化，因而，人的缩影便是“人及人子”。基督是内在的人，藉由自知——“你之内的天国”，来抵达他。作为人，他符合经验上最重要的原型，而且作为生者与亡者、荣耀的王的法官，也符合无意识真正的组织法则、四元体，或自性的方形圈阵。[④]在说这一切的时候，我并未歪曲

---

① 另一方面，我又无法免除自己对梦的一个印象，即梦偶尔把事物按一种下流的方式编织起来。此方式引发弗洛伊德的非凡设想：它们为了所谓的“道德”缘故，进行伪装和变形。然而，这种看法是矛盾的，因为梦境呈现的恰好完全相反。所以，我倾向于炼金术的观点，把水星这个无意识的努斯，看作一个“捣蛋鬼”。（参看《神灵墨丘利》和《捣蛋鬼形象中的心理学》——英编注）

② 弗洛伊德的“精神分析”方法却没有。此法并不理会梦的呈现，而是在“表面”上做工夫。它建立在这样的基础之上：癔症的精神病理让人们怀有矛盾的愿念，如同梦的主题是矛盾的。梦与意识都依赖于某种本能的基础，这个事实既与梦的意象的含义无关，也与意识内容的含义无关。这是因为，两种情形中的基本事物，乃是由心灵用本能冲动做成的。帕台农神庙的非凡之处，不在于它由石头构成，也不在于它是为了满足雅典人的野心而筑，而在于它就是它——帕台农神庙。

③ 参看《童话中的灵性现象学》，第一部分，第九卷。

④ 参看《东方冥想的心理学》，第942段及以后。

任何事情，我的见解乃基于下述经验：曼荼罗的结构具有无意识人格中心的含义和功能。①基督的四元体——在此异象中必是心智的产物——可由十字架象征、荣耀的王及“基督年”（christ as a year）加以例证。

三、从他的肋骨创造“女人”，暗示着他是第二亚当。生出一个女人，意味着他扮演了创世纪中造物主（Creator-god）的角色。②在夏娃被创造以前，多种传统认为亚当是既男又女的。③同样，基督也在这里戏剧性地展示了他的雌雄同体。④通常，原人是雌雄同体的。在吠陀文化中，他同样创造了自己女性的那一半，并与她结合。在基督教寓言中，女人源自基督肋骨，意味着教会是羔羊新娘。

原人分裂为夫与妻，体现了意识的初生；这一行为产生了一个对偶（oppoisites），由此意识变得可能。对奇迹的旁观者玛利亚而言，这番异象便是她自身里无意识过程自发的形象化或投射。经验告诉我们，无意识的过程是对某种确切意识情形的补偿。所以，异象中的分裂暗示着：它在补偿一体化（unity）的意识情形。此处的一体化，首先可能发生在人的形象——肉身化的上帝中，该形象乃是当时宗教的研究热点。用俄利根的话来说，他是“Vir Unus”⑤，即一个男人。出现在玛利亚的异象中的，正是这一形象。我们设想一下，如果这个异象的接受者实为女人，那么她在基督纯粹的、神话般的男性气概中失去的，便是补偿性的女性气质。因此，在她看来：“我又是男的又是女的。”如今，

---

① 参看《个体化过程研究》，第一部分，第九卷。

② 这与他另外两个身份的本性是一致的：逻各斯，三位一体中第二人格。

③ 自然，这种看法被教会反驳。

④ 对基督的三种不同解释咸集于此。这种集合不单是诺斯替教的思考特点，也是一切无意识意象构造的特点。

⑤ 大贵格利，*Expositiones in Librum I Regam*, Lib. I, cap. I（Migne, P. L., Vol .79, col. 23）：“因为上帝和人是一个基督。因此在那里他被称为‘一’，他是举世无双的。”为了和时代精神相符，他的举世无双和独一无二被解释为“卓越的美德”。但是，在此之内是有意义的。——原注（“Vir Unus”为拉丁语“一名男子”的意思。——汉编注）

这一心理方程依旧包含在天主教那基督双性化的概念中，即“处子的处子”（Virgo de Virgine），尽管这句话更像是一般性的表达，而不是一种结论。[①]在中世纪的传统形象中，基督有时被绘上了乳房，与《雅歌》1:2所言相符：“因为你的乳房甜于美酒。”[②]在马德堡的玛蒂尔德（Mechthild of Magdeburg）的异象中，当上帝亲吻她的时候，[③]灵魂察觉到，出人意料地，他竟没有胡须。此处男性的象征缺失了。玛蒂尔德有过一个和玛利亚相似的异象，从不同的角度着手处理相同的问题：她看到自己被送到一处“岩石丛生的山上”，受福的处子坐在那里，等着圣婴的诞生。当婴孩落草时，她抱起他吻了三下。如文中所指，山寓指“灵的形状”，或灵的心态。“透过神圣的灵感，她晓得在‘父心’之中，‘子’是如何居于最内在的核心（*medull*）[④]的。”这个“medulla”是“有强化力量的、疗愈性的，而且是最甜蜜的”；上帝的“力量和最伟大的甜美”通过“子”传给我们，“子”是“救世主以及最强、最甜的慰藉”，不过“灵魂内在的（核心）却是那最甜美的东西”[⑤]。由此可见，玛蒂尔德将“medulla”等同于“父心”、“子”，还有内在的人。从心理学来说，“那最甜美的东西”相当于自性，它与上帝意象难以分割。

---

① 天主教神学里，对知识的正确性有一个等级划定，各等级拥有不同的名称。譬如，经由上主天启而得的“确定当信的真理”（*de fide definita*）属最高等，而此处说的“一般意见”（*sententia communis*），指的是一个原先属于自由讨论范围，尔后为神学家们普遍接受的意见，其正确性属中等。——汉译注

② 此段经文的汉译皆未出现“乳房”一词，和合本为“因为你的爱情比酒更美”，思高本（当今华语天主教内使用最广的版本）为“因为你的爱抚甜于美酒”。不过，在天主教英文圣经译本《兰斯·杜埃圣经》（*Rheims-Douay Bible*）中，此句确为“for thy breasts are better than wine”（因为你的乳房甜于美酒）。——汉译注

③ “他用他那蔷薇似的（原文如此，一惊！）嘴唇来吻她”（*Liber gratiae spiritualis*, fol. J ivv）。

④ 拉丁文*medulla*，意为骨髓、精髓。——汉译注

⑤ “Medulla vera animae est illud dulcissimum”. Ibid., fol. B.

两个版本存在着显著的差别。古代启示录描述的“夏娃自亚当的诞生”，是从第二亚当（基督）的属灵层面来说的。从其肋骨中得出的女性精气或第二夏娃（即灵魂），是作为基督的女儿出现的。如前所述，灵魂在基督教里被解释为教会：她是“拥抱男人”的女人，[①]也是为上帝的脚施以膏油的人。玛蒂尔德的异象是下述神话的延续：女儿—新娘变成了一位母亲，以圣子之形孕圣父之实。“子”与自性极为相似，在对基督四元本性的强调中，这一点清晰可见：他有着“四重声”（*quadruplex vox*），[②]他的心脏有着四种脉搏，[③]有光从他的面容发射出来。[④]这个意象谈到了一个新的千禧年。埃克哈特大师的表达方式不同，他说：“上帝诞生自灵魂”。而且，当我们想到安格卢斯·西勒辛思（Angelus Silesius）的《克鲁比尼克流浪者》（*Cherubinic Wanderer*）[⑤]时，上帝与自性便完全一致了。这些时代的变化意义深远：生殖力不再源于上帝，而上帝反倒起源于灵魂。年轻的垂死之神这一常见的神话主题具有心理学的形式，这是进一步同化和有意识领悟的迹象。

四、让我们回到第一个异象：女人被造出来之后，紧接的是“交配”。山上的圣婚是一个广为人知的主题，[⑥]这就好比古代炼金术绘画中雌雄同体者偏好高地一样。炼金师也提到过一个亚当，他总把夏娃带

---

① 大贵格利；Migne, *P.L.*, vol. 79, col. 23. 参看《耶利米书》31:22：“女子护卫男子”。

② *Liber gratiae spiritualis*, fol. A viir. 四元体指涉四福音书。

③ Ibid., fol. B ii^{v}.

④ Ibid., fol. B vii^{v}.

⑤ 参看Flitch, *Angelus Silesius*, pp. 128ff.（西勒辛思（1624 ~ 1677），德国神秘主义者。年近三十时，他从路德教改信天主教，并热心倡导人们改信。他的神秘诗为今人所知，主要以亚历山大格式写成，多为押韵的对句。《克鲁比尼克流浪者》是西勒辛思十七世纪出版的一本诗集，其中的诗表达着神秘的万有在神论。——汉译注）

⑥ 譬如，宙斯与赫拉在“加加罗高处”的圣婚，*Iliad*, XIV, 246ff。（参看Rieu trans., p. 266.）

在身边。他们的“相合”是乱伦的，不在父女间进行，而是——与那些变化的时代相符——在兄妹或母子间进行。后面的情形与古埃及阿蒙作为卡姆特（Ka-mutef，意谓“他母亲的丈夫”）或穆特（Mut，“她父亲的母亲以及她儿子的女儿”）的神话主题相一致。[①]在描述世界造物主时，自我交配的理念是个经常出现的主题。比如，上帝分裂成两半，一半是男性，一半是女性；[②]或者，如果一定要做先决条件的推测的话，上帝就用一种让他自己受精的方式，使之成为《论圣母玛利亚》异象的原型。于是，在赫里奥波里斯（Heliopolits）[③]的创造故事中，相关章节这么写道：“我，即便是我，也要与我紧握的手联合。在同我的阴影的拥抱中，我与自己结合。我把种子撒到我的口中，我自己的。我以舒（Shu）[④]的形式发出空气，我以泰芙努特（Tefnut）的形式发出水汽。”[⑤]

虽然自体受精的理念，并未在我们的异象中提及，但毫无疑问的是，这与天体演化的自我创造理念有着某种密切的关联。不过，世界创造在此让位于灵性的复兴。这便是为何没有可见的造物是从种子的摄取中来；它意味着生命的滋养，它“使我们可以存活”。[⑥]而且，正如文献本身所示，因为此番异象应当从“天上的”或属灵的层面理解，所以，倾倒（ἀπόρροια）的是“λόγος σπερματικός”——用福音书的话来说，是“直涌到永生”[⑦]的活水。整个异象让人想起许多相关

① Brugsch, Religion und Mythologie der allen *Ägypter*, p. 94.

② 古希腊人认为，上帝是“父和母”，“是自己的父亲和母亲”（Brugsch, p. 97）。印度的生主（Prajapati）与他自己分裂出来的女性那一半性交。

③ 赫里奥波里斯：古埃及的著名城市，是古代埃及太阳神崇拜的中心，也被称为“众神之乡”（相当于希腊神话中的奥林匹斯山）。——汉编注

④ 舒和泰芙努特都是埃及神祇，Shu是空气之神，Tefnut是雨水之神。——汉编注

⑤ Budge, *Gods of the Egyptians*, I, pp. 310f.

⑥ 这里的引语出自《创世纪》第42章雅各遣子往埃及籴粮的故事。——汉译注

⑦ 引自《约翰福音》4:14。——汉译注

的炼金术象征。与教会语言的缄默相比，其行文中强烈的自然主义显得冒失和突兀。这段话一方面回溯了宗教的古代形式——这些形式的理念和表达模式早就被取代；另一方面是对自然——此时人的原型刚开始同化——的原始观察。这种尝试一直继续到十七世纪， 那时开普勒认识到三位一体是宇宙的潜在结构，或者说那时他将此原型同化到天文学家的世界图景之中。[①]

5

说完阴茎是原人的同义词这一题外话后，我们将回到希波吕托斯对挪阿新派中心象征的叙述，并继续谈赫尔墨斯。

赫尔墨斯是灵性的巫师（ψυχαγωγός），是灵魂的向导（ψυχοπομπός），还是灵魂的生产者（ψυχὼν αἴτιος）。然而，灵魂是“从高处的有福者即初人阿丹玛（Adams）[②]那里带下来的……化作黏土的形式，以便服务于这一创造的造物神——以扫岛斯，一位火神，排行第四。”[③]以扫岛斯相当于伊达波思，即最高的阿其翁，也相当于土星。[④]“第四”指的是第四人格——魔鬼——他与三位一体相对。伊达波思意指“混沌之子”。因此，当歌德借助炼金术术语，称魔鬼为“奇怪的混沌儿”[⑤]时，他取了一个恰如其分的名字。

---

① 这个理念受了保利（W. Pauli）教授在苏黎世发表的演讲的启发，保利教授的演讲是关于开普勒天文学的原型式基础。参看其著作《原型式理念的影响》（*The Influence of Archetypal Ideas*）。

② 这里的初人“阿丹玛（Adamas）”，在字源上有着特别的渊源：亚当（Adam）源自希伯来文的阴性名词*adama*，意为土地；拉丁文*adamas*意为钢铁。荣格在1934年3月14日的演讲中提到，钻石（diamond）一词，在法文和德文中作*diamant*，源自希腊文*adamas*，意为不能驯服或征服的东西。——汉译注

③ *Elenchos*, V, 7, 30f. (Cf. Legge trans., I, p. 128.)

④ Bousset, *Hauptprobleme der Gnosis*, pp. 352f.

⑤ 出自《浮士德》悲剧第一部，第三场“书斋”，中译引自歌德《浮士德》，郭沫若译，人民文学出版社，1978年版，第67页。——汉译注

赫尔墨斯配有金杖。[①]他拿着金杖“让前往冥府的死者闭眼沉睡，也可把沉睡的人立时唤醒”。挪阿新派的言论参考了《以弗所书》5:14：“你这睡着的人，当醒过来，从死里复活，基督就要光照你了！”就像大家熟知的炼金师将基督托寓为哲人石的基石（lapis angularis）一样，挪阿新派也把其视为他们的原人亚当，或更确切地说，是“内在的人”，一块岩石或石头，因为他源自“位于高处的初人阿丹玛”（πέτρη τοῦ Ἀδάμαντος）[②]。炼金师说，他们的石“自山出，非人手所凿”。[③]挪阿新派就“内在的人”说了相同的话，说他被带下来，进入“遗忘的形式里”[④]。在伊皮法纽笔下，山是初人基督——从此人中，石或内在的可被凿出来。伊皮法纽解释道，这意味着内在的人是由“非人类种子”生出来的，“小石变成了庞然山脉”。[⑤]原人即逻各斯，众魂跟着他“啾啾飞翔”，就像《招魂记》（*Nekyia*）里的蝙蝠跟着赫尔墨斯那样。他把它们带到俄亥阿诺斯（Oceanus）那里，再到——用荷马不朽的语言来说——“赫利俄斯

---

① 希波吕托斯在此引用的文献，出自《奥德赛》，XXIV，2。

② *Elenchos*, V, 7, 36 (Legge trans., I, pp. 129f.).

③ 《但以理书》2:34：“你观看，见有一块非人手凿出来的石头。”这是一块大雕像脚上被砸得粉碎的半铁半泥的石头。（《但以理书》2:31-35讲的是王的梦，全文如下：王啊，你梦见一个大像，这像甚高，极其光耀，站在你面前，形状甚是可怕。这像的头是精金的，胸膛和膀臂是银的，肚腹和腰是铜的，腿是铁的，脚是半铁半泥的。你观看，见有一块非人手凿出来的石头打在这像半铁半泥的脚上，把脚砸碎。于是金、银、铜、铁、泥都一同被砸得粉碎，成如夏天禾场上的糠秕，被风吹散，无处可寻。打碎这像的石头变成一座大山，充满天下。——汉译注）

④ Εἰς τὸ πλάσμα τῆς λήθης，亦即*lethargia*，遗忘及沉睡的状态，类似于死亡状态。“内在的人”仿佛埋葬于肉身的人里面。他是“受束缚的灵魂”或“处在肉身的囚室里”，炼金师如是说。*Lēthē*（即古希腊文λήθη，意为遗忘，忘记；另外，Λήθης指冥府里的忘河，亡魂饮此河之水即可忘却人间事。——汉译注）相当于现在的无意识概念。

⑤ *Ancoratus*, 40. 参看《但以理书》2:35：“打碎这像的石头变成一座大山，充满天下。”

（Helios）之门和梦幻之境”[①]。“他是俄亥阿诺斯，神与人之父，永远潮起潮落、时前时后。”人类诞生自落潮，众神则诞生自涨潮。“常言道：‘我曾说，你们是神，都是至高者的儿子。’”[②]这里，上帝与人之间的密切关系或同一性在圣经里显而易见，并不亚于挪阿新派教义。

6

如希波吕托斯所言，挪阿新派认为一切都起源于三元体，这种三元体包含着：首先，“高处初人阿丹玛的有福的本性”；其次，较低之人的道德本性；第三，“产生于上面的无君王的种族”，“搜索者玛利亚（Mariam）、大智者叶索（Jetho）[③]、预言者西坡拉（Sephora）[④]，以及摩西（并不是诞生于埃及）都属于这个种族。”[⑤]这四者合起来，形成了一个经典式的婚姻四元体：[⑥]

① 译文引自荷马《荷马史诗·奥德赛》，王焕生译，人民文学出版社2003年版，第483页。俄亥阿诺斯为希腊神话中的海洋之神。赫利俄斯为太阳神。——译注

② *Elenchos*, V, 7, 37 (Legge trans., I, p. 130). 参看《诗篇》82:8（拉丁本为81:6），《路加福音》6:35及《约翰福音》10:34参考了这一节。

③ Ἰοθώρ = 叶忒罗，米甸的祭司，摩西的岳父。

④ 摩西的妻子。

⑤ 这里也许暗指摩西制造的“生殖”具有精气的本性，因为据Elenchos（V, 7, 41）说：“埃及乃是身体”（Legge trans., I, p. 130）。

⑥ 在原始水平上，姑表亲符合这种婚姻四元体原型。对此的详述，请看拙文《移情心理学》，第425页及以后。

他们的同义词是：

母亲	—	父亲
女王	—	君王
陌生女人	—	远方爱人
阿尼玛	—	阿尼姆斯

摩西相当于夫，西坡拉是妻；玛利亚（米利暗，Miriam）是摩西的妹妹；叶索（叶忒罗）是智慧老人的原型，且相当于父亲—阿尼姆斯，倘若四元体是女性的话。不过，由于叶索被唤作“大智者”，这就暗示四元体是男性的。如果是女性，对智者的强调，应当指向玛利亚，这样，玛利亚就拥有了大母神的意义。无论如何，我们的四元体缺少兄妹乱伦关系，否则就很普通了。相反，米利暗对摩西而言，有着某种母亲的意义（参看《出埃及记》2:4及以后）。她是一位有着“魔力般”人格的女先知（《出埃及记》15:20及以后）。当摩西把一个摩尔人——“埃提阿伯[①]的女人”——带到妻子跟前，妻子被他激怒而长了大麻风，变得“有雪那样白”（《民数记》12:10）。因此，玛利亚并非完全不适于充当阿尼玛的角色。《旧约》中最为熟知的阿尼玛形象——书拉密（Shulamite）说：“我虽然黑，却是秀美”（《雅歌》1:5）。在克里斯蒂安·罗森克鲁兹（Christian Rosenkreutz）的《化学婚配》（*Chymical Wedding*）里，皇室新娘是摩尔君王的情妇。在炼金术里，黑人——特别是埃提阿伯人——扮演着重要的角色，是*caput corvi*和*nigredo*的同义词。[②]它们出现在《圣佩蓓图受难记》里，[③]代表着有罪

① 埃提阿伯（Ethiopia）是一个圣经地名，旧约时代称为“古实”（Cush），新约作“埃提阿伯”。在教会史中，此地有着悠久的基督教历史传统。——汉译注

② 参看《心理学与炼金术》，第484段。

③ 见玛丽—路易丝·冯·弗朗兹的研究。

的异教世界。

三元体的名称有个特点，它们的发音都是相似的：*Kaulakau, Saulasau, Zeesar*。[①]*Kaulakau*意为较高的亚当、*Saulasau*是较低的、道德的人，*Zeesar*则被命名为“向上流动的约旦河”。是耶稣让约旦河水向上流动的；它是上涨的洪水，正如前面所说，它是众神之父。“人们说，这就是在一切造物中，人的雌雄同体。无知者称其为‘三个身子的革律翁（Geryon）[②]，（即ὡς ἐκ γῆς ῥέοντα，‘流自尘间’）；希腊人却将它命名为月亮的天空之角。”这份文献认为，上面提及的四元体就是向上流动的约旦河、雌雄同体、三个身子的革律翁，以及月亮的角，它是天体演化的逻各斯（《约翰福音》1:1及以后），“生命在它里头”（《约翰福音》1:4）犹如“一代完美的人”（τέλειοι ἀνθρώποι）。[③]

此逻各斯或四元体，是“我主人为饮酒为占卜用的杯”[④]，或阿那克里翁（Anacreon）[⑤]的大酒杯。这只杯子，让希波吕托斯想起迦拿的酒水神迹，[⑥]他说这“展现了天国”，因为天国位于我们之中，如同杯中的酒。还可以进一步把杯子比作萨莫色雷斯岛（Samothrace）[⑦]的猥亵诗神和基列尼的赫尔墨斯，二者代表了原人和重

---

① 这些词出现在《以赛亚书》28:10的希伯来文里，描述的是“口吃的唇，异人的舌”对百姓说的话。（希伯来文这样读道：“tsaw latsaw, tsaw latsaw, kaw lakaw, kaw lakaw, zeer sham, zeer sham.”——编者注）钦定版作：“For precept must be upon precept, precept upon precept, line upon line, line upon line; here a little and there a little.”

② 革律翁，希腊神话中三头三身的巨人怪物。——汉译注

③ 参看《心理学与炼金术》，第550段。（参看Legge trans., I, p. 131.）

④ 参看《创世纪》44:5。（中译援引自思高本，略微改动。——汉译注）

⑤ 阿那克里翁：公元前5世纪的希腊抒情诗人。——汉编注

⑥ 迦拿，圣经地名。耶稣在迦拿的婚筵上行神迹，使水变成酒。（见《约翰福音》2:1ff）——汉译注

⑦ 萨莫色雷斯岛，位于北爱琴海的一个山峦起伏的岛屿。岛上神像繁多，其中也有阴茎勃起的塑像。——汉译注

生的属灵者。最后一个人与原人“在任何一方面都是同体的”，由赫尔墨斯象征。希波吕托斯说，因为这个缘故，基督告诫人们去吃他的肉，喝他的血，因为他意识到他的门徒本性各异，也意识到每个人“会忆起他自己的特殊本性”。[①]

另一个同义词是科律巴斯（Koryhas），他源出于头上的王冠，源自未成形的（ἀχαρακτηρίστον）大脑，仿佛伊甸园流出的幼发拉底河那样，遍及万物。他的形象是“地上的形式”，这一点不为人知。他是那住在洪水中的神灵。在此，我无须讲述这一象征，因为我已在帕拉塞尔苏斯的研究中着墨一二了。[②]科律巴斯被比作原人，这一点可以从古人的观点中得出来，他们认为，科律班忒斯（corybants）[③]皆为原人。“科律巴斯”并非指的是一个特别的人格，而是一个集体的匿名成员，比如库越特（Curetes）、凯毕瑞（Cabiri）、达克堤利（Dactyls）等。从字源上看，它与“κορυφή”（头顶）有关系，虽然这还有待商榷。[④]在我们的文献里，科律巴斯似乎是某种独一无二的人格——在此，基列尼的赫尔墨斯与萨莫色雷斯岛的凯毕瑞是同义的。关于赫尔墨斯，这份文献说：“这个色雷斯人……叫作科律巴斯。”[⑤]我在一篇早期的文章里论述过，[⑥]这个非同寻常、独一无二的人格，也许是出于科律巴斯掺杂进了狄俄尼索斯的传说中，因为狄俄尼索斯也像是一种阴茎般的存

---

① *Elenchos*, V, 8, 12 (Legge trans., I, p. 133).

② 《作为灵性现象的帕拉塞尔苏斯》“Paracelsus as aspiritua（phenomenon”，第181段及以后

③ Roscher, *Lexikon*, II, part I, col. 1608, s.v. “Kuretes”.［科律班忒斯（corybant），希腊神话中女神库柏勒的祭司、狂欢乱舞的随从。这个词和科律巴斯（Corybas / Κορυβας）有字源上的联系，因为祭司科律班忒斯的祖先是科律巴斯。——汉译注］

④ 同上，col. 1607.这也许源出于大脑影射了一个古代的理念：精液自头脑经由脊髓下达生殖器。（参看Onians, *The Origins of European Thought*, p. 234. ——英编注）

⑤ *Elenchos*, V, 8, 13 (Legge trans., I, p. 133).

⑥ 《神灵墨丘利》，第278段。

在，就像我们从琉善的《论叙利亚的女神》（*De Dea Syria*）中了解到的那样。①

自“完美的人”的中心处，流出了大海（如我们已经谈到的，这是上帝所在之处）。正如耶稣所言，“完美的人”乃是“真正的门”，“完美的人”必须通过它才能走向重生。在此，如何翻译“teleios”成了一个重要的问题；因为我们必须弄清楚，为什么“完美的”人还需要通过重生来更新呢？②我们只能推知：完美的人并非完美到无须任何改善。在《腓立比书》3:12中我们碰到了另一个难题，保罗说：“这不是说我……已经完全了”（τετελείωμαι）。”但是，往后三节他又写道：“所以我们中间凡是完全（τέλειοι）人，总要存这样的心。”显然，诺斯替教对“τέλειοι”的用法与保罗一致。该词只有一个大致的意思，和“πνευματικός”（“属灵的”）③几乎一样，后者与任何确切程度上的完美或灵性概念无任何关系，只有在指涉上帝的时候，“完美”一词才正确地传达着希腊语“τέλειος”的含义。然而，当它应用于人尚须重生的人时，至多意谓“完整的”或“完全的”，尤其是——像我们的文献里所说的这样，完全的人若非通过此门，则无法获得拯救。④

---

① Roscher, col. 1392, s.v. “Korybos”，这里提供了完整的文献。

② 炼金师恰如其分地说道：“Perfectum non perficitur”（完美者并非无缺）。

③ *Elenchos*, V, 8, 22, 将πνευματικοί描述为“赋予理性的完美之人”。由此显然可见，拥有理性阿尼玛使人成为“属灵的”人。

④ *Elenchos*, V, 8, 21（Legge trans., 1. p. 134）. 克莱默（Cramer, *Bibl.-theol. Wörterbuch der Neutestamentlichen Gräzität*）诠释τέλειος的含义时，说它“完全、完美，应有尽有，已经达到了命定的目标。”鲍尔（Bauer, *Griech.-deutsch. Wörterbuch zu den Schriften des Neuen Testaments*, col. 1344）参考了年纪，译为“成熟的、发育完全的”，还参考了神秘之事，意指“启蒙的”。Lightfoot (*Notes on the Epistles of St Paul*, p. 173) 说道：“正确地说，Τέλειος是那些全然发展的部分，与ὁλόκληρος有别，它其中没有任何部分是不足的，它‘发育完全’，犹如νήπιος（‘幼稚的’）或παιδία（‘幼童期’）的对立面。”*Teleios*是已然获得努斯的人：他拥有灵智（知识）。参看Guignebert, “Quelques remarques sur la perfection (τελείωσις) et ses voies dans le mystere paulinien”, p. 419。Weiss（*The History of Primitive Christianity*, II. p. 576）断言，它不过是“不完美的意识和精进的愿念，亦即完美的标记。”他的观点基于埃皮克提图（*Epictetus, Enchiridion*, 51, 1f.），后者说道，抱定宗旨精进（προκόπτειν）的人，已提前变得“完美”了。

“完美”的父，是更高的人或原人，“未清楚成形”且“没有特性”。希波吕托斯继续说道，此人被弗里几亚人称为“爸爸”（阿蒂斯）。他带来了和平，并平息了人体内的“诸元素之争”。[1]此陈述后来被逐字还原于中世纪的炼金术里——其中，哲人之子“让诸敌人或元素之间保持和平”[2]。这位“爸爸”也被称为“νέκυς”（尸体），因为他被埋在身体里，犹如坟墓里的木乃伊。相似的理念可见于帕拉塞尔苏斯，其论文《长生之书》（*De vita longa*）开篇这样写道：“诚然，生命不过是一具防腐的木乃伊，让必死的身躯免遭必死蠕虫的伤害。”[3]身体只有在“木乃伊”[4]中存活，通过“木乃伊”，外在的微观宇宙（“peregrinus microcosmus”，与宏观世界相对应）统治着机体。[5]木乃伊的同义词有“*Adech*”、“Archeus”、“Protothoma”、“Ides”、“Idechtrum”等。他是“朴质者”（Protoplast，第一个被创造的），“一切造物出于此门”[6]（参看上文中“真正的门”）。木乃伊与身体一同诞生，并保存着它，[7]虽然还没能达到“天外的木乃伊”（supercelestial Mumia）那个程度。[8]后面这种木乃伊，与挪阿新派中更高的亚当相一致。对

① 首次出现在V, 8, 19。（参见 Legge, I. p. 134.）

② *Hermetis Trismegisti Tractatus vere Aureus cum scholiis* (1610), p. 44.

③ Adam von Bodenstein发表于公元1562年。载于Paracelsus Sämtliche Werke（ed. Sudhoff, III, p. 249）。

④ 木乃伊（Mumia），炼金术术语。指的不仅是用香膏保存的人的肉身，也指其他并非自然死亡而是被杀死的、具有治疗功效的东西。——汉译注

⑤ De origine Morborum invisibilium，第四册的开头这样叙述木乃伊：“一切草木的力量都见于木乃伊中；不仅有地上的植物的力量，也有水生植物的力量，还有所有金属的属性、白铁矿的品质和宝石精华。我应该怎样计算这一切事物，给它们赋予名字呢？它们都在人之中，不多也不少，就和木乃伊里的那样强烈而有力。”（Volumen Paramirum, pp. 291ff.）

⑥ *Fragmentarische Ausarbeitungen zur Anatomie* (Sudhoff, III, p. 462).

⑦ 因此，木乃伊是一种解毒药。（De mumia libellus; ibid., p. 375.）

⑧ *De vita longa*, Lib. IV, cap. VII (ibid., p. 284).

于“*Ideus*”或“*Ides*”，帕拉塞尔苏斯说道，在它里面“只有一个男人……而他就是那朴质者。”[①]

因此，帕拉塞尔苏斯所谓的木乃伊，在任何一方面都与原人相符，他形造了必死之人的微观宇宙，也分享了宏观世界的一切力量。由于帕拉塞尔苏斯受卡巴拉主义影响，所以，在此联想卡巴拉的“大天使梅塔特隆”（Metatron）并非多余之举。在《光辉之书》里，弥赛亚被描述为系统的（Sephiroth）“中枢柱”，书中这样谈到这根柱子：“中枢柱是梅塔特隆，其名仿佛主之名。它被创成主的形象和样子，它包含了一切自高到低和自低到高的层次，并将（它们）一并捆在中枢里。”[②]

希波吕托斯继续说道，死者经过“天堂之门”后会重生。雅各在去美索不达米亚的路上，见到了天堂之门，“但人们说美索不达米亚是流自完美之人当中的深洋之溪”。雅各如此谈论这扇天堂之门：“这地方何等可畏！这不是别的，乃是神的殿，也是天的门。”[③]在此，从原人（天堂之门）那里流出来的溪水，被解析为俄亥阿诺斯的洪流，它产生了众神——就如我们所见的那般。希波吕托斯援引的篇章，也许参考了《约翰福音》7:38，或者和后者一样，参考了某份经外文献。《约翰福音》里所说的——“信我的人就如经上所说，从他腹中要流出活水的江河来”——涉及一个非圣经来源，当然，作者以为它是依据圣经的。俄利根说，无论谁喝了这种水，此水都将在他体内变成一股泉水，涌作永恒的生命。[④]此水是“更高的”水，即教义之水（aqua doctrinae），源自基督腹部的河水，是神圣的生命，与“较低的”水形成鲜明对比。“较低的”水（aqua abyssi），即深水、黑暗的所在，住着此世的王

① 《作为灵性现象的帕拉塞尔苏斯》，第168段。

② *Zohar*, cited in Schoettgen, *Horae Hebraicae et Talmudicae*, II, p. 16.

③ 《创世纪》28:17。

④ *In Genesim hom*. XI, 3（Migne, P.G., vol. 12, col. 224）写道：“而且，你将看见异象之井，从中取出活水，便会在他体内变成一股泉水，它将涌作永恒的生命。”

子、背信的龙及其天使。[①]泉水就是“救世主”自己。[②]基督这条河，是通过四部福音书注入世界的，[③]犹如乐园里的河。在此，我故意详细地援引了教会的寓言，是为了让读者看到诺斯替教象征是怎样渗入教会语言中的，另外，这些寓言的细节和解析所具有的活力——尤其在俄利根的笔下——与诺斯替主义见解是何其相同。因此，宇宙相当于“属灵内在之人”，对于这一理念，俄利根和许多他的同时代者及后继者是相当熟悉的。他在关于创世纪的首次训诫里说，上帝首先创造了天堂，完整的属灵物质，而此物对应的是“我们的心智，它本身是一个灵；恰是我们属灵的内在之人，看见并知道上帝。”[④]

基督教的这些例子，在一定程度与诺斯替教徒的异教思想相似。也许，这一点已足以为读者描绘出最初两个世纪的精神图景；这一点，也显示出，那个年代的宗教教义与心灵事实联系有多紧密。

7

现在，让我们回到希波吕托斯列出的各种象征上来。处于潜在状态——我们可以如此翻译术语“ἀχαρακτηριστός”——的原人名为埃厄罗斯（Aiplols），“并非因为他饲养着公山羊和母山羊”，而因为他是“ἀειπόλος”，是极点，围绕着宇宙。[⑤]这让人想起炼金师那关于汞

① In Genesim hom. I, 2 (col. 148)。

② *In Numeros hom*. XVII, 4（Migne, *P.G.*, vol. 12, cols. 707f.）中说道：“这些水上的天堂，与那些里面种着生命之树的天堂相似且同类。我们既可把这些水视为使徒和福音书作者的著作，也可将之视为天使及对这些灵魂的天堂力量。借由这些，这些灵魂被灌溉，被淹没，被滋养，获得所有天堂事物的知识。虽然我们的救世主是一条河，使神的城欢喜；圣灵不仅自己是那河，产生他的也是那河，源自他腹部的河。”

③ 对教父寓言的宝贵汇编，可参考Rahner, “Flumina de ventre Christi”，第269页及以后。上述参考在第370页，出自希波吕托斯的*Commentary on Daniel*, I, 17 (*Werke*, I, pp. 28f.)。

④ *In Genesim hom*. I, 2 (Migne, *P.G.*, vol. 12, col. 147).

⑤ Elenchos, V, 8, 34 （Legge, I, p. 137）. 这是对αἰπόλος（源自αἰγοπόλος，山羊群），和ἀειπόλος（源于ἀεὶ πολεῖν，永转不停）玩的词汇把戏。所以，πόλος = 地球的轴，也就是极。

的类似理念，我们在前面讲过，其存在于北极。相似的是，挪阿新派把埃厄罗斯叫作普罗透斯（Proteus）——用《奥德赛》的话来说。希波吕托斯引用了荷马的话："有一位说真话的海中老神经常来这里，他就是埃及的不死的普罗透斯……"[①]荷马继续说："……他知道大海的所有幽深之处，波塞冬的侍从。"[②]普罗透斯显然是无意识的化身[③]：难以"捕捉老海神……他发现或猜到我的意图而逃窜。"[④]人们必须迅速抓住他，抓紧他，如此逼他说话。他虽然住在海中，但在神圣的正午时分，他会来到偏僻的海滨，像两栖动物一样，并躺在他的海豹中睡觉。切记，海豹是温血动物——也就是说，可以被看作无意识的内容，可以被意识到，而且，它们在某些时候自发地出现在充盈着光亮与空气的意识的世界里。从普罗透斯那里，漂流的英雄[⑤]习得如何"在多鱼的海洋中"找到回家的路。因而，老海神当是一个普绪科蓬波斯。[⑥]希波吕托斯如此评论他："Οὐπιπρασκέται"。此言可用恰当的法文俗话译为"il ne se laisse pas rouler"。文章接着说："但是，他绕着自己转，改变了他的外形。"所以，他表现出来的样子就是一幅旋转的图像，他无法被抓住。[⑥]希波吕托斯所说的是"νημερτής"，"确实的"（in sooth）绝无谬误的；他是一位"预言者"，所以，挪阿新派说"完整的

---

① 《奥德赛》，王焕生译，第67页。——汉译注

② 同上。

③ 他有某些"捣蛋鬼"的特征。

④ 《奥德赛》，王焕生译，第69页。——汉译注

⑤ 指《奥德赛》中的主人公俄底修斯。——汉编注

⑥ 普罗透斯与赫尔墨斯有诸多共性：首先是第二视觉的天赋和变化的能力。在《浮士德》（第二部，第五幕）里，他告诉何蒙古鲁士开始工作的方法和地点。（第二视觉是某些人才具有的通灵视觉，与感官获悉的第一视觉相对；变化是指把自己变成动物或变回人的能力，在萨满教文化里，还指联合强势动物的力量。何蒙古鲁士，本意为小人、侏儒，为《浮士德》里造出来的人。见《浮士德》第二部，郭沫若译，第115页。——汉译注）

人的知识真的很深，而且难以理解”，并非没有道理。

因此，普罗透斯类似于在依洛西斯（Eleusinian）[①]秘密中那初熟的谷物。司仪神父对他哭诉道：“主母生圣子，暴魔生暴子！”[②]希波吕托斯说，较低者——与高级的依洛西斯点化（initiations）相对应，乃是珀尔塞福涅的暗径，珀尔塞福涅被冥界之神诱拐，这使得“那位能唤起相思病的、受人敬仰的阿佛洛狄忒的小树林”得以产生。人们应当保有这条较低的路径，以便“进入巨大的、天国似的”秘密。[③]这个秘密是“天国之门”、“上帝之室”，只有良善的上帝住在那里，他注定是为属灵的人存在的。他们应该脱下外衣，悉数变成“新郎”，“被处女之灵剥去男根”。[④]这里隐射了《启示录》14:4：“……他们原是童身。羔羊无论往哪里去，他们都跟随他。”[⑤]

---

① 伊洛西斯是古希腊城市，每年都会举行仪式来庆祝谷物女神德墨忒尔和她的女儿珀尔塞福涅重聚。——汉编注

② 原文为：Brimo has borne Brimos。暴魔（Brimo），引起恐怖和惊骇的女神。——汉译注

③ 当我参观南印度Turukalukundram的古代宝塔时，一位当地的梵文学者对我解释说：古塔的外观是被故意从顶到底，用猥亵的雕塑覆盖起来的，为的是让凡人想起他们的性。他说，这个神灵极其危险：如果这些人（“不完整的人”）没有准备，直接走过灵的路径，那么，地府之神阎罗王，就要使他们立刻丧命。色情的雕塑意在让人想起他们的“律法”（dharma），律法要求他们完成自己的凡间生活。只有当他们履行了律法，他们才能踏上属灵之路。这淫秽的种种，是为了激起访客对塔的色念，以告诫他们不应忘记自己的律法；否则，他们便不会履行它。只有“经过业力”（通过前世积得的命运）考验的人，以及命中注定为属灵生命的人，才能忽视这一命令而不受惩罚。这是因为，在他们看来，这些淫秽之事皆属虚无。这就是为什么有两个媚娘子伫立在塔门，勾引人们履行他们的律法，凡人唯有如此方能达到更高的灵性发展。由于塔代表了整个世界，所以一切人类活动都寓于其中；因为大部分人总在想着性事，所以塔雕的大部分都有着色情的本性。同样因为这个缘故，他说，林伽（阴茎）位于内殿（神圣中的神圣）的神圣凹处，在*garbha griha*（子宫的房子）里。这位梵文学者是密教信徒（学者；tantra=“书”）。

④ 他们的原型是阉割掉的阿蒂斯，以及依洛西斯的祭司——在庆祝圣婚之前，被一剂毒芹弄得性无能了。

⑤ 参看《马太福音》5:8：“清心的人有福了！因为他们必得见神。”

8

在自性的客观象征中，我已经提及挪阿新派的概念：不可分的点（ἀμέριστος στιγμή）。这个概念充分符合莫诺缪（Monoïmos）[①]的“单子”及“人子”概念。希波吕托斯说：

莫诺缪……认为，有某种人像俄亥阿诺斯（Oceanus）那样，诗人这样来谈论他们：俄亥阿诺斯，神与人的起源。[②]换言之，他认为此人是一切，是宇宙的来源，是尚未出生的、不会腐败的、亘古长存的；而且，此人还有一个儿子，他生于痛苦且有能力忍受痛苦，而且他诞生在时间之外，既非意志所定，也非预先决定……此人是一个独一无二的单子，是非复合的（且）不可分割，（但又是）复合的（且）可分割的；与万物和睦相处、充满慈爱（却又与）万物争斗，并在万物中与自己交战；与（自己）既相像又不像，仿佛包罗万象的和谐乐章……彰显一切，创生一切。它是自己的母亲和自己的父亲，它拥有这两个不朽的名字。莫诺缪认为，完全人的符号是一种微量。这种微乎其微是并未混合的、简单的、未混杂他物的单子，由虚空所构成，却又由许多形式和诸多部分构成。这单独的、不可分割的微量，多面千眼，有着上千种名字，它是约塔微量[③]。这象征着完全的、不可分割之人……人子是一个

① 莫诺缪（生活于二世纪中叶至三世纪初），人称“阿拉伯人”，是一名阿拉伯的诺斯替教徒。他在诺斯替主义文脉中，创造了“单子”一词的用法。——汉译注

② *Iliad*, XIV, 200f. and 246：“我要去那硕果累累的大地的尽头，造访海洋，那诸神的祖先，还有忒堤斯母神……甚至是海洋溪流，这才是它们所有的祖先。”（Rieu trans., pp. 262f.）

③ 希腊文iota（τὴν μίαν κεραίαν），最小的希腊字符，相当于英语中的“点”（这在希腊语中不存在）。参看《路加福音》6:17：“天地废去比律法的一点一画落空还容易”。又见《马太福音》5:18。正如爱任纽（*Adv. haer.*, I, 3, 2）所提示的，这也可能是iota象征意义的来源。（iota即希腊文第九个字母约塔的名称：Ι（ι）。它是希腊字母中最小的一个，有时可以写为一条短横置于其他字母之上，而即便忘了写，对发音也没什么影响，只是符合拼写规则而已。——汉译注）

约塔，这个微量从高处流出；他是完满的，且充盈着万物；在他自身包含着万物；他是人子之父。①

在莫诺缪看来，吊诡的单子理念描述了自性的心理本质，这一本质是二世纪的思想家受基督教启示的影响构想出来的。

类似的概念可见于普罗提诺②的作品中。普罗提诺生活在稍晚的时代（约公元205～270），他在《六部九章集》（*Enneads*）中说道："自知揭示了一个道理：灵魂的自然运动并非直线型的，除非它确实经历了某些偏离。相反，它围着某些内在的东西打转，围着某个中心盘旋。现在，中心就是圆圈，即灵魂的发源地。所以，灵魂围绕着中心运动，也就是绕着她源出的法则运动，而且，她趋向于它，依附于它，如同一切灵魂所做的那样。神性的灵魂永远使自己朝向它，而且那就是其神性的秘密。由于神性包含在与中心的依附之中……因而，任何从中撤离的人，都保持着非统一，或是一个野蛮人。"③

这里的论点指的是圆圈的中心，好比说，这个圆圈是灵魂环行创造出来的圆圈。此论点是"万物的中心"，是一种上帝意象。这一理念仍然存在于今人梦境里的曼荼罗象征之中。④

同等重要的理念是火花或"σπινθήϱ"，⑤常见于诺斯替教。它相

① *Elenchos*, VIII, 12, 51ff. (Legge, pp. 107ff.). 这一切都是对《约翰一书》的诺斯替教解读，也是对心理学上的自性的意味深长的阐述。希腊字母"ι"与自性的关系，犹如卡巴拉中的希伯来字母"Yod（י）"与石的关系。原人亚当，代表了Yod字母上端的小钩子。（*Shaare Kedusha*, III. I.）

② 普罗提诺，新柏拉图主义哲学家。公元244年，在罗马创立学校，是新柏拉图主义的领袖。——汉译注

③ Ennead, VI, 9, 8 (Guthrie trans., p. 163, slightly mod.).

④ 见《个体化过程研究》和《关于曼荼罗象征意义》（*Concerning Manclala Symbolism*）。

⑤ Bousset, *Hauptprobleme der Gnosis*, p. 321, 说道："（诺斯替教徒相信）人类或至少某些人，从一开始就在他们之中携着一个更高级的元素（*spinther*）。该元素源自光的世界，让他们升到七重天之上，进入更高的光的天地——此处住着未知的父和天国之母。"

当于埃克哈特大师所说的“灵魂中的微小花火”（*scintilla vitae*），[①]我们在更早的撒特流斯（Saturninus）[②]教义中见过此说。[③]相似的是，人们说“物理学家”赫拉克留（Heraclitus）[④]，把灵魂设想为一种“具有恒星本质的火花”。[⑤]希波吕托斯说，在塞香斯派的教义中，黑暗包含着“受束缚的光明和火花”，[⑥]而且，这“极小的火花”融入了低处的黑暗之水[⑦]。[⑧]西门·马各斯[⑨]也教导道：在精液和乳液里，有一种极小的火花，它“增大并变成一股无限的不变的力量”[⑩]。

点的象征亦可见于炼金术，它在其中象征着神秘物质。在米歇尔·麦耶尔（Michael Maler）笔下，[⑪]它意味着“纯度或者本质上同

① Meerpohl, “Meister Eckharts Lehre vom Seelenfünklein”.

② 撒特流斯，生活于二世纪后期，叙利亚诺斯替教的教师。——汉译注

③ Irenaeus, Adv. haer., I, 24. 所谓的“pneumatikoi”包含了丰盛的一小部分（II, 29）。参看希波吕托斯Elenchos, VII, 28, 3 (Legge trans., II, pp. 80f.) 中的撒特流斯教义。

④ 赫拉克留（又做赫拉克利乌斯，公元575～641），拜占庭皇帝（公元610～641年在位），在位期间复兴东罗马帝国，在神学上提倡基督一志论。——汉译注

⑤ Macrobius, *Commentarium in Somnium Scipionis*, XIV, 19.

⑥ *Elenchos*, V, 19, 7: Ἵνα ἔχῃ τὸν σπινθῆρα δουλεύοντα.

⑦ 此理念在炼金术中重现了数种变体。参看Michael Maier, *Symbola aureae mensae*, p. 380, 及*Scrutinium chymicum, Emblema* XXXI: “君王游在海中，高声疾呼：谁要是把我带出去，我就给他重赏。”亦见“Aurora Consurgens”, I, cap. 6: “故此，我夜复一夜，谆谆劝诫，声嘶力竭。谁是那知晓之人，将我的灵魂从地狱之掌中释放出来？”

⑧ *Elenchos*, V, 21, 1: Τὸν σπινθῆρα τὸν ἐλάχιστον ἐν τοῖς σκοτεινοῖς ὕδασι κάτω καταμεμῖχθαι λεπτῶς.

⑨ *Elenchos*, VI, 17, 7. 参看“Transformation Symbolism in the Mass”, par. 359.

⑩ 参看Wickes, *The Inner World of Man*, p. 245。它是一种典型的个体化象征：“于是，我看见在杆子上挂着一个人，在他之内是世界与空间的一切孤独。那孑然而无望的‘全人（the One）’高悬着，俯凝虚空。凝视久久，逐渐向一切孤寂靠近。莫测黑暗的深渊，乃自一点极小的火花诞生而出。慢慢地，它从极深处升起，上到变成一颗星。而悬在空中的星辰，恰与此形象相对，洁白的光芒流向那‘孤独的全人’。”相反，它与琐罗亚斯德有关，此人将火花从一颗星辰上吸引下来，把他烧焦了。（Bousset. p. 146.）

⑪ Maier, *De circulo physico quadrato* (1616), p. 27.

质”，它是蛋黄中的“起点”（punctum solis）[①]，而后长成为一只稚鸡。昆特拉认为，它代表着智慧，有着“盐点的形式”；[②]麦耶尔则认为，它象征了黄金。[③]对于《黄金书》的评注者而言，它是中点，是“微圈”（circulus exiguus）和“媒介”，它让敌对的元素和解，并“通过不停的旋转，把方形的棱角变成一个如同自身的圆形”。[④]杜恩认为，“勉强可知的点”（punctum vix intelligibile）是创造的起点。[⑤]相似地，约翰·迪（John Dee）认为万物起源于点及单子。[⑥]确实，上帝本身既是中心，又是外围。米利乌斯称“点”为赫尔墨斯的鸟。[⑦]在《新光》（*Novum lumen*）中，它是灵与火，是神秘物质的生命，类似于火花。[⑧]点的概念与知识（Gnostics）的概念，或多或少是相同的。

我们可以从这些引文中，发现基督是如何同化到象征中的，这些象征同样意味着天国，比如芥菜种子、隐藏的珍宝、价值连城的珍珠。他和他的国有着同样的意义。将基督人格做这样的分解总是遭到反对，但人们并未意识到，它同时代表着基督同化和整合到人类心灵之中。[⑨]在人类人格的成长中，在意识的发展中，都可以看到同化和整合的结果。

---

① 或作*punctus solis*。“故此，鸡蛋里有四种物质：土、水、火和空气。但‘punctum solis’不属于这四者，稚鸡在蛋黄的中心处。”（Turba., Sermo IV.）Ruska (*Turba philosophorum*, p. 51) 不说“solis”而用了“saliens”（“跃点”取代了“日点”），认为所有的抄写员都犯了相同的错。对此，我还不确定。

② *Von hylealischen Chaos*, p. 194.

③ *De circulo quadrato*, p. 27.

④ *Theatr. chem.*, IV. p. 691.

⑤ “Physica genesis”, *Theatr. chem.*, I, p. 382.

⑥ *Monas hieroglyphica* (first edn., 1564). 亦见*Theatr. chem.* (1602), II, p. 218.

⑦ *Phil. ref.*, p. 131.

⑧ *Mus. herm.*, p. 559.

⑨ 在此，我打算援引一个神学上的观点：“基督是一个综合体和发展体，最终形成这样一个物体：它讲述着一百个力，这些力都通向它的制造。不过，有趣的是，这个过程并未结束于教规的结束。耶稣仍在制造中。”Roberts, “Jesus or Christ?—A Reply”, p. 124.

如今，在我们这个敌基督时代里，这些特别的成就遭到严重威胁。这个威胁来自妄想的社会政治体制，最重要地，还来自理性主义的狂妄自大，后者将我们的意识撕离其超验的根基，还以为在那以前存在固有的目标。

第十四章
自性的结构及动力

1

前一章所提供的例子，应该足以说明原型——自我意识的基础——所具有的渐进的同化和放大作用。我不想画蛇添足地多说一些例子，我想总结出一幅全貌图景。无疑，希波吕托斯留下的各种线索显示，许多诺斯替教徒是心理学家，而不是别的。所以，他认为他们是那种“很难寻找到的，并且很难理解的灵魂”①，完整之人的知识也不过就这么困难。“因为人的知识是整体（τελείωσις）的开始，但上帝的知识却是完美的整体（ἀπηρτισμένη τελείωσις）”。亚历山大的革利免在《导师》（*Paedagogus*, III, 1）里说：“所以，所有学科最伟大之处就是了解自己。因为当一个人了解自己，他便了解上帝。”而莫诺缪给德奥夫拉斯多（Theophrastus）的信中写道：“在你自身中把他找出来，并了解到那个在你身上占有一切的是谁，说：我的神、我的灵、我的理解、我的灵魂、我的身体；从中了解到悲伤与喜悦、爱与恨；行走，走不通之道，入睡于无眠之夜，动怒于无怒之人，爱上不可爱之人。如果你细细察看这些事物，你会发现他——那个一者和多者——在你之中，就像那个小点（κεραία）一样，因为在你之中，你会发现你转变的起点，你被解救的开端。”②

---

① *Elenchos*, V, 7, 8 (Legge trans., I, p. 123).

② *Elenchos*, VIII. 15. 1ff. Cf. Legge trans., II. p. 10.

读此文献不由让人想起，印度把自性视作“梵”和“阿特曼”的理念。比如《卡那奥义书》（*Kena Upanishad*）写道：“由谁所驰遣，心思赴如射？由谁所羁勒，生气初前适？由谁所策动，人作此言语？由谁神所驱，眼耳从所役？彼者闻后闻，心思之心思，语言后之语……语言所不表，由‘彼’表语言……非以心而思，说心‘彼’所思，尔知‘彼’唯‘梵’。”①

在《广林间奥义书》（*Brihadāranyaka Upanishad*）中，Yajñyavalkya间接地为自性下了定义：“彼居万物内中者，而有异于万物，为万物所不知，而以万物为身，于万物内中管制之，此即汝之性灵，内中主宰，永生者……外乎彼，无见者也。外乎彼，无闻者也。外乎彼，无思者也。外乎彼，无识者也。是即汝之性灵，内中主宰，永生者！——而有异于彼者，是则苦矣！”②

“阿拉伯人”莫诺缪有可能受到了印度的影响。他的观点之所以意义非凡，是因为它显示出即便在二世纪，③自我就被认为是某种包含一切的总体（即自性）的表征，即使在今日，这个想法也绝非所有心理学家所熟知。在近东及印度，这些洞见只能是心理上的，是高强度的内省观察的产物。毋庸置疑，诺斯替主义是一种心理知识，其内容源自无意识。洞见的出现，借助了对“主观因素”的专注。④从经验上来讲，“主观因素”包含在集体无意识施加于意识心的显而易见的影响之中。这可以用来解释为何诺斯替教象征与无意识的心理表现之间，存在令人

① 基于拉达克里希南（Radhakrishnan）的《奥义书的哲学》（*The Principal Upanishads*），第581页及以后。（中文译本引自《奥义书选译》，徐梵澄译，华宇出版社1987年版，上册，第232页。——汉译注）

② 同上，第228页及以后。（中文译本引自《奥义书选译》，徐梵澄译，第546、547~548页；文中的“性灵”即“自性”。——汉译注）

③ 希波吕托斯大约生活在公元230年。因此，莫诺缪必然先于他。

④ 《心理类型》，第620段及以后。

诧异的相似。

我将总结前述的象征，以描述这种相似性。为此，我们首先必须检视一下自性——心理学家设想出的整体性的原型。它首先产生于梦境和异象中，其次是积极想象的产物。在积极想象中，整体的象征出现了。其中最重要的，是包含圆圈的元素和四元体的几何结构。[①]一方面，圆形和球形作为客观对象，可以用纯几何学的形式呈现出来；另一方面，正方形（quadratic）可以一分为四，或者表现为十字架的形式，还可以在意义上或通过排列成为四个彼此相关的人或物。八是四的一倍，也有着相同的意义。四元体主题的一个特殊变体是“3+1”困境。在此，十二（三乘四）似乎可以解决此困境，十二也是“整体性”的象征（黄道十二星座，一年十二个月）。三可以被视为相对性的“总体”，因为三既表现为某种灵性总体——这是思考的产物，如三位一体，[②]又表现为某种本能的、阴暗的、如地府众神的三元本性——“低级三元体”。不过，从心理学来说，三——如果上下文暗示它指涉自性的话——应当被理解为有缺陷的四元体，或是通向四元体的垫脚石。[③]在经验上，对三元体来说，存在着补偿性的三位一体。四元体的补偿就是联合体。[④]

圆圈和四元体的主题推演出几何晶体及创造奇迹的石的象征。此类比又导致了城市、城堡、教堂、[⑤]房屋，[⑥]和器皿[⑦]的产生。另一个变体

① 圆圈之所以具有全体的特征，是因为它的“完美”形式；四元体，则是因为圆圈可被天然划分的份数中，四份是最小量。

② 参看《三位一体观念的心理学考察》，第182段及以后。

③ 参看《童话中的灵性现象学》，第425、436段及以后；又见《三位一体观念的心理学考察》。

④ 五，相当于四元体和联合体的不可分辨性。

⑤ 参看《黑马牧人书》中，有活水的教堂建筑。

⑥ 卫礼贤《金花的秘密》，第40页。

⑦ 《心理学与炼金术》，段338。

是轮子。前一个主题强调的是自我包含在自性那更大的维度当中；后一个主题则强调了循环，这种循环也体现为一种仪式性的环绕。在心理学上，它意指对中心的全神贯注，它被设想为一个圆圈的中心，故表现为一个点。这很容易让人想到天极及围绕它旋转的星盘。那如“生命的轮子”的星象，就是一个类比。

房屋、房间和器皿的意象，让我们想到其“内容”——城市或房屋的居住者，还有容器里面的水。居住者和四元体是有关系的，是四者联合体的第五者。在现代人的梦境和异象里，水呈现为一大块倒映着天空的蓝色区域、湖、四条河（譬如，瑞士作为欧洲的中心，有莱茵河、提契诺河（Ticino）、罗纳河（Rhone）及因河（Inn）。又如伊甸园的比逊河、基训河、底格里斯河及幼发拉底河）、疗愈之水和神圣之水等。有时，水与火有关联，甚至与之结合成为火—水（酒、酒精）。

正方空间里的居住者，让人想到人类的外形。除却几何上与算术上的象征外，这也是自性最为寻常的象征。它既是神灵，又是神一般的人物，如王子、祭司、伟人、历史名人、挚爱的父亲、倾慕的榜样、杰出的兄长——简而言之，这样的人物超越了梦者的自我人格。在女人的心灵中，也有相应的女性形象。

圆圈之于方形，就如四元体之于“3+1”主题，亦如积极的、美丽的、良善的、令人艳羡的、可人的人物形象之于那消极的、丑陋的、卑鄙的、叫人害怕的恶魔般的非法造物。如同所有原型一样，自性也拥有一种吊诡而矛盾的特点。它既男又女，既老又小，既强又弱，既大又小。自性是个真正的“对立复合体”，[1]但这并不意味着它是矛盾的——如同在它之内的矛盾物。很有可能，这看似吊诡之物，不过

① 尼古拉斯对上帝的一个定义。参看《移情心理学》，第537段。

是反映了意识看法上——它对整体有着或利或弊的影响——某种补偿性的改变罢了。大体上，无意识也遵循这个原理，因为那令人恐惧的意象是被无意识中的恐惧引发的。我们应当重视意识的重要性，大可如此推论：无意识的矛盾表现与意识态度有着因果联系，至少在某种程度上如此。当然，我们也不应该高估意识，因为经验提供了太多无可辩驳的证据，让我们体认到无意识补偿过程的自主性，而我们只局限在意识思想中寻找这些矛盾的源头。在意识与无意识间，存在一种"不确定的关系"，因为观察者无法从被观察的事物中抽离出来，一直被观察行为干扰。换言之，对无意识的精确观察，会妨害对意识的观察，反之亦然。

所以，自性会出现在从至高到最低的所有状态中，因为自性如同守护灵一样，超越了自我人格的范畴。不消说，自性也有其兽形的象征意义。在我的经验里，最常出现在现代人梦境里的兽形意象是大象、马、公牛、熊、黑白相间的鸟、鱼，还有蛇。偶尔还会出现乌龟、蜗牛、蜘蛛和甲壳虫。主要的植物象征则是花与树。而就无机物来说，最常见的是山脉和湖水。

只要性欲被低估，自性就会被象征为一根阴茎。这种低估，可能存在于寻常的压抑中，或存在于明显的贬低中。某些"分化人"也可能对性欲做出纯生物学解释和评价。这样的观念忽视了性欲本能那灵性且"神秘"的含义。[①]自上古以来，作为一个心灵事实，这些含义就存在着，在理性主义和哲学背景下，却受到贬低和压抑。所有这些情形都使人设想出无意识的阴茎崇拜以作为补偿。藉由性欲来探索心灵的范例，可见于弗洛伊德。

① 参看Hurwitz，"Archetypische Motive in der chassidischen Mystik"，第六章。

2

回到诺斯替教关于自性的象征，会发现希波吕托斯所说的挪阿新派在人的意象方面最为强调的部分。在几何象征和算术象征中，最重要的是四元体、八元体、三位一体，以及联合体。在此，我们将主要关注四元体的总体性象征，尤其是上一章第六节所提到的象征——我把它简称为“摩西四元体”。接着，我们要考虑的第二个挪阿新派四元体，也就是关于乐园四河的那个，我且称之为“乐园四元体”。虽则构成有别，但两个四元体粗略表达了相同的理念。在接下来的叙述中，我不仅要在心理学上把二者联系起来，而且还将显示二者与后来的（炼金术的）四元结构的关联。在探索过程中，我们会看到两个四元体在多大程度上属于诺斯替教时代，它们与基督移涌思想的原型史关联有多大。

显然，摩西四元体[①]的构造依据的是下列图式：

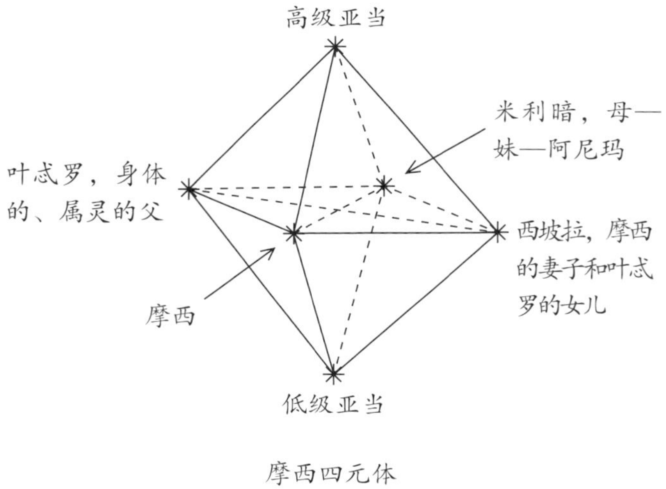

摩西四元体

“低级亚当”相当于平凡的必死之人，摩西相当于文化英雄和立法

① *Elenchos*, V, 8, 2.

者，因此在人格化水平上是“父亲”；西坡拉是君王和祭司之女，也就相当于“高级母亲”。对于这个平凡的人而言，摩西与西坡拉代表着“高贵的配偶”[1]。对摩西而言，这个配偶一方面相当于他的“更高的人”，另一方面相当于他的阿尼玛，即米利暗。“更高的人”与“属灵的、内在的人”同义，在四元体中由叶忒罗代表。当我们站在摩西的立足点来看，这些就是四元体表达的意思。不过，由于摩西比起叶忒罗来，是低级亚当或平凡的人，故而对摩西来说，就不能只把四元体理解为摩西的人格结构，而应从低级亚当的立足点来理解。于是，我们得出了这样的四元体：

摩西 文化英雄	——————	西坡拉 高级母亲
低级亚当 平凡的男人	——————	夏娃 平凡的女人

由此可见，挪阿新派的四元体并不对称，因为这个四元体有一种排他性的向上的趋势，产生出一个六位一体（六元体）：叶忒罗和米利暗加诸上述四者，仿佛一种第三层次，仿佛摩西和西坡拉的更高副本。这样，我们从低级亚当到高级亚当获得了一个渐进或阶级序列。显然，此番心理机制是华伦提努派“会合详表”的基础。所以，低级亚当或肉体之人，是作为众生的最低阶段出现的，从这一点开始只会有上升。不过，正如我已经指出的，挪阿新派四元体里的四个人虽被精心选出，却仍为乱伦主题——在婚姻四元体中从不缺乏——留有空间，而且为还凡人心灵结构向下的延伸留有余地——伸到人类之下，由阴影代表的黑暗和邪恶那里。也就是说，摩西娶了“埃提阿伯的女人”，还有米利暗，这位女先知和“母亲—姊妹”长了“大麻风”——这意味着她与摩西的关系已经恶化。

① 参看《移情心理学》，第410段及以后。

下述事实可进一步证实这一点：米利暗“毁谤”摩西，甚至煽动摩西的哥哥亚伦反对他。据此，我们得出了下面的六位一体：

低级亚当 —————— 夏娃
摩西 —————— 埃提阿伯的女人
叶忒罗，异教祭司 —————— 米利暗，“雪白的”麻风病人

圣经故事并没有对“大智者”叶忒罗做不好的评论，不过叶忒罗是米甸祭司，不为耶和华服务，亦不属被拣选之人，却离开米甸人回到本地去了。[①]叶忒罗似乎出生时又名流珥（Reguel,“上帝之友”），他帮助摩西实现其无上的才智。因而，他是一个圣秘人格，是原型的化身，这个原型显然就是“智慧老人”，在神话和民间传说中他是灵性的拟人化身。如我在别的地方[②]所说过的，这种灵性有一种二分本性。就像在此情形中，摩西藉由娶“大地的黑皮肤女儿”为妻来体现自身的阴影，身为异教祭司和异邦人的叶忒罗，也必将被包含在四元体里，呈现出自己“低级”的一面，有着魔性和邪恶的意义（虽然这一点无法从文献里得到证明）。[③]

如我所说，摩西四元体是民间传说中普通婚姻四元体的一种独特变体。[④]所以，它也可被指定为别的神话名字。下面是姑表婚姻的基本图式：

丈夫 —————— 作为妹妹的妻子
丈夫的妹妹 —————— 妻子的哥哥

① 《出埃及记》18:27。

② 《童话中的灵性现象学》，第400段及以后。

③ 因为整个阴影四元体有着对称的构造，所以，这里的“良善的智者”必然会相应地与某种黑暗的、地府的形象形成对比。

④ 参看《移情心理学》，第425段及以后。

这一图式有着圣秘的变体，比如，妹妹可以替换为母亲，妻子的哥哥可以用父亲般的人物来替换。无论如何，乱伦主题依然突出。此图式体现了爱情关系的心理以及移情心理的基本特点，它像所有人格学的图式那样，既会以“有利”的形式，也会以“有弊”的形式来明白地实现。这是因为，这些关系有着相同的矛盾情感：人做的任何事情都有积极和消极两个面向。

所以，对于那略微粗鄙的诺斯替教命名法，诸君不应感到反感。这些名字是偶然性的，而图式本身却是普遍有效的。“阴影四元体”亦复如是。我之所以沿用这些名字，是因为摩西生平的某些特点，很适合用来描述阴影。

低级六位一体的最低点不在于“低级亚当”，而在于亚当那黑暗的、兽形的预兆——创造于人类之前的蛇，或是诺斯替教的“蛇”（Naas）。因此，我们得出了下面两个结构：

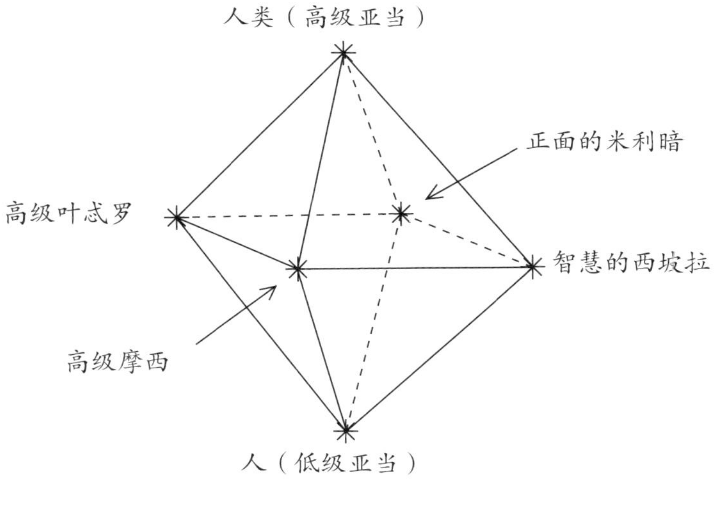

A. 人类四元体

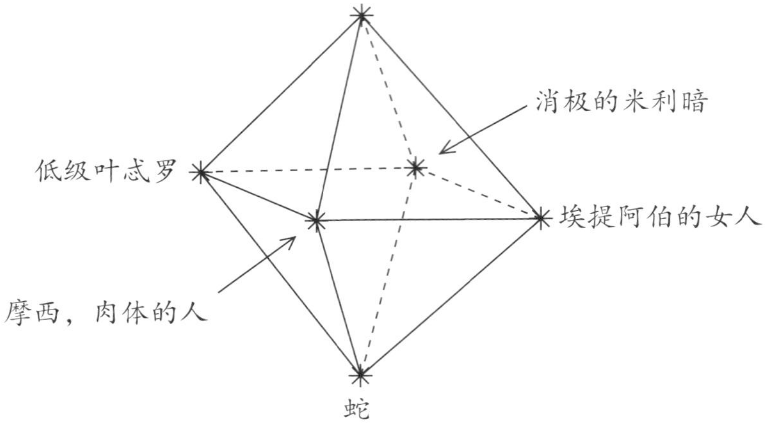

B. 阴影四元体

此图式并非茶余饭后的游戏，因为文献表达得很清楚：诺斯替教徒对他们那些形而上的形象的黑暗面向相当熟悉，这是他们受攻击最多的地方［人们会不由自主地想到良善的上帝与普里阿波斯（Priapus）[①]的同一性，或是人类与猥亵的赫尔墨斯的同一性］。这也是诺斯替教徒——比如巴西利得（Basilides）——竭力探讨的恶的问题（πόθεν τὸ κακόν?，“恶从何而来？”）。努斯和艾格沙狄蒙神的蛇形，并非意味着蛇只有善的一面。正如阿波非斯蛇是埃及太阳神的宿敌那样，魔鬼“那古老的蛇”[②]同样是基督——“新太阳”（novus Sol）——的敌人。与良善的、完美的、属灵的上帝对立的，是一个不完美的、自负的、无知的、无能的造物神。曾有一种执政法力，授予人类某种堕落的“字据”（a corrupt "chirographum），基

---

① 载于灵智者游斯丁（Justin）作品中。见Hippolytus, *Elenchos*, V, 26, 32 (Legge trans., I, p. 178): ὁ δὲ ἀγαθός ἐστι Πρίαπος（但这良善者便是普里阿波斯）。

② 《启示录》12:9。

督不得不把人从中救赎出来。[1]

第二千禧年伊始，重点愈发移向黑暗的一面。造物神变成了创造世界的魔鬼，稍后，炼金术发展了汞的概念，认为汞部分是物质、部分是非物质的灵，遍及万物并支持着万物——从石头、金属再到至高的生物体。他有着蛇的外形，住在土里，有身体、灵魂和灵性，他的人形如同矮人（homunculus）或高处的人（homo altus），他被认为是“地球之神”。[2]由此可见，蛇既是人的先驱，也是与人类相差较大的副本。蛇=努斯=逻各斯=基督=高级亚当，这个等式是多么合乎情理啊。如我所述，中世纪将此等式延伸到黑暗面的做法，早有诺斯替教的阴茎崇拜作铺垫。早在十五世纪的炼金术文献《阿士伯罕手稿》1166（*Codex Ashburnham*）中，[3]这一点便已出现。而在十六世纪，汞则被等同于基列尼的赫尔墨斯。[4]

---

① 《歌罗西书》2:14：“又涂抹了在律例上所写攻击我们、有碍于我们的字据，把它撤去，钉在十字架上。”这个字据铭刻于身体之上。这一观点在欧若修（“Ad Aurelium Augustum commonitorium de errore Priscillianistarum et Origenistarum”，p. 153）处得到证实，他说在普里西利安的观点中，当灵魂下降到出生的范畴时，就被恶的力量所获取，而在胜利者（“victoris principis”）的命令下，投射为分裂的身体，在身体上写着一个“字据”。灵魂的各部分收到一份神圣的字据，但身体的各部分却印刻着黄道带的十二星座（*caeli signa*）。

② 《神灵墨丘利》。

③ 见《心理学与炼金术》，插图131。

④ 见奥谷莱（Augurellus）献给教宗利奥十世（Pop Leox.）的*Chrysopoeia*（载于Gratarolus, *Verae alchemiae artisque metallicae*, 1561, pp. 269ff.）。此文含有一则福玻斯（Rhoebus）的“姊妹灵魂”（*alma soror*）符咒：

“Tu quoque, nec coeptis Cylleni audacibus usquam
Defueris, tibi nam puro de fonte perennis
Rivulus argentum, vulgo quod vivere dicunt,
Sufficit, et tan tis praestat primordia rebus.”
（库尔勒涅，创举成功，
溪水汩汩，清泉涌汞。
银般汞哉，人言其“速”，
原始之貌，奇工之初。）

3

诺斯替哲学在炼金术中的延续，是意义非凡的。[①]“炼金教母”是现代科学的起源之一，现代科学给了我们一种前所未有的知识，即物质的“黑暗”面的知识。现代科学深谙生理机能和进化的秘密，将生命的本源当作研究对象。这样一来，人类的心灵深陷于物质的庸常世界，重复着诺斯替教的努斯神话：努斯注视着深渊里自己的倒影，跳了下去，在“自然的怀里被吞没”。现代科学发展至顶点的标志是十八世纪的法国大革命、十九世纪的科学唯物主义和二十世纪政治和社会“现实主义”。后者使历史的车轮倒退了整整两千年，专制主义再度出现，个体缺乏权利，世界充斥着残忍、侮辱，以及前基督教时代的奴役——那时解决“劳动问题”是通过“囚禁奴隶的私人监狱”（ergastulum）。“所有价值的逆转”，正在我们眼前粉墨登场。

这里简要介绍的发展状况，已经被中世纪和诺斯替的象征预见到，就像新约预见了敌基督的到来一样。我将在下文叙述这是如何发生的。如我们所知，高级亚当对应着一个较低者，因而，低级亚当也就对应着蛇。对于中世纪和古典时代晚期而言，第一个双锥体，即“人类四元体”，代表了灵性的或形而上的世界；而第二个双锥体，“阴影四元体”，则代表着人世的本性特别是人的本能倾向：“肉身”——此乃诺斯替—基督教术语。“肉身”的根源是动物界，更确切地说，是温血动物。此系统的最低点是冷血的脊椎动物——蛇[②]，因为，那些实际上可由一切温血动物构建的心灵默契，借着蛇走到尽头。蛇——出乎意料地——是人类的副本，由下述事实加以证实（此事实在中世纪尤具重要

① 在西罗马帝国，这一发展存在一个空隙，从三世纪延绵至大约十一世纪。这段时间正是首次将阿拉伯文翻译为拉丁文的时期。

② 蛇与龙是同义词，因为*draco*也意指蛇。（拉丁文draco，有水蛇和龙的意思。——汉译注）

性）：一方面，蛇是著名的基督隐喻；另一方面，蛇似乎拥有天赋的智慧和至高的灵性。[①]如希波吕托斯所言，诺斯替教徒把蛇视同脊髓和骨髓——这些都是反省功能的同义词。

第二个四元体是第一个的消极面，即阴影。我所谓的“阴影”，指的是较为低下的人格，是和动物本能密不可分的最底层。这种观点可追溯到非常早的依西多尔（Isidorus）[②]的“多余的灵魂”（προσφύης ψυχή）[③]理念。俄利根也说这是包含在人之中的兽。[④]由于大多数人对阴影都是无意识的，所以，蛇就相当于完全无意识的、不能意识化的东西。但是，蛇作为集体无意识和本能，似乎自己就拥有特别的智慧，异常让人感到是超自然的知识。这是蛇（或龙）守护的宝藏，也是蛇既代表了邪恶与黑暗、又代表了智慧的原因。它漠然、冷淡和危险，冷酷而残忍地表达着本能，无情地凌驾于所有道德的以及其他人类的愿望和思虑之上。因此一条毒蛇的匆匆一瞥，会让人觉得既惊骇又迷人。

在炼金术中，蛇象征着“非凡的汞”（Mercurius non vulgi），相当于启示的神灵赫尔墨斯。它们都有一种精神般的本性。“三头蛇”是地府的灵，它居住在物质里，住在潜藏于创造之中的、隐微的原初混沌里，住在“无形”或“球态”里。在炼金术里，蛇的象征指向历史上更早的意象。由于炼金师把“工作”（opus）视为世界创造的重演或模仿，所以，狡猾不实的神灵墨丘利的蛇，让他们想起伊甸园里的蛇，故也让他们想起了魔鬼、诱惑者。炼金师们承认，在他们做工作时，蛇对

---

① ζῷον πνευματικωτατόν，“最具灵性的动物”。

② 依西多尔是巴西利得之子。见Clement of Alexandria, *Stromata*, II, 20. 113 (trans. by Wilson, II, p. 65)。所谓的“副产品”（outgrowths）是兽的灵魂，比如狼、猴、狮等的。

③ 在华伦提努看来，“附加物”（appendages）是内在于人的灵性。Clement of Alexandria, *Stromato*, II,20, 112, 114.（trans. Wilson, II,. pp.64f.）

④ *In Levit. hom.* V, 2 (Migne, *P.G.*, vol. 12, col. 450)：“所以，当你发现你拥有这世界的一切时，不要怀疑自己甚至包含了用来献祭的动物。”

其使出了各种把戏。歌德笔下的梅菲斯特——其“阿姨是蛇”[1]，就是炼金术的密友墨丘利。和龙一样，墨丘利也是雌雄同体那狡猾的、善推诿的、恶毒的、危险的先驱者，因此也必须被打败。

在挪阿新派看来，乐园是四位一体的，等同于摩西四元体，且有着相似的含义。它的四重本性包含在四条河里：比逊河、基训河、底格里斯河及伯拉河[2]。创世纪中的蛇是树精灵的化身，所以，传统上，蛇表现为身处树中或盘绕树干的形象。正是树的声音劝服了夏娃——路德的版本如此说。树说：“吃树上的果子是好事，视它为一棵健壮的树是悦事。”在童话《玻璃瓶中的妖怪》（*The Spirit in the Bottle*）中，墨丘利也可被解释为一个树精灵。[3]在《瑞普利卷轴》（*Ripley Scroll*）里，墨丘利似是一条蛇，像一位从哲理树（“智慧树”）上降下来的“Melusina”。[4]树代表着转化过程的发展和各个阶段，[5]树上的果子或花朵则代表着大功告成。[6]在童话里，墨丘利隐藏在橡树根里，也就是在大地里面。可见，墨丘利的蛇住在大地的内部。

炼金师特别喜欢用天堂来象征“albedo”，[7]即一种清白复得的状态，也喜欢用天堂之河的源头来象征“永恒的水”（aqua permanens）。[8]基督

---

① 郭沫若译本作“蛇妹”：“你照着这句陈语并跟着我那蛇妹，有一天你智慧如神时总要忏悔！”（《浮士德》第一部，郭沫若译，人民文学出版社，1978年版，第96页。）——汉译注

② 即幼发拉底河。

③ 《神灵墨丘利》。

④ 见《心理学与炼金术》，插图257.

⑤ 同上，第357段。

⑥ 同上，插图. 122。亦见《哲人之树》（*The philosophical Tree*），第402段及以后。

⑦ Ripley, *Cantilena*, verse 28f., and *Chymische Schrifften*, p. 51; also Mylius, *Phil. ref.*, p. 124.

⑧ “一片以乐园净水灌溉之地。”（Hollandus, “Fragmentum de lapide”, *Theatr. chem.*, II, p. 142）“Tractatus Aristotelis ad Alexandrum Magnum (conscriptus et collectus a quodam Christiano Philosopho)”, *Theatr. chem.*, II, p. 885，把“practica Aristotelis”同乐园之水作比较，它让人“完整”（*incolumem*）且不朽：“从此水中，一切真正的哲人有了生命和无尽宝藏。”

教的教父们认为，基督是这一源头，[1]天堂意为灵魂的基础——逻各斯的四河由此涌出。[2]我们在炼金师兼神秘主义者波德基（John Pordage）那里找到了相同的象征：神圣的智慧是“新地球，是天上的土地……从这地里长出一切生命之树……因而，天堂……也从这新地的中心诞生，失落的伊甸园也绿意盎然。”[3]

4

蛇的象征为我们提供了乐园、树和土地的意象。这意味着进化的退行——从动物界到植物再到无机物，在炼金术中概括表现为物质的秘密：“石”。在此，石不应被理解为工作的最终产物，而是工作的最初质料。这种神秘物质也被炼金师叫作石。这里描述的象征，可以用另一个四元体或双锥体概略表示：

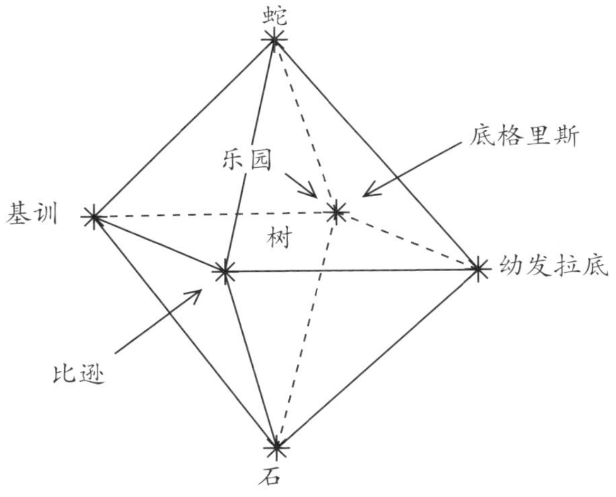

C. 乐园四元体

① Didymus of Alexandria, *De trinitate* (Migne, *P.G.*, vol. 39, col. 456).

② St Ambrose, *Explanationes in Psalmos*, Ps. 45, 12 (*Corp. Script. Eccl. Lat.*, LXIV, p. 337) Cf. Rahner, “Flumina de ventre Christi”, pp. 269ff.

③ *Sophia* (1699), p. 9.

石被视为一个“统一体”，因而常代表着通常所说的“原初物质”。不过，正如原初物质是藏于金属——特别是水银——或其他物质之中的微量的原初混沌，其在本质上不是一种简单的事物，就像“无形”这个名字显示的那样，所以，石也包含着四元素或由四元素组合而成。[①]在混沌里，诸元素并未联合，它们仅是共存，须通过炼金结合在一起。它们甚至彼此敌对，不愿自行联合。所以，它们代表着最初的冲突和互斥状态。这个意象描绘出原始联合体分裂或演变出可见世界的多样状态。离开了分裂的四元体，“opus”在无机物的领域里将石联合在一起。作为“寰宇之子”及活生生的存在，石不仅是一个隐喻，而且直接等同于基督[②]和高级亚当，等同于天堂的原人、等同于第二亚当（基督），也等同于蛇。所以，第三个四元体的最低点是较远的原人副本。

如前所述，石的构造取决于四元素的联合，[③]四元素依次代表着未知的初始状态或混沌的演化。这是原初物质、神秘物质、最初的物质，是帕拉塞尔苏斯及其后继者所说的“未受造”，可以被视为如上帝一样永恒——这正确地解释了《创世纪》1:2中“Tehom”一词：“（未造的）地是虚空而无形的，渊面黑暗，神的灵（盘旋）运行在水面上。”这最初的物质是圆形的（massa globosa， rotundum，στοιχεῖον στρογγύλον），犹如世界及世界的灵魂；世界灵魂和世界物质实为一体。它是“拥有灵性的石头”，[④]用现代人的说法是物质建构中最初级的

① 石由四元素组成，就像亚当那样。正方形的圈的中心，是“让各敌手或诸元素和谐共处的中介物，它使它们彼此友爱、关系合宜。”（“Tractatus aureus”, *Theatr. chem.*, IV, p. 691）

② 对这一点的证明，请参看《心理学与炼金术》，“石与基督的类比”一章。

③ Mylius（*Phil. ref.*, p. 15）认为石由各元素及身体、灵性、灵魂构成：身体是物质、大地，灵性是灵魂与身体的关节（*nodus animae et corporis*），所以灵性相当于火。能够恰当表现灵魂的水和空气，也是“灵性”。三元素都在“运动”，一个（土）则“未动”。

④ 引出自左西摩斯对奥斯特内特（Ostanes）的引用，“Sur l’art” (Berthelot, *Alch. grecs*, III vi. 5).

基石，是原子，是知性的模型。炼金师时而把“圆形元素”描述为原初的水，时而描述为原初的火，或精气、原初的土，抑或“智慧的小身体”（corpusculum nostrae sapientiae）。[①]它是水或火时，是普遍的溶剂；它是石头或金属时，必须被溶解并变为空气（精气、灵性）。

石的象征意义可再次用下面的二锥体表示：

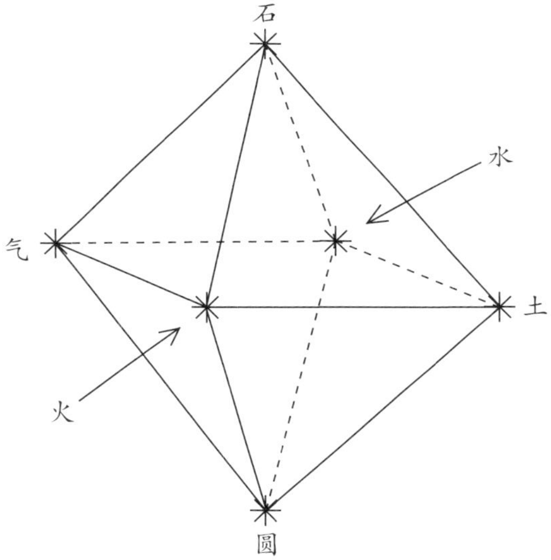

D. 石的四元体

左西摩斯把圆（rotundum）叫作欧米茄元素（Ω），可能指的是头部。[②]在塞巴人的论文《四联剧》（*Platonic liber quartorum*）中，[③]颅骨被称为转化的器皿，“哲人”则把他们自己称为“黄金头颅的孩子”，[④]该说也许与“智慧之子”同义。通常来说，“容器”（ras）是

① “Aurora consurgens”, Art. aurif., I. p. 208.

② 参看拙作对头部意义的评论，《弥撒中的转变象征》（*Thransformation Symbolism in the Mass*），第365段及以后.。“头”也意谓“开头”，例如“尼罗河的源头”等。

③ *Theatr. chem.*, V. p. 151.

④ Berthelot, III, x. 1.

“石”的同义词，所以，器皿与其所盛物本无二致，换句话说，它们是同一种神秘物质。[①]根据古时的看法，灵魂是圆的，[②]器皿也必是圆的，就像天堂或世界那样。[③]原人的外形是圆的。因此，杜恩说，器皿“应当来自于圆的方形化，因此，人类物质的灵性与灵魂——与其身体相分离——会将身体一同提升至天堂。”[④]一位《黄金书》的匿名评注者也提及圆的方形化，还画了一个四角由四元素组成的正方形。正方形的中心有一个小圆。这位作者写道：“把你的石头分解为四元素，将它们精馏并合并为‘一’，你将拥有完整的奇药。这个‘一’乃是处于此正方形中心的小圆。它是让各敌手或诸元素和谐共处的中介物。”[⑤]在后面的章节里，他这样描述器皿：“真正的哲学鹈鹕嘴”[⑥]（见下图）。[⑦]

---

① “有一块石头、一剂药、一个器皿、一种方法、一套部署”（*Rosarium philosophorum, Art. aurif.*, II, 206）。“在我们的水中，产生了万物的一切模式……它们在此水中的制作，就像在一个人造器皿里那样，是一个至大的秘密。”（Mylius, *Phil. ref.*, p. 245）.“哲学器皿是它们的水”（同上，p. 33）。此说来自霍格兰的论文，载于*Theatr. chem.*, I, p. 199。我们在此文里读到：“硫黄也被陆里称作本性的器皿”，哈利则把器皿叫作“蛋”（ovum）。蛋既是内容又是容器。“本性的容器”是“永恒的水”和哲人的“醋”（“Aurora consurgens”, Part II, *Art. aurif.*, I, p. 203）。

② Caesarius of Heisterbach, *Dialogue on Miracles*, trans. Scott and Bland, Dist. I, chs. XXXII and XXXIV.

③ 奥罗宾多（Olympiodorus）认为，转变的器皿是“球形的小瓶”或ὄργανον κυκλικόν（圆形的仪器）。（Berthelot, II, iv, 44）。“炼金术的器皿是仿着本性的容器而制的。我们发现，所有的天堂和元素，都与球体相似。”（Dorn, *Theatr. chem.*, I, p. 430）“所有这些伟大的工作，到头来都是哲学的汞置于天国的范围里。”（同上，p. 499）贝尔纳鲁都斯把这种器皿叫作*rotundum cubile*，“圆形的婚床”。（“Liber de alchemia”, *Theatr. chem.*, I, p. 790）

④ “Congeries”, *Theatr. chem.*, I, pp. 574f.

⑤ 同上，IV, p. 691.

⑥ “在所有领域里，没有别的什么值得追求。”鹈鹕嘴是一种蒸馏器皿，并非蒸馏物，其构造不是滴进接收器，而是回流到蒸馏嘴的腹部。我们可把此装置看作意识实现的过程，以及意识对无意识洞见的再运用。“它将原有的生命安全，恢复为那些曾濒死的”——作者如此谈论鹈鹕嘴，我们知道，这寓指的是基督。

⑦ 参看《心理学与炼金术》，第167段。

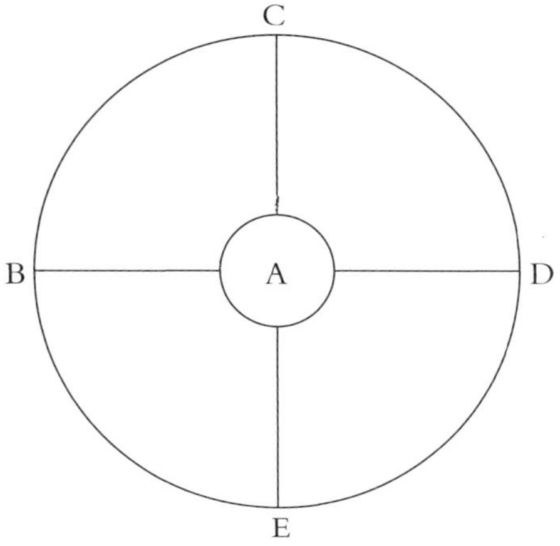

他评论道："A是内在的，仿佛其他字母的起点和源头，亦如其他一切字母一同流回的终极目标，如江河入海。"这番解释足以显示器皿不过是一个曼荼罗，象征着自性或有着四种流溢（emanations）的高级亚当（像何露斯有四子那样）。该作者称其为"隐藏的魔法数字7"（Septenarius magicus occultus）。[①]同样，玛利亚女先知（Maria the Prophetess）[②]说道："哲人教授一切，除却炼金术器皿，因为它们神圣，而且主的智慧把它藏起来，不让外邦人看见；不知道它的人，就不知道真正的方法，因为他们不知道赫尔墨斯的器皿。"霍格兰接着说："长者说，比起圣经的知识来，经文的异象更值得探索。"玛利亚女先知讲道："这是赫尔墨斯的器皿，由斯多葛学派所制，它并不是炼金术器皿，而是你的火的量器（mensura ignis tui）。"[③]

显然，由此引文可见，器皿具有非同寻常的伟大意义。[④]费拉勒德

---

① 也就是说，数到字母F和G（未包含在图示中），表示"上"与'下"。

② 玛利亚女先知：公元三世纪的炼金师，她发明了好几种炼金术仪器和技术，是西方炼金术的奠基人之一。她创立了"玛利亚法则"："一生二，二生三，三生四，终成一。"见本书第144页。——汉编注

③ *Art. aurif.*, I. p. 324; *Theatr. chem.*, I. p. 199; *Art. aurif.*, I. p. 323.

④ 参看《心理学与炼金术》，第338段。

斯（Philalethes）总结了汞不胜枚举的同义词，他说，汞并不只是炼金术的钥匙，不只是“生命之树的守路者、手中双刃剑的智天使基路伯（Cherub）”，还是“我们真正的、隐藏的器皿、哲学花园，在其中我们的太阳起起落落。”[①]此言多少有助于我们理解约翰·鲁庇西萨提出的奇怪建议：“制作一个器皿，仿着基路伯的样子——外形如上帝；长着六个翅膀——仿着六臂的样式，回转到自身；最重要的是，有一个圆形的头……把此器皿置入上面提到的沸水里。”[②]把基路伯定义为“外形如上帝”，说明鲁庇西萨在此参考了以西结的异象：一个水平截面穿过，使之成为一个四分的曼荼罗。正如我提到的，这相当于圈的方形化，据炼金术配方，器皿应从这样的圆圈里造出。如这个例子清楚显示的，曼荼罗代表了人或神圣的自性，代表总体或上帝的异象。自然，这类配方只能做“哲学式”的理解，也就是做心理学上的理解。于是，可如此解读它：从你的心灵整体里制作炼金术器皿，往里面倒进“永恒之水”或“教义之水”——其近义词是“vinum ardens”[③]（参看Johamnnes de Pupescissa使用的“沸水”）。炼金师应当对此线索“心领神会”，并通过炼金术教义来转化自己。

在这一点上，我们可以理解为何《曙光乍现》（*Aurora consurgens*）第二部分会说“本性的器皿”（vas naturale）乃是“基质”。它是“包含水、火和空气三者的那个‘一’。它们是三个玻璃蒸馏器，“哲人之子”从中诞生。所以，他们将它命名为酊剂、血液和蛋。”[④]三个蒸馏器寓指三位一体。在1588年版《潘多拉》（*Pandora*）的第249页，有一幅插图，上面有三个蒸馏器浸在烹煮锅里，旁边立着一个基督像，血从他

---

① *Mus. herm.*, p. 770.

② *La Vertu et la propriété de la quinte essence* (1581), p. 26.

③ 拉丁文，火性的酒。——汉译注

④ *Art. aurif.*, I. p. 203.

胸口的刀伤里流出来（“flumina de ventre Christi”！）。[①]完成了神秘转化的圆形炼金术器皿，正是上帝自己，是（柏拉图的）世界灵魂，是人自己的整体。因此，它是另一个人类副本，也是宇宙那最小、最实质的形式。这就是为什么在最初尝试建构原子模型时，要把行星系统当作原型。

5

四元体是一种绝佳的有机图式，犹如望远镜里的十字校准丝。它是一个坐标系统，几乎本能地对混乱的多重性进行区分和调整。这就好比我们分割可见的地球表面、一年的周期，或是将一群人分组[②]，区别月相阶段、气质类型、元素、炼金术颜色等。因而，当我们在诺斯替那里看到四元体，多少会想要从中——多少是有意识地——组织一下那倾诸其上的混杂的圣秘形象。如我们所知，这些四元体的形式源自原始的姑表婚姻，即婚姻四元体。[③]其与原始形式的区别在于：姊妹交换婚已然失去了生物性，姊妹的丈夫不再是妻子的兄弟，而是另一个至亲（好像摩西四元体中妻子的父亲那样），甚或陌生人。“表亲与兄弟”属性丧失后，通常会用魔法来补足，比如更高的位置、魔法力量等，他们都是丈夫的姊妹和妻子的兄弟。也就是说，此时产生了阿尼玛—阿尼姆斯投射。这种修正带来了极大的文化进步，因为投射指向了夫妻关系中的无意识情结，这意味着婚姻已然在心理上复杂化了。它不再是单纯的生物性和社会性的共存状态，而开始成为有意识的关系。当原始的姑表婚姻废止，婚姻等级进一步分化为六阶、八阶或十二阶系统时，这种情况就发生了。伴随着这一发展，无意识被激活了，原因在于同族婚姻——

① 《作为灵性现象的帕拉塞尔苏斯》，插图.B4。

② 婚姻阶级和社群。

③ 《移情心理学》，第433段及以后。（参看Layard, *Stone Men of Malekula*, chs. 5 and 6, and “The Incest Taboo and the Virgin Archetype”, pp. 266ff.——英编注）

“血亲力比多”的没落。由于越来越多的陌生人成为婚姻伴侣，人无法从同组婚姻中获得足够的满足。[①]

除了婚姻四元体，诺斯替教徒还把“乐园四元体”用来组织众多的象征。因此，在我们所列出的象征中，存在两种（补偿的）方法，可用来组织看起来失去联结的意象。这与下述经验相一致：在积极想象中和在混沌的心灵状态下，会产生一系列画面。在两种情况下，四元体象征时时出现。[②]它们代表着稳定（与混乱引发的不稳定进行对抗），产生秩序，并具有补偿性意义。

上面介绍的四个四元体第一次——也是最重要的一次，尝试在诺斯替教及后续的炼金术里，对近乎无限的象征的宝藏进行了系统化的整理。这样一个整理，有助于理解现代人梦境的象征意义。在这一领域，我们碰到的种种意象或许更加多样，其复杂性让人如此困惑，我认为某些组织图式绝对是本质性的。从历史上的角度来谈总是比较明智的，所以我以摩西四元体作为讨论的开端，因为这一图式直接起源于姑表婚姻的原始图式。当然，这个四元体只有范例意义。我们可以以此为基础，简单地把任何别的婚姻四元体加诸其上，但不可以别的四元体为基础，比如何露斯及其四子。后者不够原始，因为它忽略了对抗性的女性元素。[③]最重要的是，极端的对立——诸如男性-女性——应当联合出现。这就是为何炼金术里的一组组对偶会联合出现在四元体中，比如，冷—暖、干—湿。运用到摩西四元体中，我们便得到以下的关系图式：

---

① 《移情心理学》，第438段。

② 案例资料载于《心理学与炼金术》，第二部分。亦有三元象征出现，不过更为罕见。

③ 从时间来看，诺斯替教的四元体自然要晚于何露斯四元体，但从心理学来说，它却更古老。因为在其中，女性元素重拾其正当地位，而不像家长制的何露斯四元体那样。

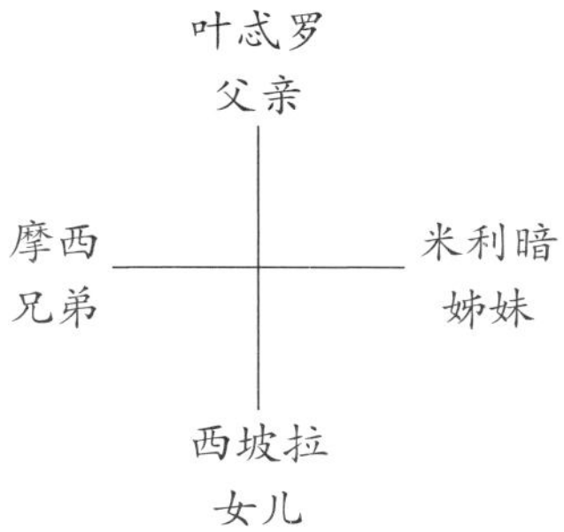

第一个双锥体即“人类四元体”对应着诺斯替教的摩西。在心理学上，第二个双锥体的结构源出于第一个，但它建基于诺斯替教使用的圣经文献的资料。我们已经讨论过建构第二个四元体的心理原因了。第二个必然是第一个的“阴影”，因为低级亚当，那必死的人，有着地府般阴暗的心灵，因而不能用超越几何坐标的（supraordinate）四元体做恰当表达。如果他在上层四元体中，他就是一个不对称的形象，就像高级亚当那样，其也是不对称的，需要有一个与之相关的、像其阴影或较暗的倒影那样的下层（subordinate）四元体进行补偿。

正如人类四元体在低级亚当里找到了它的对称补偿，低级亚当也同样在下层的阴影四元体中得到了平衡，这个阴影四元体是按着上一个的样式构造出来的。低级亚当的对称补偿是蛇。之所以选择这个象征，首先，是因为亚当与蛇那有名的关联：蛇是他的地下恶魔、他熟悉的灵。其次，对本能那黑暗而阴森的世界来说，蛇是最常见的象征。它经常被相似的冷血动物替代，比如龙、鳄鱼或鱼。不过，蛇不只是邪恶而阴森的存在，它也是智慧的象征，因而也象征着光明、神性和疗愈。[①]即使在《新约》里，蛇也同时寓指着基督和魔鬼，就像前述的鱼那样。同样，对我们而言只有负面意义的龙，在中国也有着正面意义，有时龙在西方的炼金术里也

① 打个比方，就好像艾斯库拉普蛇和艾格沙狄蒙蛇。

是正面的。蛇的象征的内在极性，远远超过了人的。蛇在这方面的能力是显而易见的，而对人来说，只是潜在的，或者说人拥有这方面的潜能。蛇比亚当聪慧、渊博，且能瞒骗他。它年长于他，显然是上帝给它装备了拥有超人类的知性，就像那接任了撒旦角色的上帝之子一样。[①]

就像人在“光”和良善的上帝的理念中达到了顶峰一样，人往下走同样得依赖黑暗而邪恶的法则。这种法则在传统上被描述为魔鬼，或是蛇——亚当的不服从的拟人化。正如我们用蛇使人保持均衡，在第二个挪阿新派四元体（或乐园四元体）中蛇也有其补偿物。乐园带我们进入了动植物的世界。它实为一个因动物而生机勃勃的农场或花园，象征着一切从地上萌生的植物。如果是“三头蛇”，就与启示之神赫尔墨斯有关。但是，蛇又是植物精灵，唤起了“受福的绿意”，令草木萌芽、开花。[②]诚然，这条蛇栖身大地的内部，是藏在石头里的精气。[③]

于是，蛇的对称补偿就是石头，代表着大地的石头。在此，我们进入了象征发展稍晚的阶段，即炼金术阶段。这一阶段的核心理念就是“石”（lapis）。正如蛇构成了人类的低级对立面，石也补足了蛇。另一方面，石头对应于人，因为它不仅表现在人类形式中，甚至还有着“身体、灵魂和灵性”，而且如文献所显示的那样，是一个“矮人”。但是，它并非人的自我，而是一个集体实在、一种集体灵魂，犹如印度的“金胎”（hiranyagarbha）。这石头是金属的“父与母”，它雌雄同

---

① Schärf, “Die Gestalt des Satans im Alten Testament”, p. 151.

② “哦，神佑的绿意啊，你孕育了众生。我从你知晓：萌芽不具蔬果，绿色却属萌芽。我亦知道：此物产生了绿物，哲人因此叫它萌芽。”（*Ros. phil.*, *Art. aurif.*, II, p. 220.）

③ 参看左西摩斯对奥斯特内斯的引用。（Berthelot, III, vi, 5）

体。它是终极的联合体，却非初级的联合体，是进化了的复合联合体。我们可用“千种名字”来替换这一石头。这些名字是炼金师为其核心象征创设的，恰如其分，胜于吾等之所言。

对此象征的选择也同样不是随意之举，从炼金术最初直至十八世纪的文献可以佐证这一点。如我们已经看到的，石由四元素的分裂与组合而来，由圆物而来。圆物是个高度抽象且超验的理念，因为它的圆形[①]和“整体性”指涉原人、人类。

故此，我们的四个双锥体自行排列在圆环里，构成了著名的“衔尾蛇”（uroboros）。在第五阶段，圆物与第一阶段相一致，也就是说，大地的巨大黑暗，即金属，与人类有着秘密的关系。这一点在炼金术里显而易见，也出现在宗教历史中：金属从迦约玛特（Gayomart）的血中长出来。[②]这种奇怪的关系，可由最低、最物质性的事物与最高、最具灵性者的同一性来解释。我们已对此作了解析：蛇是阴森的，又是“最属灵的”动物。在柏拉图笔下，圆物是世界的灵魂，是一位“有福的上帝”。[③]

6

现在，我们将前一章的论述浓缩，并将它以图示表现出来。垂直排列一下，我们的图式就是这个样子：

---

① 提示我们，循环也许是一种物质的法则。

② 根据Damdad-Nashk的报告（Reitzenstein and Schäder, *Studien zum antiken Syncretismus aus Iran und Griechenland*, p. 18），迦约玛特在查拉图斯特拉系统的神智学版本里，就是原人。另一方面，伊玛（Yima）是古雅利安传统的原人。其名为*Yimô kshaêtô*，“闪耀的伊玛”。据《智灵书》（Mainyo-i-Khard）载，金属乃是从他的身体里创造而来的。（Kohut, “Die talmudisch-midraschische Adamssage”, pp. 68, 70.）在《班达希经》（*Bundahish*）里，迦约玛特的身体含有金属。（Christensen, “Le Premier Homme et Ie premier roi dans l’histoire légendaire des Iraniens”, p. 21.）

③ 参看《三位一体观念的心理学考察》，第185段。——英编注

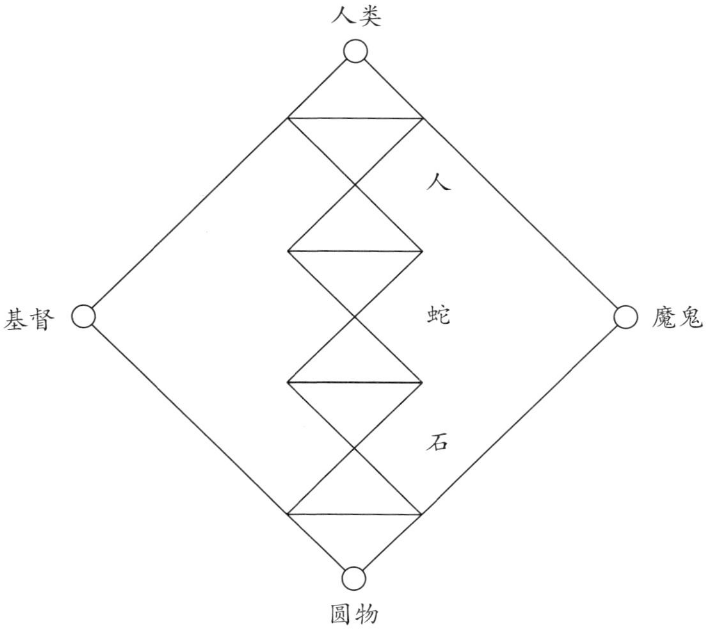

在图表中，我强调了对立面之间的最大张力点，亦即蛇的二重意义。蛇居于系统的中心，寓指基督和魔鬼。蛇包含着最强的极性，也象征着当人堕入自然（Physis）时有着最强的极性。寻常之人未曾触及此张力点：他只在无意识——蛇——里拥有它。[①]在石里，人的副本、对立体可谓联合在一起了，却有一条看得见的接缝，这是雌雄同体的象征。这损毁了石的理念，正如人性的元素损毁了“智人”。在高级亚当和圆物里，对立是可以看见的。但很可能，一方与另一方决然对立，而

① 大多数人没有足够的意识范围，察觉不到内在于人的本性中的对立面。它们产生的张力，大部分保持为无意识，但会出现在梦境里。在传统上，蛇代表着人的弱点：它使人的阴影——即弱点和无意识——人格化。无意识最大的危险，便是暗示的倾向性。暗示的影响源自一种无意识动力的释放，此动力愈无意识，其影响愈显著。因此，意识与无意识之间持续变宽的裂缝，增加了心灵感染和集体狂乱的危险。随着象征性思想的丧失，通往无意识的桥梁断裂了。本能再难抵御不靠谱的思想和空洞的口号。没有传统、没有本能基础的理性，就是反对非荒谬行径的证据。

且作为不能区别的超验实在，二者是同一的，那么这就是一个规则似的悖论——关乎形而上学的陈述只能是反律法主义的。

衔尾蛇的排列呈现出下列图景：

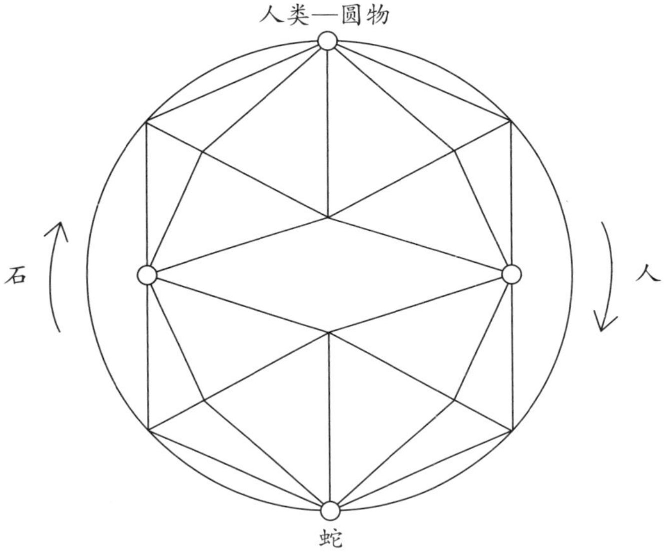

这一排列显示出，人类—圆物和蛇之间存在着更强的张力，而人与石之间存在着更少的张力，“人”与“石”两点的距离显示了这一点；箭头表示的是下降到自然界和上升到灵性；最低点是蛇。不过，石虽有明显的自然本性，但也是灵性的象征，而圆物意味着超验的实体，由物质的秘密所象征。因此，石可以与原子的概念相提并论。概念的反律法主义的发展，与炼金术的吊诡本性是一致的。

石的四元体乃是炼金术真知（gnosis）的产物，它将我们引入炼金术那有趣的物理学的推测之中。在米歇尔·麦耶尔（公元1568～1622）的《化学求索》（*Scrutinium chymicum*, 1687）里，有一张四元素的图画，[①]四

① Emblema XVII, p. 49.

元素代表着火的四个不同阶段。

如图所示，四个球体充满着火。作者评论道：

Naturae qui imitaris opus, tibi quattuor orbes
Quaerendi, interius quos levisignis agat.
Imus Vulcanum referat, bene monstret at alter
Mercurium, Lunam tertius orbis habet:
Quartus, Apollo, tuus, naturae auditur et ignis,
Ducat in arte manus illa catena tuas.

图1：四元素

米歇尔·麦耶尔《化学求索》（1687）

由此可知，最底下的球体相当于伏尔甘（Vulcan），尘世之火；第二个球相当于墨丘利，植物的生命灵性；第三个球为月亮，女性心灵法则；而第四个球相当于太阳，男性、精神法则。显然，麦耶尔的评注显示，他一方面关注四种元素，另一方面也关注火的四种类型——火能够制造聚合的不同状态。根据在序列中所处的位置，他的尘世之火对应着伏尔甘；墨丘利之火对应着空气；第三种火对应着水和月亮；而被他叫作“土地的”（terreus）的第四种火，也许相当于太阳。麦耶尔援引了瑞普利的说法，后者称尘世之火是“点燃木头”的火，所以，它必然是寻常之火。另一方面，太阳之火似乎是地球内的火，是今人称为“火山岩”的火，相当于聚合的固态（“土地的”）。因此，我们得到了如下序列（见下页图1）：

值得注意的是，聚合状态对应于不同类型的火时，相当于某种燃素说。这一点并不是那么明显，却有着清晰的暗示：火对于聚合的一切状态而言都是独特的，因而也是聚合状态构成的起因。这是个古老的理念，可追溯到《哲人汇编》，达德瑞斯（Dardaris）在书中说道：“硫黄是藏在四个身体（元素）里的四种灵魂。”[①]这里的激活法则（阿尼玛）并非火，而是硫黄。不过，其原理却是一样的，也就是说，聚合的元素和状态，可以分解直至某个“普通的命名者”。今天，我们知道分子运动对各对抗元素来说是共有的，聚合状态则相当于这一运动的不同阶段。分子运动也相当于某种量子的能量状态，所以，诸元素的“普通命名者”就是能量。现代能量概念的奠基石之一是斯塔尔（Stahl）的燃素说，[②]此说就是以上述的炼金术为基础的。所以，我们可以在炼金术中看到能量说的端倪。[③]

---

① *Turba*, ed. by Ruska, Sermo XLIII, p. 149.

② G. E. 斯塔尔（公元1660～1734）认为，一切可燃（即可氧化的）物都含有一种火的法则。它被设想为毫无重量，甚至重量为负数。参看H. E. Fierz-David, *Die Entwicklungsgeschichte der Chemie*, pp. 148f.

③ 当然，从心理学上说，“玛那”（mana）这一原始理念相当古老，但我们在此谈论的是科学的概念。硫黄=阿尼玛的等式，依然可追溯到原始的玛那说。在更早的时候，“玛那”被误认为是万物有灵论。

维吉涅尔系列[1]		维利爵士系列		麦耶尔系列								聚合状态
ignis mundi intelligibilis	=	ignis naturalis [2]	=	ignis terreus	=	Sulfura et Mercurii	=	日（阿波罗）	=	土	=	固态
ignis caelestis	=	ignis innaturalis [3]	=	ignis aqueus	=	aquae	=	月（月神）	=	水	=	液态
ignis elementaris	=	ignis contra naturam [4]	=	ignis aerius	=	dracones	=	墨丘利	=	气	=	气态
ignis infernalis [1]	=	ignis elementalis	=	ignis elementalis	=	ignis elementalis re et nomine	=	尘世之火（伏尔甘）	=	火	=	火焰

① 维吉涅尔评注道："世上知性的火：就是一切的光。天国的火：带有热和光。元素之火：具有的光辉、热度和光辉更少。冥府的火：与知性的火相反，有热度，但燃而无光。"（"De igne et sale", *Theatr. chem.*, VI, p. 39.）

② "存在于万物里"。

③ "灰烬和浴盆的热度"。

④ "折磨身体，乃是龙"。

炼金术虽然没有发展出燃素说，但它清楚地指向了那个方向。另外，所有构建能量理论的数学元素和物理元素，在十七世纪都已为人知。能量这个抽象的概念，对于精确描述运动体的行为是不可或缺的。同样地，运动体只能借助时空坐标系才能理解。不管运动发生在哪里，它都要借助于时空四元体，即可由玛利亚法则表达（3+1），也可由一又三分之一的比率来表达（4:3）。所以，此四元体可以代替四元素的四元体。其构成单元相当于时间坐标，或炼金术元素序列的第四位。其特点是：某个元素具有异常的地位，犹如火或土。[①]

四元体中某个因素的异常地位，也可通过其双重本性表现出来。比如，乐园的第四条河，即幼发拉底河，代表着祈祷和进食的嘴巴，也代表着逻各斯。在“摩西四元体”中，摩西的妻子扮演着西坡拉和埃提阿伯女人的双重角色。如果我们用麦耶尔四元素的神圣等价物阿波罗、月神、墨丘利、伏尔甘构建一个四元体，便得出一个兄弟—姊妹关系婚姻四元体：

在炼金术中，墨丘利既是男人又是女人，也常常表现为一个处女。这个特点（3+1或4:3）也表现在时空四元体中：

① 火是精神性的，其他元素则是物质性的；土是静止的，其他元素则是运动的。

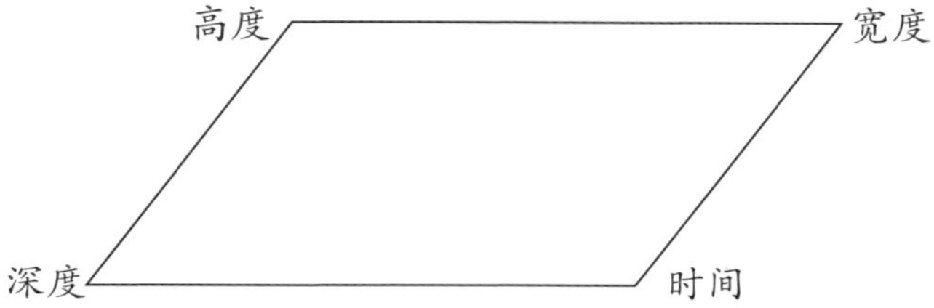

如果我们从三维空间的角度来审视这一四元体，那么时间就可设想为第四维。但是，我们从时间的三个特性——过去、当下、未来——来看，如果变化要发生，那么就需要再增加第四个元素。在两种情况下，第四者都代表了不可通约的他者，对于共同的决意来说是必不可少的。因而，我们用时间测量空间，用空间测量时间。他者，即第四者，在“诺斯替教四元体”中相当于火性的神，“在数字上表示第四”，相当于摩西的双重妻子（西坡拉和埃提阿伯的女人），相当于双重的幼发拉底（河与逻各斯），相当于炼金术的元素四元体中的火，[1]相当于麦耶尔神灵四元体中的墨丘利二元体，也相当于“基督四元体”中的玛利亚或魔鬼——如果可以这么表述的话[2]。这两个矛盾的形象在炼金术的墨

---

① 伯麦把“本性之火”叫作“第四形式”。“Tabula principiorum”, De signatura rerum (1682), p. 279.

② 撒伯流的教义（始于二世纪）涉及世界之前的单子，“静止的、未行动的上帝”及他的三种显化方式（prosopa），该教义要求做更深入的调查，将之作为最初的上帝四元论传给后代子孙。因此，约雅斤指控彼得·伦巴第（Peter Lombard）：“Quod in suis dixit Sententiis, quoniam *quaedam* summa res est Pater et Filius et Spiritus Sanctus et ilia non est generans, neque genita, neque procedens: unde asserit quod ille non tarn Trinitatem, quam quaternitatem astruebat in Deo, videlicet tres personas, et illam communem essentiam quaternitatem astruebat in Deo, videlicet tres personas, et illam communem essentiam quasi quartam.”［他（彼得）在书中这样说：那至高无上的事物是圣父、圣子和圣灵，既不会生产，也不是被生出来的，也不会继续。在这个基础上，约雅斤断言伦巴第将此归因于三元体，而不是上帝的四元体，也就是说，三人共有的事物是第四者。（第四次拉特兰会议，1215. Decrees, Cap. 2; Denzinger and Bannwart, *Enchiridion*, p. 190.）］参看《三位一体观念的心理学考察》（*A Psychological and Approach to the Dogma*），第243段及以后。

丘利二元体中实现了联合。[①]

想要理解物理世界，时空四元体是必要的原型——诚然，这样可以增加理解的可能性。在心理四元体中，时空四元体是绝佳的组织图式，其结构对应着心理功能的图式[②]。3:1的比率经常出现在梦境和自发的曼荼罗绘画里。

四元体图案，与上升和下降的理念结合，一个一个往上排列着。其现代的类比，可在我分析曼荼罗图画的论文插图[③]中看到。同样的理念亦见于该文中与某个案例有关的绘画[④]，这个案例描述相当详细，与某些“节点”呼应。每一个节点都代表着一种杰出的人格，在第一种情况下，也是真实的图画。三位一体可能出自相似的主题，该图（见下页图2）出自约雅斤一篇论文的手稿。[⑤]

最后，我想谈谈《革利免讲道集》提到的特别的“创世纪”。在上帝里，“精神”（peuma）和“身体”（soma）是一体的。当它们分开时，精神表现为“儿子”及“未来移涌的阿其翁”；而身体——真实的物质（οὐσία）或材料（ὕλη）——则分为四个部分，相当于四元素（在启蒙时一直被如此庄严地称呼）。在这四个部分的混合物里，魔鬼，“此移涌的阿其翁”诞生了，这个世界的心灵也诞生了。身体变得心灵化（ἐμψῦχον）：“上帝借助魔鬼统治这个世界，犹如借助神子，因为二者皆在其掌握中。”[⑥]上帝用会合的形式（成对的对偶）在世界中展露自身，如天/地、昼/夜、男/女，等等。第一序列的最后一组是亚

---

① 参看《神灵墨丘利》，第267段及以后。

② 三个各不相同的功能和一个无差别的“次级”功能。参看《心理类型》，及Jacobi, *The Psychology of C. G. Jung*中的图表。

③ 《个体化过程研究》，插图2。

④ 同上，图3及对应的文字。

⑤ 苏黎世中央图书馆，图案收藏，B x 606。

⑥ Harnack, *Dogmengeschichte*, I, p. 334.

当与夏娃的会合。紧随这个分裂过程之后的是回归到起点，通过净化和消亡，宇宙臻至完满（τελευτὴ τῶν πάντων）。[1]

图2：三位一体
来自约雅斤的手搞

① 扼要撷取自乌亨（Uhlhorn），载于*Realencyklopädie für Protestantische Theologie und Kirche*, ed. by Hauck, IV, pp. 173ff.

如果我们忽略伪革利免学说道德层面的含义，那么，任何一个懂炼金术的人，都会禁不住感叹它与炼金术基本概念的相似性。因而，我们有了“敌对二兄弟”，基督和魔鬼，二者在犹太-基督教传统中被视为兄弟；有了四聚体化（tetrameria），变为四个部分或四元素；有了成对的对偶及它们的终极联合；有了石和汞与基督的类比，以及与魔鬼的类比——因为蛇或龙的象征意义；最终，我们有了墨丘利二元体的形象和石的形象，这一形象将对偶在其自身中联合在一起而不可分割。

★

如果回顾一下论述的过程，我们会发现，一开始的两个诺斯替教四元体，一个是人类之上的，另一个是人类之下的，这两个四元体也叫“积极的摩西四元体”或“人类四元体”，以及“乐园四元体。”[①]希波吕托斯恰好提及这两个四元体可能并不是偶然的，也可能挪阿新派只知道这两个，因为在他们的系统里，人的位置与高级亚当紧密相连，却与动植物的地下世界——即乐园——是分隔开的。人唯有通过自己的阴影，才能和具有二元意义的蛇产生关系。这是诺斯替主义和早期基督教所共有的特点。那个时代的人更接近“无君主的（即独立的）种族”，也更接近上层的四元体、天国，而且仰观上天。然而，在上面开始的东西并非源于高处，却终结于低处。因此，我们感到不得不用阴影四元体来使挪阿新派的低级亚当保持对称，因为他无法直接上升为高级亚当——摩西四元体位于其间，所以我们不得不设想出一个低级的阴影四元体与上层四元体对应，这一低级四元体位于他与低级法则（蛇）之间。诺斯替教时代显然不知道这种做法，因为不对称的上升趋势似乎并未干扰到谁，反而是大家所渴望的，且“在计划中”。在人与蛇之间安插一个文献未提及的四元体，是因为我们无法再设想一个只是向上的心

① 为了避免误解，我要强调一下：“乐园”在此并非隐喻意义上的，像“未来的天国”或受福佑的住所，而是地上的伊甸园。

灵，这一心灵没有被下层的人（lower man）同样强烈的意识平衡。这一四元体是现代性的，而在诺斯替教背景下，是一种可憎的不合时宜，它将人置于意识域的中心，在那里人从未站稳过脚跟。只有通过基督，人才能确确实实地看见这一意识，这一意识是联结上帝与世界的“中介”；他把基督的人格当作祈祷的对象，就渐渐成了基督那样的“中介者”。借由被钉死在两个贼人之间的基督，人渐渐了解到他的阴影和二元性。蛇的双重意义已经预示了这一二元性的存在。就像蛇既代表着疗愈的力量，也代表着腐蚀的力量，一个注定是向上的，而另一个是向下的；同样，阴影一方面是可悲的，是应被谴责的弱点，另一方面又是健康的本能，是迈向高层意识的先决条件。

因此，只有当阴影足够真实，人感觉到他自身的意识、他的存在比那个统治他的、他依赖的上帝还要强大时，阴影四元体才能进入，作为中介者来平衡人的地位。所以，我们增加与之对立的副本，来补偿“精气”向上的趋势——这是早期“基督教-诺斯替”教的精神，是符合历史发展趋势的。人对精神的原始依赖——仿佛孩子粘着母亲，受到了撒旦王国的威胁。救赎主打破地狱之门，欺骗了阿其翁，从撒旦那里将精神的人送来。救赎主受天国约束的程度完全是一样的。一道深渊将他和魔鬼分隔开来。人们对基督复临的直接期待有力地加强了这种分裂的态度。但是，一旦基督并未复临，人们只好期待一种退行。如此巨大的希望破灭了，如此伟大的期待没有实现，力比多必然流回人类，个人的心灵过程被强调，意识得到了加强；换言之，人渐渐进入到自己意识域的中心。这导致了人与精神的分离，进入阴影的领域。因此，人的道德意识锐化了，与此同时，人的救赎情感变得相对化了。教会不得不提升其仪式的重要性和威力，以限制现实的侵入。这样一来，教会不可避免地变成了一个“此世的王国”。从人类四元体到阴影四元体的转变，暗示了：历史发展至十一世纪，“恶的法则是世界的创造者”已成为共识。

蛇及其阴森的智慧，构成了一出大戏的转折点。接着，乐园四元体与“石”带我们进入到自然科学的开端（罗吉尔·培根，公元1214～1294；阿尔培多·马格那斯，公元1193～1280；炼金师），其主要趋势与“精气”不是对立的（180°），而是仅仅有一些冲突（90°）[①]——也就是说，自然科学的萌芽抑制了教会的灵性态度，此时的状况更像是一种信仰的窘境，而不是对信仰的否认。

从“石”（即炼金术）起，线索直接指向聚合的炼金术状态的四元体。如我们所见，这一四元体在根本上以时空四元体为基础。后者是原型式四元体，当我们组织心灵从运动体接收感官印象时，它是不可缺少的原则。时间和空间构成了原型四元体在心理上的先验面向，这一面向对于获取物理过程的知识是不可或缺的。

从第二个四元体发展到第四个四元体，显示出在第二个千年期间，人的样貌发生了变化。这一系列终止于圆的概念，或循环的概念——相对于四元体的静态性。正如我们知道的，这种静态性对理解实体而言具有非常的意义。科学唯物主义的兴起与这一发展有关。科学唯物主义一方面重视逻辑推论，另一方面则将物质神化。从心理学来说，后一个方面基于下述事实：圆就是人的原型。

凭此洞见，衔尾蛇的圆环闭合了，这一闭合是本性“循环工作的”象征，也是炼金术这门“艺术”的象征。

7

我们的四元体系列，也可用一个等式来表达（见255页）：*A*代表初始状态（在此就是人类四元体）和最终状态，*B*、*C*、*D*则代表着中间状态。从它们之中析出的公式各以小写字母*a*、*b*、*c*、*d*表示。就此公式的结构而言，我们必须记住物质转化是一个连续过程。此物质及其相关

① 在占星术中，两颗行星呈90°，意味着冲突；180°意味着对立。——汉编注

的转化状态总会使其相似者产生出来，所以，*A*产生*a*，*B*产生*b*，同样地，*b*产生*B*，*c*产生*C*。还可想到的是，*b*紧随*a*之后，此公式从左往右运算。这种推测在心理学公式中也是合理的。

自然，此公式并非线性排列，而是循环的，这个循环圈也因此向右运动。*A*产生其相似者*a*，从*a*开始，整个过程通过与b的接触而前进，进而产生了*B*。此转换随着太阳向右转动，也可以说，这是一个意识化的过程，正如*A*、*B*、*C*、*D*每次分裂为四个离散的单元一样。[①]今天，我们的科学认识的基础并非四元体，而是基本原理的三位一体（空间、时间、因果律）。[②]不过，我们并不打算在此进入现代科学思考的范畴，而要看一看中世纪经典的世界观，回到莱布尼茨认识一致律并将之进行天真而肤浅的应用的时代。为了判断"整体性"的特征*A*——由*a*、*b*、*c*表达的——我们必须借由一致律（或换用我的叫法，共时性[③]）来补充我们的时间坐标思维。这是因为，我们对本性的描述在某些方面是不完整的，我们会按照自己的理解来排除掉观察到的事实，或者用无理的负面方式来构想这一事实，举例来说，这就好像陷入了"有果无因"的悖论中[④]。诺斯替教四元体是无意识朴素的产物。所以，它代表着一个心灵事实，意识的四种定向功能进入到了关系之中；如我所言，此过程向右的运动，是有意识的辨别的表现，[⑤]因此也是对四功能的应用。四功能是意识过程的本质。

---

① 相当于经常提及的辨别（*phylokrinesis*）。

② 我并未将现代物理学的时空连续体算上。

③ 参看《同时性：一种非因果性联结法则》。

④ Jeans, *Physics and Philosophy*, pp. 127, 151.——英编注

⑤ 直接原因是我们所写的右向运动。可以说，右边受有意识理性的控制：在一切意义上，右就是"有"（正直的、明白的、直率的等）。左边是心脏、情绪的位置，受无意识的影响。（所谓右就是"有"，是因为英文的right一词，既有"右边"之意，也有"正确"之意；正直的（upright）、明白的（downright）、直率的（forthright）这些词的词尾都是right。——汉译注）

在D时，即离A的状态最远时，整个循环必然要回到起点，借由某种对称性变化出$a3$。因此，我们得到了下列程式：

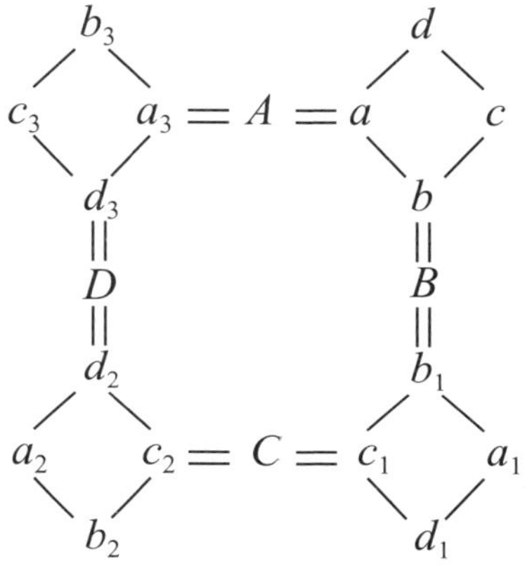

此程式精确地重现了转化的象征性过程所具有的本质特点。其显示出曼荼罗的循环；①与之对立的补充（或补偿）过程产生了，之后是复原，亦即原始的整体状态的恢复，在炼金术上的表现形式是衔尾蛇的象征；最后此程式重现了古代炼金术四聚体②，其暗含在联合体的四重结构里：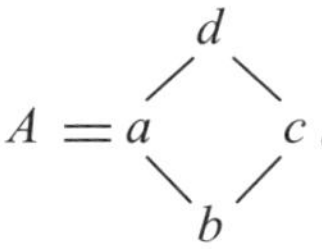。不过，此程式仅仅暗示出，只有通过转化和综合过程才能达到更高的水平。“升华”或进步或质性改变，包含在“总体”的演变之中，“总体”以四倍的形式分成四个部分，这一过程指的无非是意识的形成。心灵的内容一旦分为四个方面，就意味着它们已经有了区别性，这个区别性是由意识的四个定向功能带来的。唯有这四方面的产物，才能使整个描述可行。我们的程式描述了这样一个过程：起初的无意识总体变成了有意识的。人类A从他的阴影B降下来，变成自

① 参看《关于曼荼罗象征意义》，插图19, 21, 37, 60。

② 参看《心理学与炼金术》，第189、209段及以后，涉及四种支配与部署。

然界C（=蛇），又通过一种结晶化过程D（=石）——这一过程减少了混乱——制造出秩序，再度升入原始状态，与此同时无意识的内容转变为有意识。意识和理解源自区别，即通过综合，然后是分析（溶解），达到某种状态，就像炼金术格言里的象征性术语："Solve et coagula"（溶解并凝结）。一致性由字母a、a_1、a_2、a_3等的同一性表现出来。换言之，我们总是在处理着同一个要素，这个要素只是在程式里换了一下位置，然而在心理上，它的名字和质性都发生了改变。同样显而易见的是，位置的改变总是某种情形过度后的补偿，相当于心灵整体中的补充性或补偿性变化。古代的中国学者正是用这样的方法来理解《易经》中的六爻之变的。每一个原型式排列都有其自己的圣秘性，显然，这一圣密性出自其被赋予的名字。所以，a到d是"无君王的种族"；a_1到d_1是阴影四元体，它令人讨厌，因为代表着"太人性"的人类（尼采所谓的"最丑陋的人"）[①]；a_2到d_2是"乐园"，这是不言而喻的；而a_3到d_3是物质世界，其圣秘性呈现为唯物主义的形式，威胁并扼制了我们的世界。在过去两千年的人类思想史中，这四种变化对应着什么情形，基本上不需要我详述。

此程式是自性的象征，因为自性不只是静态的量或恒定的形式，它也是一个动态的过程。同样，古人并不把上帝意象仅仅视为一种印记、一种无生命的刻板印象，而把它视为一股主动力。四种转化代表着恢复或回春的过程已经发生了，这一过程可以说是发生在自性内部，堪比阳光下的碳—氮循环：一个碳核获取四个氢核（其中两个立即变成中子），在循环结束时将它们以α粒子的形式释放。碳核本身来自不变的反应，"犹如来自灰烬的凤凰"[②]。存在的秘密，也就是原子的存在及

---

① 参看《查拉图斯特拉如说是》，Common翻译，pp. 303ff.——英编注（见该书第四卷"最丑陋的人"一节——汉译注）

② Gamow, *Atomic Energy*, p. 72.

其成分，可能也包含着不断重复的回春过程。人要是想叙述各原型的圣秘性，也将得到相似的结论。

我非常了解原型与原子这一对比的极端假设性。但我认为，接纳这样的反思是适宜的，即便是冒着被表象欺骗的风险。早晚有一天，核物理和无意识心理学会走得更近，两个彼此独立、方向对立的学科，一个以原子的概念，一个以原型的概念，会迈入一个先验的领域。

与物理学的类比可不是题外话，因为象征的图式本身就意味着下降到物质界，而且还需要内部与外部相一致。心灵无法完全不同于物质，要不然它怎能驱使物质呢？而物质也不能与心灵相异，要不然怎能产生心灵？心灵与物质存于一体、存于相同的世界，它们分享着彼此，若非如此，任何交互活动都将是不可能的。倘若有足够充分的研究，我们应该能在物理和心理概念之间取得根本的一致。也许，我们当下的尝试是鲁莽的，但我相信是正确的。就拿数学来说，它不止一次证明其纯粹的、超越一切经验的逻辑构念，与万物的行为是相吻合的。这就如我所谓的“共时性”事件一样，也指向了一切存在形式之间那意义深远的和谐性。

因为“类比构成”这条法则在很大的范围内统治着心灵的生命，所以我们可以不带偏见地设想，就表面来看，我们纯粹的思索性构想并不是新发明，而是在更早的思维发展阶段就有预示。一般来说，这些预示可见于神秘的转化过程的不同阶段，也可见于不同程度的神秘经验中。在古典的三分法，以及基督教的三分法（包含着精神、心灵和物质）中，我们也可找到这些预示。此类尝试中，最包罗万象的要数《柏拉图式的四联剧》（*the Book of Platonic Tetralogies*）[①]里的十六重图式。因

① 一份匿名的哈兰人（Harranite）论文，名为“柏拉图式的四联剧”（*Platonis liber quartorum*），刊印于*Theatr. chem.*, V (1633), pp. 114ff.。据推测，是十二世纪由阿拉伯文翻译而来。

为我已经在《心理学与炼金术》中详述了这一话题，所以在此仅述其要点。图式化和类比的形成，源自四种首要法则：1. 本性的工作；2. 水；3. 复合的本性；4. 感官。这四个起点，每个都有三个转换阶段，加上第一个阶段，总共是十六个。不过，除了对诸法则的四重水平分割法，每个阶段在垂直系列中，还有其对应者：

I	II	III	IV
1. 本性的工作	水	复合的本性	感觉
2. 本性分割	土	离散的本性	区别的知性
3. 灵魂	气	简单性	理性
4. 知性	火	更简的以太	神秘物质

这张对应的图表显示了炼金术工作中的各个不同的面向。这项工作与占星术和所谓的降神术关系密切。很明显，这个图表源于对重要数字的使用，以及对亲近的神灵的祈祷和召唤。与此相似，历史悠久的泥土占卜[①]，是基于一个十六部分的图式之上的：四个中心形象（包括Subor Superiudex、Judex、和两个Testes）、四个孙子（*nepotes*）、四个儿子和四个母亲（这个系列是从右到左书写的）。这些形象被排列在一个占星宫位的图式里，但星象图中空白的中心，却由一个含有四个中心形象的正方形所取代。

在此，珂雪（Kircher）[②]创造的一个四元体系统值得一提：

Ⅰ. *Unum = Monas monadike = Deus = Radix omnium = Mens simplicissima = Divina essentia = Exemplar divinum.*

---

① Fludd, “De animae intellectualis scientia seu Geomantia”, *Fasciculus geomanticus* (1687), pp. 35f.

② *Arithmologia, sive De abditis numerorum mysteriis* (1665), pp. 260ff. 我得感谢玛丽—路易丝·冯·弗朗兹博士，是她提醒我注意此文的。

（“一”=第一单子 = 上帝 = 万物的根源 = 最简单的理解力 = 神圣的本质=神圣的典范。）

Ⅱ. *10 (1 + 2 + 3 + 4 = 10) = Secunda Monas = dekadikē = Dyas = Mundus intellectualis = Angelica intelligentia = Compositio ab uno et altero = i.e., ex oppositis.*

（……第二单子 = 第十个 = 二元性 = 灵性的世界 = 天使的知性 = 一和他者的混合 = 来自对偶的事物。）

Ⅲ. *10^2 = 100 = Tertia Monas = hekatontadikē = Anima = Intelligentia.*

（……第三单子 = 第一百个 = 灵魂 = 知性。）

Ⅳ. *10^3 = 1000 = Quarta Monas = chiliadikē = Omnia sensibilia =Corpus = ultima et sensibilis Unionum explicatio.*

（……第四原子 = 第一千个 = 所有具象物 = 身体 = 诸联合体最终的/具象的演变。）

珂雪论道，感官只能影响身体，而起先的三个联合是知性的对象。故而，若谁想要通过感官了解感知物（*sensibilia*），只能借心智来完成。“所以，任何由感官获悉的东西，必须被拔擢到理性或知性或绝对联合体。这样一来，我们便把绝对联合从可知觉的、理性的、知性的多样性中，带回到无限的简约中，那时，无话可说，石亦非石，因为一切都是最简单的联合体。就像那具象而理性的石的绝对联合有上帝的范例一样，其知性的联合也就是知性。你等可从这些联合体中看见，知觉感官是怎样回到理性的，理性是如何回到知性的，知性又是怎样回到上帝的。从此过程开始到完成，是一个完美的循环。”

珂雪的系统与我们的四元体系列关系密切。所以，第二单子是包含着对偶的二元性，相当于因路西法的堕落而分裂的天使国。还有一个重要的类比是，珂雪把他的图式设想为一个循环，上帝将其发动起来，这是初始因；它自行演化，却又通过人类的知性活动重归上帝，如此周而复始（珂雪选石作为辨别诸本性的范例，就炼金术来说，这是非常明显的，因为石这种神秘物质包含了上帝或上帝藏于物质里的那部分）。这也是我们的程式的类比。炼金师喜欢把他们的工作描述为一个循环的过程，一种循环蒸馏或衔尾蛇，他们还对此过程画了无数图画。“哲人石”这个中心理念很明显代表着自性，同样，工作（有着无数象征的“工”）描述了个体化进程，亦即自性从无意识阶段到意识阶段的逐步发展。这便是为何石如原初物质那般，既代表了此过程之初，又代表了此过程之末。[①]据米歇尔·麦耶尔说，黄金——自性的另一个同义词——源自太阳的“循环工作”（*opus circulatorium*）。这个循环像是“跑回自身的绳子（就像用头咬着自己尾巴的蛇那样），我们可在其中识别出那位永恒的画师和陶匠——上帝。”[②]在此循环中，本性“与四种特性相关，可以说是绘出了一个正方形，因为对立面与对立面、敌手与敌手，借着同样永恒的盟约，被捆在了一起。” 麦耶尔把这种圆的方形化比作“homo quodratus”：四方形的人，在或福或祸中“做自己”。[③]他称之为“黄金屋、四等分的圈、四角的方阵、壁垒、城墙、四边的战线。”[④]这是一个包含着对偶联合的魔圈，“免除一切伤害”。

除了西方传统，中国的炼丹术中也有同样的循环工作：“光移入一个圆圈时，天与地的力量，光明与黑暗的力量，都结晶了。”《金花的秘密》如是说。[⑤]

---

① 载于《心理学与炼金术》，pp. 306n., 309, etc.

② *De circulo physico quadrato*, p. 16.

③ 同上，p. 17.

④ 同上，p. 19.

⑤ Wilhelm, *The Secret of the Golden Flower*, p. 34.

促进循环过程的循环部署（ὄργανον κυκλικόν），早在奥林庇多罗时期就被提到过。[①]杜恩认为“物理化学家的循环运动”来自土，即最低的元素。火源自土，可以将物质转化为更好的矿物，将水转化为空气，空气升到天堂，在那里冷凝后再度降下来。但在上升过程中，挥发性元素“从高处的星辰那儿拿到男性的种子，带下来变成四基质和诸元素，以使它们在炼金术上受精。”这就是“循环蒸馏”[②]，鲁庇西萨说它必须要反复一千次。[③]

在《翠玉表》中，我们可以看到上升和下降的基本理念。而转换的各阶段也被反反复复地描述过，尤其是在《瑞普利卷轴》及其异体版本中。我们应该将这些视为藉由图像，对无意识的个体化进程的间接理解。

① Berthelot, *Alch. grecs*, II, iv, 44.

② “Physica genesis”, *Theatr. chem.*, I, p. 391.

③ *La Vertu et la propriété de la quinte essence*, p. 26.

第十五章
结　语

我已经尝试在此书中说明并详述自性原型的不同面向，理解这些内容对现代人而言是最有意义的。我介绍的这些概念及原型，会在遍及任何深度的心理治疗中展现自身。第一个原型就是阴影。它是隐藏的、压抑的人格，极大程度上是自卑和罪疚的人格，其最终的衍生物可以回溯至我们的动物祖先，故包含了无意识的整个历史面向。通过分析阴影及其所包含的过程，我们发现了阿尼玛和阿尼姆斯的会合。从表面上来看，阴影是意识的投射，是光线的缺乏，就像跟在人体后面的影子。正因这种表面之见，心理学上的阴影，伴随着道德自卑感，也被视为善之缺乏。不过，做进一步检视后会发现，心理阴影是一种黑暗，暗藏着有影响力和自主性因素，能够被辨识出来，这就是所谓的阿尼玛和阿尼姆斯。我们发现，当阿尼玛和阿尼姆斯全然运作时——仿佛女人身上那摧毁一切的、盲目而固执己见的魔鬼，又像男人身上那迷人的、占有欲强的、喜怒无常的、多愁善感的狐狸精——人们不禁怀疑，无意识是否仅仅是意识那脆弱的彗星尾巴，或者仅仅是光和善的缺乏。

如果我们认定人的阴影是诸恶之源，在仔细检视之后，我们就能确定一点：无意识的人，也就是说他的阴影，不仅包含着在道德上应受谴责的癖性，还展现出一些良善的品质，诸如正常的本能、适度的反应、现实的洞察力、创作的冲动，等等。在此层面上理解，恶更像是我们对自然本性的扭曲、变形、曲解和误用。这样一来，就像阿尼玛和阿尼姆斯的特殊效应一样出现了歪曲和讽刺的效果，而这才是真正的恶的创造者。但我们并不能止步于这种认识，因为事实证明，所有原型都会自发地产生出有利的和不利的、光明的与黑暗的、好的与坏的影响。最终，我们不得不承认，自性之所以是对立复合体，恰恰因为一切现实存在都有两极性。我们绝不能忽视一点，对两极对立在道德上的强调，仅限于人类的行动和尝试之内，我们无法为善恶给出一个放诸四海皆准的定义。换言之，我们不知善恶本身是什么。所以，善恶应当源自人类意识的需求，脱离了人类范畴它们就失去了效力。也就是说，善恶的本质并非形而上的，因为如果视其为实体，那么将剥夺善与恶的意义。倘若我们把一切上帝做的或允许的事情称为"善"，那么，恶亦是善，而"善"也就变得无意义。然而，苦难——无论是基督的受难还是世间的苦难——却依然如故，愚蠢、罪恶、疾病、衰老及死亡，依然是生命那悦人光辉的黑暗反衬。

认识到阿尼玛和阿尼姆斯，是一种特别的体验，似乎多数心理治疗师会冷淡处之，至少大半如此。然则，任何对"纯文学"略知一二的人，都能轻易构想出阿尼玛的画像——她是小说家钟爱的主题，尤其是在莱茵河以西。[①]并不是所有的梦都需要仔细探究。认出女人的阿尼姆斯并非易事，因为他的名字多种多样。可是，若有人能够抵得住同辈的憎恶，不受其影响，同时还能批判地审视他，那么，他会情不自禁地发现，更有益、更切中要点的做法是让自己的情绪接受最严格的审查，让情绪变化对人格的影响也接受最严格的审查。弄清楚别人在何处犯了错，几乎没有价值，唯有当你了解你在何处犯了错才有意义，因为此时你可以有所作为。通常，我们想提升他人，这样做是不是有效是值得怀

① 卡尔·施皮特勒（Spitteler）的《影像》（*Imago*），是瑞士文学中的杰出范例。（在英语文学中，恐怕要数莱特·哈葛德（Rider Haggard）的《她》（*She*）了。——英编注）

疑的，或者根本就不起作用。

虽然我们在一开始谈阿尼玛和阿尼姆斯时，更多地叙述了二者的负面性和令人讨厌的一面，但是他们远非一种恶灵。如我们所言，他们还有着等量的善。他们拥有圣秘的、暗示性的力量，自古以来就是一切男女神性的原型基础。因此，他们尤其值得心理学家去特别关注，当然，也值得善于思考的外行人士关注。阿尼玛和阿尼姆斯像守护神一样，时而行善，时而作恶。他们的对偶是性别（sexes）[①]。所以，他们代表着一对至高无上的对偶。阿尼玛和阿尼姆斯并非无望地被逻辑矛盾分割开，而是——由于彼此吸引——渴望联合，并让联合变得可能。对偶的结合，在炼金师那里就是“化学婚姻”的设想，也是卡巴拉学者的“Tifereth”和“Malchuth”，或上帝和“Shekhinah”，[②]更不用说羔羊婚娶了。

对立体在炼金术上联合的二元产物——莱比斯（Rebis）或哲人石——在文学中相当引人注目，我们轻而易举就能识别出来，将之当作自性的象征。在心理学上，自性是意识（男性）与无意识（女性）的联合，它代表了心灵的总体。这样说来，它是一个心理学概念。不过，从经验上来说，自性会自发地出现在特定的象征物中，在曼荼罗及其无数变体中，均可见到自性总体。在历史上，这些象征被认证为上帝意象。

阿尼玛/阿尼姆斯阶段与多神论相关，自性则与一神论相关。[③]自然的原型象征，描述着一个包含光明与黑暗的总体，与基督教观点多少有些冲突，但与犹太教或耶和华崇拜者的观点不冲突，或仅有一定程度的冲突。后者似乎更为靠近自然，因此也能更好地反映即刻的经验。不

① 这里应该注意到，英文sex（性，性别）一词，源自拉丁语*seco*，“割，切开”之意。——汉译注

② Hurwitz，“Archetypische Motive in der chassidischen Mystik”，ch. VI.

③ 这一主题是某篇牛津学位论文的课题，即Amy I. Allenby的《一神论起源的心理学探究》（*A Psychological Study of the Origins of Monotheism*）。

过，那些基督教异教的首领绕着摩尼教二元论的基石翱翔。对于早期教会来说，摩尼教二元论的危险性很大，因为它认识到了自然的象征，并注意到在基督的各象征里，尚有一些重要的象征是与魔鬼一样的，虽然这些象征并没有影响到教义。

迄今为止，在寻找自性的象征性表述上，最有效的尝试还要数诺斯替教。大多数诺斯替教徒，比如华伦提努和巴西利得，都是现实主义的神学家。和那些正统的神学家不同，他们允许自己在很大程度上接受自然内在体验的影响。因此，他们就像炼金师一样，宛如一座真正的信息矿藏，这个矿藏与摆脱了基督教信息的自然象征有关。同时，他们的思想补足了由“善之缺乏”教理假设而出的不对称的上帝理念，这很像众所周知的现代性趋势，即人们无意识地制造出“总体”的象征，来桥接意识与无意识之间的鸿沟，此举加剧了普遍性的方向迷失，相当危险。

我很清楚，这本书远远没有完成，不过是一份草稿。它告诉我们，从心理学经验的角度来审视，某些基督教理念是怎样的。我的主要目的是指出经验上的发现同我们的传统见解之间存在何种对应或区别。出现不一致的地方，乃是由于难以避免的时代和语言的差异。在鱼的象征中，这一点尤为显著。在此，我们不可避免地要移位到不确定的背景上，求助于思索性的假设或暂且重建一个背景。自然，研究者应该尽可能地将自己的发现描写得尽善尽美，但他也应敢于提出某项临时的假设，甚至甘冒犯错的风险。毕竟，错误是真理之母。在一个人不知道某事是什么的情况下，如果他知道它不是什么，那么，他至少在知识上有所增长。

出版后记

《自我与自性》是荣格晚年最重要的著作之一。荣格在三十岁左右，经历了大约6年的精神危机。从那个时候起，他接触了诺斯替教、中国的炼丹术，将眼光转向了东方。东方的智慧和西方智慧的显著不同，深深地吸引了荣格。其中最突出的一点就是“阴与阳”的对立平衡，形成一个整体。

这一观点支撑起了《自我与自性》整本书。也可说，荣格是在用整体性和对立平衡的两个理念解析基督教文明。自我是我们体认到自己与他人不同的那个人格，包括可被意识到的“我”，还有暂时不可被意识到的“我”，也就是阴影。在荣格的无意识概念中有两种无意识，一个是个体无意识，显然是高度个性化的内容，比如此人童年的创伤、某一个事件带来的消极影响等。还有一个是集体无意识，这是所有人共有的意识基质，它会涌入一个人的意识中，用投射的方式来影响他。比如阿尼玛和阿尼姆斯，男性无意识中的女性原型和女性无意识中的男性原型。从荣格的学说来看，自我的边界并不是固定的，集体无意识随时可能涌入，影响他甚至支配他。人可能完全丧失掉自我，成为原型的奴隶，一个坠入爱河的人可能就是这种情形。

从上面的分析可以看出，荣格把“自我”与“意识”做了微妙的区分。“意识”对应着“无意识”，而“自我”对应着“自性”。刚接触荣格心理学的人最容易陷入的一个误区是将自我与自性作为一个对立的概念来理解。实际上自性是包涵自我的，它透过自我来体验自身。可以说，自性是心灵的总体，这个心灵不仅是指人类的心灵，而是整个意识。完整性就是自性的特点。我常常觉得，荣格是受了佛教里的“空”的概念的启发，将大乘佛教里的“色即是空，空即是色，色不异空，空不异色”运用于心理学中，试图用心理学术语来描述“空”——包含并超越二元对立的，人类心灵的起源及进化的终点。所以，自性不是哪一个人的，并不存在某一个人的自性，只存在某一个人的自性化过程。在这个过程中，自性意象可能会出现在这个人的梦中和积极想象中。佛法修行里有观空性这样一个法门，而荣格则围绕着自性，发展出积极想象的心理治疗技术。

从意识层面来看，基督教的文明可以说是“自我”高度发展的一个过程。这个发展脉络和东方文明有显著的不同。基督教文明的极端性和分裂性是显而易见的，它既带来了人类认识上的巨大飞跃，在科技、文化、经济和政治制度上的进步，也带来了意识和无意识的分裂和对峙，使人类陷入精神的困境。荣格从基督教的发源入手，来分析这个极端性和分裂性是怎么造成的。基督是拯救西方世界的“移涌”，是自性的象征，但在发展过程中，基督的阴暗一面——敌基督被分裂了出去。这导致了对立的两极张力过大，从而出现了“过度后的补偿”，文艺复兴运动即是其一，象征着敌基督的到来。他用了大量篇幅来论证基督和敌基督本来就是一体的，人类心灵的救赎不是将敌基督摈弃、消灭，而在于二者的对话与和解。

人，不可能只是光明的存在，人必须有其阴影作为补偿。世界不可能只是美好的，世界必然有邪恶和黑暗。这才是完整的。

这本书的编辑出版相当不易，一来荣格心理学向来复杂难解，二来涉及大量基督教、诺斯替教、炼金术和占星术的背景知识，国内可用的资料较少。像炼金术的一些术语比如“黑化”、“白化”，参考了《荣格与炼金术》；像“anima mundi”这样多处出现的词语，参考了《精神分析与灵魂治疗》，译为“神性”。荣格在分析自性时，最常用的三个词语是“wholeness”、“totality”和“unity”，每一个词语内涵有相似之处，也有不同，为了表示区别，分别翻译成“整体性”、“总体”和“联合”。

还有，文中使用了大量的拉丁文文献，还有一些荣格发明的术语，这些都对译者理解作者的意思造成了阻碍。比如“enantiodromian”，这是荣格发明心理学术语，意为“事情发展过头后必然会产生相应的补偿”；“supraordinate”有“超越性的”意思，但和“transcendent”有区别，强调了“居于上位”的意思。最后参照了“subordinate”（居于下位），翻译成“超越几何坐标的”。

原书名*Aion: Researches into the Phenomenology of the Self*，直译为《移涌：自性现象学研究》。对不熟悉“移涌”这个概念的读者来说，不易理解。经再三考虑，最终改成了《自我与自性》。编者认为，现在的书名更能向读者传达这本书的核心信息：荣格对自性的理解。

在此感谢外编审张杰克先生，他对本书涉及基督教义的内容做了把关，对错误之处进行了修正。

编者于2014年3月